esotera
Taschenbuch
im Verlag Hermann Bauer

Auf den acht Lotosblättern dieses Yantras sind die symbolischen Zeichen für die psychischen Zentren des feinstofflichen Körpers angeordnet. Bei der Meditatio stellt das Yantra des Körpers eine Verbindung zu dem Schaubild her, so daß das höchste Ziel der Einheit von Yantra, Körper und Kosmos erreicht wird.

Keith Sherwood, am 4. Februar 1949 in Brooklyn geboren, studierte an der State University New York Europäische Geschichte. Nach einer Ausbildung zum Leiter von Encounter-Gruppen arbeitete er als Therapeut mit Drogenabhängigen in New York. 1974 wurde seine außergewöhnliche Gabe als Heiler entdeckt. 1980 gründete Keith Sherwood die American Psychic Association und produzierte eine Fernsehsendung mit dem Titel *Psychic Seminar*. In Europa wurde er überwiegend durch seine Seminartätigkeit bekannt.

Keith Sherwood

Kraftzentren des Lebens

Anleitung zur Harmonisierung des feinstofflichen Energiesystems

Verlag Hermann Bauer
Freiburg im Breisgau

Die Deutsche Bibliothek – CIP-Einheitsaufnahme

Sherwood, Keith:
Kraftzentren des Lebens : Anleitung zur Harmonisierung unseres feinstofflichen Körpers / Keith Sherwood.
[Aus einem Ms. ins Dt. übertr. von Luise Kösling]. –
3. Aufl., 21.–25. Tsd. –
Freiburg im Breisgau : Bauer, 1994
(esotera-Taschenbuch)
ISBN 3-7626-0667-6

Aus einem Manuskript ins Deutsche übertragen
von Luise Kösling

Die vorliegende Taschenbuchausgabe im Rahmen der Reihe *esotera-Taschenbuch* ist ein Nachdruck der gebundenen deutschen Originalausgabe, die zuletzt 1986 im Verlag Hermann Bauer, Freiburg im Breisgau, erschien.

Die Reihe *esotera-Taschenbuch* erscheint im
Verlag Hermann Bauer KG, Freiburg im Breisgau.

3. Auflage 1994 – 21.–25. Tsd.

Umschlag: Seliger & Krafft, Freiburg im Breisgau
Satz: Satzstudio Schumacher, Freiburg im Breisgau
Druck und Bindung: Clausen & Bosse, Leck
Printed in Germany

ISBN 3-7626-0667-6

Ich danke meinen Lehrern und Schülern,
ohne deren Hilfe dieses Buch nicht hätte
geschrieben werden können.

Inhalt

1. Kapitel

Einführung

Der Zweck des Lebens ist das Leben selbst.
Goethe

Das Studium der Psychologie und des Menschen selbst bleibt unvollständig, wenn man dabei nicht auch das menschliche Energiesystem und seinen tiefgreifenden Einfluß auf Psyche, Verhalten und Beziehungen berücksichtigt. Soll eine Psychologie des Menschen wirklich brauchbar und von Nutzen sein, dann muß sie ihn als ganzheitliches Wesen beschreiben; sie muß dem Schüler eine Vorstellung vom Menschen vermitteln, die auch dessen vielfältige Beziehungen zu der Welt, in der er lebt, und zu den anderen Wesen, mit denen er in Kontakt kommt, miteinbezieht. Eine unvollständige Darstellung ist so wenig hilfreich wie das Fragment einer alten Seeräuberkarte bei der Suche nach dem Schatz, den man heben möchte. Im Bereich der menschlichen Psychologie war dieser »Schatz« seit jeher das Glück, ein Leben in Gleichgewicht und Harmonie zu führen, in dem auch noch Platz ist für Liebe, Vertrauen und das Gefühl bedingungsloser Freude. Wir haben alle den Wunsch, daß uns die Wegekarte des menschlichen Bewußtseins möglichst schnell und ohne Umschweife zu dem Schatz führt, von dem wir intuitiv wissen, daß er tief in uns verborgen ist.

Leider haben die meisten Menschen trotz der uns heute zur Verfügung stehenden Information immer noch nicht den Weg heim zu sich »selbst« gefunden. Sie wissen noch nicht, warum sie sich an einem Tag wohlfühlen und am nächsten Tag elend, weshalb sie an einem Morgen voller Energie aufwachen und am nächsten Morgen noch matter und erschöpfter sind als am Abend zuvor. Sie wissen nicht, warum sie manchmal anziehend auf andere Menschen wirken und ein andermal Abneigung hervorrufen; warum sie an einem Tag von sich überzeugt sind und am nächsten wieder an sich zweifeln. Im Auf und Ab ihrer Empfindungen und Gedanken kommt ihnen das Gefühl für die Beständigkeit, die Ganzheit und die Zufriedenheit abhanden, doch sie erkennen noch immer nicht den Grund dafür. Auch wenn man heute den Emotionen, den Beziehungen und dem Selbstbewußtsein so große Bedeutung beimißt, besteht weiter ein unglaublicher Mangel an Verständnis und eine große Verwirrung in bezug auf die Frage, wer wir eigentlich sind und warum wir so fühlen, denken und handeln, wie wir es nun einmal tun.

Ich beschäftige mich seit mehr als zwanzig Jahren mit den Menschen und den menschlichen Kraftzentren und habe dabei entdeckt, daß die Probleme des Menschen im Grunde Energieprobleme sind. Bei allen Gedanken, Gefühlen und Aktionen handelt es sich um energetische Vorgänge. Will der Mensch begreifen, wer er ist und warum er in einer bestimmten Weise handelt, fühlt und denkt, muß er sich selbst energetisch kennenlernen, muß er wissen, wie er sich diese Energie zunutze machen kann. Er muß sich auch darüber klar werden, auf welche Weise er von Energie beeinflußt wird, sowohl durch die eigene als auch durch die von anderen Menschen ausgehende Energie, aber auch durch das Energiefeld, das alles im Universum durchdringt und miteinander verbindet.

Was werden Sie lernen?

Dieses Buch soll in erster Linie eine Lücke füllen und die unerforschten Teile des feinstofflichen Körpers behandeln, die von den orthodoxen psychologischen Denkmodellen nicht berücksichtigt werden. Darüber hinaus soll es als Übungsbuch dienen. Sie finden darin Übungen und Techniken, die Ihnen helfen, Ihren Energiepegel anzuheben, also schädliche Energieschwingungen in gesunde Frequenzen zu verwandeln. Dadurch werden Sie nicht nur in den Zustand von Gleichgewicht und Harmonie mit sich selbst zurückversetzt, sondern auch mit allen Ihnen Nahestehenden sowie mit der vieldimensionalen Welt, in der wir leben. Es wird Ihnen schließlich gelingen, sich wieder mit dem universellen Energie- und Bewußtseinsfeld zu verbinden.

Auf allen Kausalebenen, im Bereich des Spirituellen, des Mentalen, des Emotionalen und des Physischen, werden menschliche Probleme durch Kontraktion verursacht. Darunter versteht man das Unvermögen, infolge von Blockaden in den Kraftzentren die Energie ungehindert auszustrahlen. In diesem Buch werden Sie lernen, wie man die Energieblokkaden aufhebt und die angesammelten Energiereservoire freisetzt. Diese Energiereservoire sind die emotionalen und mentalen Trümmer, der Schutt, den Sie als Kind nicht vollständig durch Ihr Energiesystem fließen lassen konnten. Sie sind Folge energetischer Überlastung, entstanden durch übermächtigen Schmerz, durch Angst oder Zorn, verursacht durch Gefühle, die als allzu bedrohlich empfunden wurden, oder durch überwältigende Schockerlebnisse.

Sobald Sie die in diesem Buch dargestellten Techniken beherrschen, besitzen Sie die Fähigkeit, Blockaden zu lösen und die durch diese Blockaden entstandenen Energiereservoire umzuwandeln. Mit etwas Übung wird es Ihnen gelingen, schädliche Frequenzen dieser eingeschlossenen Energie in gesunde Schwingungen zu verwandeln. Wenn Sie imstande sind, Energie umzuwandeln, steht Ihnen mehr Energie in heilsameren Frequenzen zur Verfügung.

Sie werden in diesem Buch auch das »Prana« kennenlernen; das bedeutet in Sanskrit »absolute Energie«. Prana tritt in vielerlei Form auf. Man bezeichnet es manchmal auch als Ki, Chi oder Kundalini. Wir werden uns sehr intensiv mit den Schwingungen beschäftigen, aus denen das Energiefeld des Menschen besteht und die das Bewußtsein des Menschen, seine Beziehungen und seine körperliche Gesundheit beeinflussen. Sie werden erfahren, wie das Prana durch die feinstofflichen Kraftzentren Ihres energetischen Organismus fließt. Dieses Energiesystem besteht aus den Chakras (Energietransformatoren), den Auren (Energiespeichern) und den Nadis (Energiekanälen). Wir werden untersuchen, welche

Wechselbeziehungen zwischen Prana, Nervensystem und physischem Leib bestehen. Sie werden erfahren, auf welche Weise das Prana von einem Menschen auf einen anderen übertragen, wie es absorbiert und als feinstoffliche oder organische Materie genutzt werden kann. Sie werden auch etwas über die verschiedenen Prana-Strahlungen erfahren, die Menschen aufeinander projizieren können und tatsächlich projizieren, und Sie werden erfahren, wie diese Strahlungen zwischenmenschliche Beziehungen beeinflussen.

Vor allem aber werden Sie lernen, sich selbst zu heilen, indem Sie Ihre Kraftzentren in Ordnung bringen. Energie ist Gegenstand und Grundlage unserer Untersuchung, denn Energie in ihren unendlich vielfältigen Formen bestimmt die körperliche Gesundheit, das emotionale und mentale Befinden und die Bewußtseinsebene des Menschen.

Sie sind ein Energie-Wesen

Es ist sehr wichtig, daß Sie noch vor Beginn unserer Arbeit erkennen, daß jedes lebende Wesen weitaus mehr als nur ein physisches Wesen ist. Jedes lebende Wesen ist zugleich auch ein Energiewesen. Jeder Mensch setzt sich zusammen aus einem System von Energiefeldern, die sich untereinander beeinflussen und auch in Wechselbeziehung zu ihrer Umgebung stehen, mit der sie sich gegenseitig durchdringen. Das ganze Universum ist von solchen Feldern erfüllt, und man kann sich den Menschen auch als eine Lokalisation oder Konzentration innerhalb dieses universellen Kraftfeldes vorstellen. Die Taoisten nennen diesen Bereich das Tao; für die Buddhisten ist es das Brahma. Solche lokalisierten Felder stehen nicht nur in Wechselbeziehung zum universellen Kraftfeld, sondern sie beeinflussen sich auch untereinander. In jedem lokalisierten Feld findet ein ständiger Austausch und eine gegenseitige Beeinflussung statt. Jeder Gedanke, jede Emotion und jede Handlung kann als eine Energieentladung betrachtet werden, die von einem lokalisierten Feld, das heißt einem persönlichen Energiefeld eines Menschen, ausgeht. Den Brennpunkt oder die Mitte, von dem die Energie in das universelle Feld hinausstrahlt, empfinden wir als »Selbst«.

Das »Selbst« unseres persönlichen Energiefeldes hat, ebenso wie das Energiefeld eines jeden Menschen, seinen Sitz innerhalb des universellen Kraftfeldes und wird auch von diesem gespeist. Das ist der Grund, weshalb wir auf den inneren Bewußtseinsebenen alle miteinander verbunden sind. In der Bhagavadgita heißt es:

> Wer mich in jedem Ding verehrt
> Und aller Wesen Einheit kennt,
> Der Fromme, wie er wandeln mag,
> Wird nimmermehr von mir getrennt.
> »Sie gleichen mir nach Lust und Leid,
> Das gleiche Selbst in ihnen webt« –
> Wer dies von allen Wesen weiß,
> zum höchsten Gleichmut sich erhebt.[1*]

Da wir alle unseren Ursprung im gleichen universellen Energiefeld haben und vom gleichen Reservoir an Prana und Bewußtsein unterhalten werden, ist es unmöglich, daß wir uns selbst völlig begreifen, wenn wir uns nicht als Energiewesen verstehen, die Teil des universellen Energiefeldes sind. Wir verdrehen die Realität, wenn wir uns für allein und abgesondert von allen anderen halten, und wir verkennen die Tatsachen, wenn wir glauben, daß sich unser Universum auf drei Dimensionen beschränkt. Unser Bewußtsein (der bewußte Geist) und der physische Leib mit seinen Sinnen, die Informationen über die physische Welt sammeln, umgeben uns wie ein Mantel. Es ist notwendig, daß wir auf unserem Weg durch die körperliche Realität dieses Bewußtsein haben und in einen physischen Leib eingehüllt sind. Wenn sich aber der Mensch ausschließlich mit seinem physischen Körper, seinem be-

*Die hochgestellten Ziffern beziehen sich auf die Anmerkungen am Schluß des Buches, die dort kapitelweise zusammengefaßt sind.

wußten Geist und seinen Sinnen identifiziert und glaubt, daß er nicht mehr ist, wird er das Universum nicht so wahrnehmen, wie es wirklich ist und seine wahre Beziehung zum Universum nicht erkennen. Indem der Mensch die Realität und seine Erfahrung der Realität verzerrt, unterbricht er seine Beziehung zum universellen Kraftfeld und allen darin lokalisierten Feldern, auch die Verbindung zu seinem eigenen Energiefeld. Da jeder Mensch einen physischen Körper und Bewußtsein besitzt, gewinnen die Sinne den Eindruck, daß jeder ein von allen übrigen getrenntes Einzelwesen sei. Aber das erscheint nur unseren Sinnen so. Die Sinne sprechen nämlich nur auf einen kleinen Teil des universellen Energiefeldes an, und selbst dort sind ihnen bereits Grenzen gesetzt. Die Wahrheit ist, daß wir alle untereinander verbunden und Teil der gleichen essentiellen Einheit sind. Wir sind Lokalisationen eines einzigen Energiefeldes.

Teilfelder

So wie sich der physische Körper aus Systemen zusammensetzt, die wiederum aus Gruppen von miteinander verbundenen Organen bestehen, ist auch das persönliche Energiefeld des Menschen eine Synthese von Teilfeldern, die einander wechselseitig beeinflussen. Diese Teilfelder werden durch die Organe des feinstofflichen Energiesystems gesteuert, vor allem durch die Kraftzentren, die man als Chakras bezeichnet.

Wenn eines der Chakras beziehungsweise ein Organ des feinstofflichen Energiesystems gestört oder geschädigt ist, dann wird die Verbindung zu einem bestimmten Teilfeld unterbrochen, die Energie wird blockiert, ihre Schwingung ist gestört, und das Teilfeld zieht sich zusammen. Solche Blockaden und Störungen werden auf benachbarte Teilfelder übertragen; sie haben einen negativen Einfluß und bewirken, daß es in diesen Feldern ebenfalls zur Kontraktion kommt. Solche Unterbrechungen im Energiefluß sind die Ursache für alle

Formen mentaler, emotionaler und körperlicher Erkrankungen. Durch die Blockierung der Energie wird verhindert, daß der Betroffene ganz frei seine volle Energie ausstrahlt und sich selbst als vollkommenes, ganzheitliches Wesen erfährt. Darüber hinaus verhindern Störungen im feinstofflichen Energiesystem auch, daß der Mensch seine Mitmenschen vollkommen kennenlernt. Sie verhindern die Aufnahme befriedigender enger Beziehungen. Schließlich halten Störungen und Blockierungen in einzelnen Teilfeldern den Menschen auch davon ab, seinen natürlichen Zustand der Einheit mit dem universellen Kraftfeld wahrzunehmen.

Die psycho-spirituelle Integration

Den Prozeß, bei dem durch Einwirkung auf die Energie systematisch ungesunde Verhältnisse im Energiesystem und Energiefeld des Menschen in gesunde verwandelt werden, nenne ich die psychospirituelle Integration. Es ist eine Methode, die Harmonie und Ausgeglichenheit im menschlichen Energiefeld und in den Organen des feinstofflichen Energiesystems fördert. Es ist auch ein Prozeß, der den Menschen zur Ganzheitlichkeit führt. Ganzheitlichkeit wird erreicht durch Wiedererfahrung des Selbst, durch Ganzwerden und Wiederherstellung der Einheit. Durch Wiedererfahrung des Selbst, durch Ganzwerden und Rückkehr zur Einheit gelingt es dem Menschen, wieder das unmittelbare Gefühl seiner »selbst« als eines vollständigen und ganzheitlichen Menschenwesens zu erreichen. Er wird schließlich zu dem, was ich als »Ich bin« bezeichne, zur Einheit aller »Selbste«. In diesem Zustand erreicht der Mensch sein volles Bewußtsein und ist fähig, die Energie aus allen seinen Kraft- und Bewußtseinszentren voll auszustrahlen.

Indem man die Blockaden beseitigt und die freiwerdende Energie in das feinstoffliche Energiesystem einfließen läßt, gewinnt man vergessene Teile seines »Selbst« zurück; man fühlt sie wieder und nimmt sie wieder bewußt wahr. Das bedeutet »Wiedererfahrung«. Darauf folgt das »Ganzwerden« der vergessen gewesenen Teile. Dieses »Ganzwerden« ist mit dem Aufsammeln verstreut herumliegender Teilstücke zu vergleichen. Das Wiedererlangen der Einheit (die »Wiedervereinigung«) ist der schöpferische Prozeß, bei dem alle Teile so zusammengesetzt werden, daß sie schließlich wieder ein Ganzes bilden. Diese Wiedervereinigung ist das Ergebnis von Wiedererfahrung und Ganzwerden. Die Wiedervereinigung führt zur psycho-spirituellen Integration und zur Erfahrung des »Ich bin« als Selbst. Das »Ich bin« ist der ganze (vollständige) Mensch. Man spürt es zuerst als eine Person für sich, die tief im Unbewußten ihren Wohnsitz hat. In dieser Form wird das »Ich bin« von einem Menschen wahrgenommen, der mit dem Prozeß der Wiedererfahrung eben erst begonnen hat und anfängt, die unbewußten Teile seiner selbst wieder miteinander zu verbinden. Für den, der alle unbewußten Selbste wieder zur Ganzheit geführt hat, erscheint das »Ich bin« als die Einheit der unbewußten Selbste. Ein Mensch, der bereits die vollkommene Einheit erreicht hat, sieht das »Ich bin« so, wie es im ganzen (vollständigen) Menschen wirklich ist: als Summe seines Wesens mit allen Selbsten, den unbewußten ebenso wie den bewußten, die zusammen eine Einheit bilden.

Die psycho-spirituelle Integration durch Aufhebung der Energie-Blockaden und durch Öffnung und Ausbalancieren der Chakras erleichtert die Wiedererfahrung, das Ganzwerden und die Wiederherstellung der Einheit, und sie hilft dem Menschen, sich in den natürlichen Zustand der Ganzheitlichkeit zu versetzen. Ist die Integration erreicht, beginnt der Menschen, sich in den natürlichen Zustand der Ganzheit zu versetzen. Ist die Integration erreicht, beginnt der Mensch, sich selbst wieder als ganzheitliches Wesen zu empfinden, als Einheit mit der übrigen Schöpfung, und er fühlt infolgedessen wieder jene bedingungslose Freude, jenen kindhaften Zustand, den Jesus meint, als er sprach: »Wer das Reich Gottes nicht so annimmt wie ein Kind, der wird nicht hineinkommen. (Lukas 18,17).«[2]

Die »Zweite Aufmerksamkeit«

Das »Ich bin«, die Einheit der Selbste, empfindet das Universum auf andere Weise als das bewußte Selbst, mit dem sich so viele Menschen identifizieren. Das »Ich bin« nimmt die Welt subjektiv wahr, indem es Energiefelder spürt. Ein Gegenstand wird nicht nur für das gehalten, was er tatsächlich ist, sondern auch in seiner Auswirkung auf die Gefühle, die Gedanken und das Bewußtsein des Betrachters wahrgenommen. Unser Empfinden berücksichtigt nicht nur Eigenschaften und Beschaffenheit des Gegenstandes, sondern darüber hinaus ein vielfältiges Netzwerk aus Beziehungen, Geschlecht, Ursache und Wirkung, Rhythmus und Schwingung usw. Im Verhältnis des »Ich bin« zur Welt gibt es überall Leben, in der beseelten ebenso wie in der unbeseelten Materie, auf allen Wahrnehmungsebenen. Alles atmet, alles pulsiert, alles ist erfüllt von Leben. In allem ist Geist, und durch diesen Geist (das heißt über dieses Energiefeld) nimmt das »Ich bin« Kontakt auf und tritt in Verbindung mit allem, was im manifest gewordenen Universum existiert.

Damit das »Ich bin« entstehen kann, um mit einem Menschen oder einem Gegenstand Kontakt aufzunehmen und eine Beziehung einzugehen, muß der Mensch erst einmal lernen, die Energie zu spüren, die in Form von Feldern und Strahlungen von dem ausgeht, was er wahrnimmt. Das geschieht, indem er die »Zweite Aufmerksamkeit« entwickelt.

Uns Menschen stehen zwei Möglichkeiten zur Verfügung, um die Welt wahrzunehmen. Der erste Weg führt über unsere fünf Sinne. Information aus der physischen Umwelt, wozu auch unser physischer Körper gehört, wird durch einen oder mehrere dieser Sinne aufgenommen, vom Nervensystem verarbeitet und vom rationalen Geist gedeutet oder interpretiert. Diese Interpretation durchläuft normalerweise einen Filter gespeicherter früherer Erfahrungen und erworbenen Wissens. Ich bezeichne diesen Vorgang als »Erste Aufmerksamkeit«. Ihre wichtigsten Wahrnehmungsorgane sind die Sinne und der rationale, analytische Geist, also Funktionen des Bewußtseins. Ihr Bild vom Universum ist »Ich«-bezogen und mechanisch. Ihre Kosmologie beruht im Grunde auf dem, was das körperliche Wohlbefinden und Überleben des Menschen sichert.

Die »Zweite Aufmerksamkeit« dagegen ist die Aufmerksamkeit des »Ich bin« am Grunde des Unbewußten, das die Welt intuitiv durch das Herz wahrnimmt. Die so erhaltene Information wird anstatt vom Nervensystem vom feinstofflichen Energiesystem (den Chakras, Auren und Nadis) verarbeitet, das die Welt auf energetischem Weg aufnimmt, indem es Energiefelder fühlt. Energiefelder sind interdimensional und deshalb nicht an die Grenzen von Raum und Zeit gebunden. Die »Zweite Aufmerksamkeit« gründet also ihre Interpretation nicht auf frühere Erfahrung, sondern nimmt das Universum auf direktem Weg wahr.

Die »Erste Aufmerksamkeit« betrachtet alles im Zusammenhang von Ursache und Wirkung. Sie sieht sich selbst in einem dreidimentionalen Universum, das durch die Zeitenfolge zusammengehalten wird. Für diese »Erste Aufmerksamkeit« ist das Universum wohlgeordnet und berechenbar, eine riesige Maschinerie, die nach rational-mathematischen Regeln funktioniert. Sie schließt auf die Zukunft durch Kenntnis der Gegenwart und Erinnerung an die Vergangenheit.

Die »Zweite Aufmerksamkeit« dagegen erlebt das Universum als ein unteilbares, dynamisches Ganzes, das aus vielen Dimensionen besteht, die einander durchdringen, keiner Zeitenfolge unterworfen sind und nur im Kontext sich ständig verändernder Beziehungen definiert werden können. Die »Zweite Aufmerksamkeit« erfordert die vollkommene Anteilnahme, das bedeutet, die Welt zu »fühlen« oder zu spüren, die Welt zu berühren, die Welt in sein »Selbst« einzulassen und jederzeit bereitwillig eine tiefgreifende Einwirkung auf das »Selbst« zuzulassen. Die bekannte Redewendung, von einem Erlebnis »stark beeindruckt« oder »tief bewegt« zu sein, vermittelt sehr gut eine Vorstellung von dem, was ich meine. Die Entwicklung der »Zweiten Aufmerksamkeit« bedeutet die Entwicklung der Fähigkeit, sich von Erlebnissen oder Erfahrungen ergreifen, bewegen und durchdringen zu lassen, so daß man auf jeder Kausalebene voll und ganz daran beteiligt ist. Wir können die »Zweite Aufmerksamkeit« am besten verstehen, wenn wir zum Vergleich das Hologramm heranziehen. Während bei der »Ersten Aufmerksamkeit« der Prozeß des Unterscheidens (der Trennung) und des Beobachtens im Mittelpunkt steht, geht die »Zweite Aufmerksamkeit« von der Wahrnehmung der ungeteilten Ganzheitlichkeit aus. Ihr Universum besitzt eine »... »implizite« oder »eingefaltete« Ordnung ... mit der Analogie eines Hologramms, in dem jeder Teil auf gewisse Weise das Ganze enthält. Beleuchtet man einen beliebigen Teil eines Hologramms, wird das gesamte Bild rekonstruiert ...«.[3] In gleicher Weise sieht auch die »Zweite Aufmerksamkeit« das Ganze in jedem Teil und jeden Teil im Ganzen. Die »Zweite Aufmerksamkeit« nimmt die Welt intuitiv wahr, für sie sind »Geist und Materie unabhängig und korrelat, aber nicht kausal verknüpft. Sie sind sich gegenseitig einfaltende Projektionen einer höheren Wirklichkeit ...«.[4]

Die »Zweite Aufmerksamkeit« ist die jedem Menschen angeborene Fähigkeit, die innere und äußere Umgebung intuitiv mit dem Herzen und dem unbewußten Geist in sich aufzunehmen. Wir können sie uns als ein Fenster denken, durch das unser »Ich bin« die manifeste Welt betrachtet und wahrnimmt. Durch Entwicklung der »Zweiten Aufmerksamkeit«, indem man also dieses Fenster sauber und von Hindernissen frei hält, hat das »Ich bin« eine klare Sicht auf das Geschehen. Die Entwicklung der »Zweiten Aufmerksamkeit«, also das Freihalten des Fensters von Hindernissen, so daß das »Ich bin« zum Vorschein kommen kann, ist eine wichtige Voraussetzung für die Arbeit an der psycho-spirituellen Integration.

2. Kapitel

Die Entwicklung der »Zweiten Aufmerksamkeit«

Die Krieger bereiten sich darauf vor, bewußt zu werden. Aber zur vollen Bewußtheit gelangen sie erst, wenn keinerlei Eigendünkel mehr in ihnen ist.

Ein Gedanke des Don Juan in: C. Castaneda, *Das Feuer von innen.*

In diesem Kapitel werden Sie durch eine Serie von Übungen im Laufe einer Woche eine Methode zur Entwicklung der »Zweiten Aufmerksamkeit« erlernen. Die Entwicklung der »Zweiten Aufmerksamkeit« beginnt, wenn Sie sich von Ihren Handlungen mental, emotional und physisch »lösen« und zu beobachten beginnen, was Sie tun.

In der nachfolgend beschriebenen Übungsreihe werden Sie zuerst lernen, sich selbst zu kontrollieren, und danach werden Sie erfahren, wie die Welt durch die »Zweite Aufmerksamkeit« wahrzunehmen ist. Beim »Checking« müssen Sie ruhig und objektiv wie ein Arzt sein. Sie müssen außerhalb Ihres aktiven Handelns stehen. Bei allen folgenden Übungen werden Sie die Kontrolle auf drei Ebenen, der physischen, der emotionalen und der mentalen, vornehmen. Am ersten Tag brauchen Sie ein neueres Foto von sich selbst, das Sie dann auch am dritten Tag verwenden, außerdem müssen Sie ein Foto bereitlegen, das Sie als Heranwachsenden zeigt, und schließlich noch eine Aufnahme, auf der Sie als Kind abgebildet sind. Diese beiden brauchen wir am vierten Übungstag. Bevor Sie mit der ersten Übung beginnen, wählen Sie also die Fotos aus, die Sie verwenden wollen. Es sollte sich dabei um Aufnahmen handeln, die Sie in ganzer Gestalt zeigen; nach Möglichkeit sollten Sie allein auf den Fotos sein.

Erster Tag

Wir beginnen, indem wir uns bequem hinsetzen und das neueste Bild von uns betrachten. Fangen Sie auf der physischen Ebene an und »checken« Sie, ob Sie bestimmte Bereiche finden, die auf Steifheit oder Anspannung hinweisen, in denen Sie verkrampft erscheinen, wo Sie Schmerz, Angst oder Zorn speichern. Stellen Sie sich selbst Fragen (ich empfehle, die Fragen und die Antworten, die Ihnen in den Sinn kommen, zu notieren, so daß Sie sie später noch einmal durchsehen können). Fragen Sie sich: Sieht dieser Mensch entspannt aus oder sieht er verkrampft aus? Wirkt er natürlich oder weisen seine Bewegungen oder seine Körperhaltung darauf hin, daß er etwas verbirgt? Gehen Sie ganz präzise vor und notieren Sie sich alle Regionen, von denen Sie den Eindruck haben, daß sie nicht offen und entspannt sind. Auf der emotionalen Ebene achten Sie darauf, was die Person auf dem Foto fühlt. Ist sie glücklich oder traurig, zufrieden oder unzufrieden? Welche Gefühle drückt sie aus? Fragen Sie sich, ob dieser Mensch seinen Gefühlen ehrlich Ausdruck gibt oder ob er etwas verheimlicht. Stellt er seine Gefühle übertrieben dar oder drückt er sie in angemessener Weise aus? Dann fragen Sie sich, ob Ihnen der Gesichtsausdruck der Person auf dem Foto gefällt. Trifft das zu, so ist alles in Ordnung. Wenn nicht, dann überlegen Sie sich den Grund dafür.

Wechseln Sie schließlich auf die mentale Ebene, und während Sie das Bild weiter studieren, versuchen Sie zu fühlen, was der Mensch auf diesem Foto mental empfindet. Machen Sie sich seine Gedanken zu eigen. Stellen Sie sich die Frage, was Sie denken würden oder ob Sie überhaupt etwas denken würden, sähen Sie aus wie er. Vielleicht sind Ihnen seine Gedanken völlig vertraut. Wenn nicht, drücken Sie die Gedanken dieser Person in Worten aus und denken Sie einige Augenblicke dieselben Gedanken. Wenn Sie das Foto einige Minuten lang betrachtet und die Fragen und Antworten zum späteren Studium notiert haben, nehmen Sie sich die Fotos aus Ihrer Jugend- und Kinderzeit in gleicher Weise vor.

Wenn Sie damit fertig sind, legen Sie sich flach auf den Boden, die Hände bequem an den Seiten ausgestreckt. Setzen Sie die Übung fort, indem Sie sich selbst in Ihrem gegenwärtigen Zustand physisch, emotional und mental »durchchekken«. Danach beginnen Sie, entspannt im gleichmäßigen Rhythmus tief durch die Nase zu atmen. Wenn Sie spüren, daß Sie dazu bereit sind, richten Sie Ihre Aufmerksamkeit auf Ihre Füße, halten den Atem an und ziehen die Fußmuskeln so kräftig wie möglich zusammen. Halten Sie den Atem drei Sekunden an. Nach drei Sekunden atmen Sie aus und entspannen die Fußmuskeln. Wieder tief einatmen und den Vorgang wiederholen, diesmal im Bereich der Knöchel und Waden. Danach führen Sie die gleiche Übung mit den folgenden Bereichen Ihres Körpers aus: Oberschenkel, Gesäß und Becken, mittlerer und oberer Bauch, Brust und Schultern, Halspartie, Arme und zuletzt Hände. Dann ziehen Sie drei Sekunden lang die Gesichtsmuskeln zusammen. Nach drei Sekunden wieder entspannen und ausatmen. Als nächstes öffnen Sie den Mund, strecken die Zunge heraus und dehnen die Gesichtsmuskeln so weit wie möglich. Den Atem drei Sekunden anhalten, dann die Gesichtsmuskeln entspannen und ausatmen.

Zum Abschluß dieses Übungsteils ziehen Sie Ihren ganzen Körper zusammen (dabei die Gesichtsmuskeln anspannen) und halten den Atem an. Nach drei Sekunden stoßen Sie die Luft kräftig durch die Nase aus, während Sie alle Muskeln des Körpers gleichzeitig entspannen. Danach richten Sie die Aufmerksamkeit auf den physischen Körper und kontrollieren, wie er sich anfühlt. Achten Sie auf die feinstofflichen Schwingungen und Energien, die ihn durchströmen. Registrieren Sie die Bereiche, in denen Spannung oder Beklemmung zu spüren ist. Suchen Sie nach Bereichen, die wie betäubt, die anscheinend empfindungslos sind. Richten Sie einige Augenblicke Ihre Aufmerksamkeit darauf, und wenden Sie dann Ihre Aufmerksamkeit den Emotionen zu. Beobachten Sie, wie sie durch Sie hindurchströmen, aber vermeiden Sie, sich mit einer davon zu verbinden. Sie sollen Sie einfach nur

»checken«. Stellen Sie sich die Frage: Was fühle ich, wo konzentrieren sich die Gefühle? Setze ich ihnen Widerstand entgegen oder lasse ich sie ungehindert durch mich hindurchfließen? Habe ich mir ein Urteil darüber gebildet und wie ist mein Urteil ausgefallen? Schließlich überprüfen Sie Ihren Geist, indem Sie die Aufmerksamkeit auf die spontanen bildhaften Vorstellungen richten, die ihn durchströmen. Bleiben Sie aber weiterhin stets losgelöst von Ihren Gedanken. Unternehmen Sie nicht den Versuch, die Gedanken zu kontrollieren. Beobachten Sie einfach. Bleiben Sie stets der Beobachter und beobachten Sie sich, ohne den geringsten Versuch zu unternehmen, Ihren Zustand physisch, emotional oder mental zu korrigieren oder zu verändern. Auf diese Weise »chekken« Sie sich auf allen Ebenen etwa zehn Minuten oder so lange, bis Sie mit dem Ergebnis zufrieden sind. Dann öffnen Sie die Augen. Sie fühlen sich hellwach, vollkommen entspannt und besser als zuvor.

Zweiter Tag

Wiederholen Sie die Anspannungs- und Entspannungsübungen vom ersten Tag. Wenn Sie diese beendet haben, bitte ich Sie diesmal jedoch, nicht Ihren Zustand zu beobachten, sondern sich bildhaft vorzustellen (zu visualisieren) und zu fühlen, daß Sie aufstehen und sich zehn Schritte von Ihrem Körper entfernen. Es ist wichtig, daß dabei alle Ihre Sinne offen und wach sind, so daß Sie nicht nur vor sich sehen, wie Sie diese zehn Schritte gehen, sondern die Handlung auch physisch, emotional und mental empfinden. Wenn Sie die zehn Schritte gegangen sind, drehen Sie sich langsam um, gehen zurück und legen sich wieder in Ihren Körper nieder. Denken Sie daran: Auch wenn es wichtig ist, daß Sie so intensiv wie möglich selbst spüren, wie Sie aus Ihrem Körper weggehen und wieder dahin zurückkehren, müssen Sie stets der Beobachter bleiben. Verbinden Sie sich nicht mit dem, was Sie tun. »Checken« Sie einfach die sich bewegende Person auf der physischen, emotionalen und mentalen Ebene. Wenn Sie sich wieder zurückgelegt haben, entspannen Sie sich etwa zehn Minuten. Sobald Sie sich erholt haben, öffnen Sie die Augen. Sie fühlen sich hellwach, vollkommen entspannt und besser als zuvor.

Dritter Tag

Für die Übung des dritten Tages brauchen Sie Ihr neuestes Foto. Diese Übung wird am besten im Sitzen durchgeführt. Stellen Sie das Foto so vor sich hin, daß Sie es deutlich sehen können, ohne den Kopf zu bewegen. Wenn Sie das Foto vor sich stehen haben, schließen Sie die Augen und atmen Sie tief und rhythmisch durch die Nase, bis Sie sich entspannt fühlen. Dann richten Sie Ihre Aufmerksamkeit auf die Zehen. Schon nach wenigen Augenblicken werden Sie spüren, wie sie zu kribbeln beginnen. Sie werden eine Vibration in den Zehen spüren, die durch den Blutkreislauf verursacht wird. Fühlen Sie, wie sich diese Vibration über Ihre Füße ausbreitet und fühlen Sie, wie sich die Füße dabei entspannen. Setzen Sie diesen Teil der Übung fort, indem Sie Ihre Aufmerksamkeit auf die Knöchelpartie richten. Halten Sie Ihre Aufmerksamkeit so lange darauf gerichtet, bis ein Kribbeln beginnt und Entspannung eintritt. Vielleicht empfinden sie es als hilfreich, wenn Sie visualisieren, daß Sie Ihre Knöchel massieren und darüberstreichen. Diese Art des Visualisierens können Sie bei jedem Teil des Körpers anwenden, wenn Sie glauben, daß es von Nutzen ist.

Setzen Sie den Prozeß der körperlichen Entspannung fort, indem Sie Ihre Aufmerksamkeit auf die Waden richten. Von dort gehen Sie auf die Knie über. Fühlen Sie, wie das kribbelnde Gefühl von den Knien bis auf die Schenkel übergreift. Richten Sie Ihre Aufmerksamkeit auf die Oberschenkel, bis diese vollkommen entspannt sind. Fahren Sie in dieser Weise fort und entspannen Sie Hüften, Gesäß, Beckengegend, Unterbauch und unteren Rücken, Oberbauch und mittleren

Rücken. Danach spüren Sie das Kribbeln in der Brust und in den Schultern. Wenn Sie spüren, daß sich die Schultern entspannt haben, konzentrieren Sie Ihre Aufmerksamkeit auf die Finger. Setzen Sie den Entspannungsprozeß mit den Fingern, den Händen, den Handgelenken, den Unterarmen, Ellbogen und Oberarmen fort; danach gehen Sie auf die Halspartie über. Das Gesicht erfordert besondere Aufmerksamkeit. Bei den meisten Menschen sind emotionale Spannungen in den Gesichtsmuskeln gestaut. Beginnen Sie mit dem Kiefer, gehen Sie über auf Kinn, Mund, Wangen, Nase, Ohren, Augen, Stirn; fühlen Sie, wie das Kribbeln den Nacken hochsteigt und schließlich die ganze Kopfhaut ergreift und vollkommen entspannt zurückläßt. Nachdem Sie Ihren Körper ganz bewußt wahrgenommen haben, öffnen Sie die Augen ein wenig, aber noch nicht ganz, und betrachten Sie das Bild vor sich mit leicht unscharfem Blick. Wiederholen Sie jetzt die eben abgeschlossene Übung mit der Person auf dem Foto. Beginnen Sie wieder mit den Zehen und »checken« Sie die Vibration. Dann nehmen Sie sich die Füße vor und nach und nach den ganzen Körper. Dabei spüren Sie die Vibration und die nachfolgende Entspannung in jeder Partie dieses Körpers. Wenn Sie fertig sind, schließen Sie die Augen und erholen Sie sich etwa zehn Minuten lang. Sobald Sie dazu bereit sind, öffnen Sie die Augen. Sie fühlen sich hellwach, vollkommen entspannt und besser als zuvor.

Vierter Tag

Am vierten Tag beginnen Sie die Übung wiederum in sitzender Position, das neue Foto haben Sie wie am dritten Tag vor sich. Schließen Sie die Augen und atmen Sie gleichmäßig durch die Nase, bis Sie sich entspannt fühlen. Dann öffnen Sie für einen Moment die Augen, der Blick bleibt dabei leicht verschwommen, und betrachten das Bild. Zählen Sie bis drei. Dann schließen Sie sofort die Augen und visualisieren mental das Gesehene. Visualisieren Sie zwanzig Sekunden lang sich selbst auf dem Foto. Danach wiederholen Sie den Vorgang in gleicher Weise noch zweimal. Nach der dritten Wiederholung öffnen Sie die Augen und betrachten wieder das Bild, diesmal jedoch richten Sie Ihre besondere Aufmerksamkeit auf die Emotionen der Gestalt auf dem Foto. Schließen Sie die Augen und visualisieren Sie genau wie zuvor zwanzig Sekunden lang sich selbst. Jetzt bitte ich Sie aber, noch einen Schritt weiterzugehen. Ich möchte, daß Sie sich mit der Person auf dem Foto empathisch verbinden und sie auf emotionaler Ebene kontrollieren, so daß Sie ihre Gefühle spüren. Wiederholen Sie dieses »Checking« noch zweimal in gleicher Weise. Nach der dritten Wiederholung öffnen Sie die Augen, betrachten das Foto und überlassen sich ganz der Empfindung des mentalen Befindens, den die Aufnahme vermittelt. Zählen Sie bis drei, schließen Sie die Augen, visualisieren Sie das Gesehene, und nehmen Sie den mentalen Zustand wahr, den die Person auf dem Foto ausdrückt. Wiederholen Sie den Vorgang noch zweimal jeweils für die Dauer von zwanzig Sekunden. Nach der dritten Wiederholung schließen Sie die Augen und entspannen sich zehn Minuten. Wenn Sie danach die Augen öffnen, fühlen Sie sich hellwach, entspannt und besser als zuvor.

Fünfter Tag

Am fünften Tag wiederholen Sie die Übung vom vierten Tag. Dabei verwenden Sie jedoch die beiden Fotos aus Ihrer Jugend- und Kinderzeit.

Sechster Tag

Bei der Übung des sechsten Tages befinden Sie sich in sitzender Position vor einem Spiegel, der Sie in voller Größe zeigt. Verwenden Sie den größten Spiegel, den Sie besitzen. Setzen Sie sich im Abstand von etwa zwei Metern davor. Gehen Sie die Wahrnehmungsübung des dritten Tages durch. Wenn Sie diese Übung beendet haben, wiederholen Sie die Visualisierungsübung des vierten Tages, dabei ersetzen Sie jedoch das Foto durch Ihr Spiegelbild. Außerdem nehmen Sie sich für jeden Übungsschritt diesmal vierzig Sekunden Zeit anstatt nur zwanzig Sekunden. Wenn Sie die Übung abgeschlossen haben, entspannen Sie sich etwa zehn Minuten lang. Dann öffnen Sie die Augen. Sie fühlen sich hellwach, vollkommen entspannt und besser als zuvor.

Siebter Tag

Am siebten Tag verbinden Sie alles miteinander, was Sie an den vorangegangenen sechs Tagen gelernt haben. Nehmen Sie zuerst eine bequeme Sitzstellung ein. Schließen Sie die Augen und atmen Sie tief und gleichmäßig durch die Nase, bis Sie sich entspannt fühlen. Sitzen Sie ruhig da und atmen Sie etwa zehn Minuten auf diese Weise. Dann führen Sie die Wahrnehmungsübungen durch, die Sie am dritten Tag gelernt haben. Wenn Sie diese Übung abgeschlossen haben, bitte ich Sie, sich selbst »durchzuchecken«. Führen Sie diese Überprüfung auf der physischen, emotionalen und mentalen Ebene durch. Behalten Sie stets die Kontrolle über alles, was Sie tun, aber identifizieren Sie sich nicht damit. Registrieren Sie es einfach, aber halten Sie inneren Abstand. Beobachten Sie sich objektiv, so wie ein Kritiker einem Schauspieler zusehen würde, der seine Rolle in einem Theaterstück spielt. Dann lassen Sie den Schauspieler aufstehen und einen Spaziergang unternehmen. Dabei handelt es sich tatsächlich um einen Spaziergang und nicht um eine Visualisierung. Gehen Sie eine empathische Verbindung mit dem Schauspieler ein, so daß Sie spüren, was dieser Schauspieler physisch, emotional und mental fühlt, während er geht. Gehen Sie etwa zwanzig Minuten lang in diesem Bewußtseinszustand umher und behalten Sie dabei stets die Kontrolle über den Schauspieler. Wenn Sie nach zwanzig Minuten auf Ihren Platz zurückkehren, entspannen Sie sich etwa fünf Minuten lang in Ihrem gewöhnlichen Bewußtseinszustand. Die Augen sind geschlossen, Sie atmen tief und gleichmäßig durch die Nase. Wenn Sie die Augen öffnen, fühlen Sie sich hellwach, vollkommen entspannt und besser als zuvor.

Wenn es Ihnen gelungen ist, die Kontrolle zu behalten und den inneren Abstand zu wahren (»losgelöst« zu bleiben), während Sie diesen Spaziergang unternommen haben, werden Sie erkennen, was ich meine, wenn ich über die »Zweite Aufmerksamkeit« spreche. Es ist ein ganz besonderer Bewußtseinszustand und eine ganz ungewohnte Art der Weltwahrnehmung. Es ist aber eine Methode, die man entwickeln und anwenden muß, weil man ohne sie nicht in der Lage ist, die Welt vollkommen genug wahrzunehmen, um den dauernden Zustand unbedingter Freude zu erreichen, der das Ziel der psycho-spirituellen Integration ist. Wenn Sie mit diesem einwöchigen Übungsprogramm nicht den vollen Erfolg hatten, wiederholen Sie die Übungen noch einmal eine Woche lang und führen Sie sie zweimal täglich durch. Wenn Sie nach der zweiten Woche noch immer keinen vollen Erfolg erkennen, wiederholen Sie sie noch einmal. Wiederholen Sie die Übungsfolgen so lange, wie es notwendig ist, um eine praktisch brauchbare Kenntnis der »Zweiten Aufmerksamkeit« zu erreichen. Durch diese »Zweite Aufmerksamkeit« nimmt das »Ich bin« Kontakt auf und geht mit allem, was im manifesten Universum existiert, eine Beziehung ein. Diese »Zweite Aufmerksamkeit« ist es auch, durch die das »Ich bin« seine Verbindung mit dem universellen Energiefeld und den sich innerhalb dieses Feldes befindlichen persönlichen Energiefeldern wahrnimmt. C. G. Jung sagte:

»Je mehr man sich durch Selbsterkenntnis und dementsprechendes Handeln seiner selbst bewußt wird, desto dünner wird jene dem kollektiven Unbewußten aufgelagerte Schicht des persönlichen Unbewußten. Dadurch entsteht ein Bewußtsein, das nicht mehr in einer kleinlichen und persönlich empfindlichen Ich-Welt befangen ist, sondern an einer weiteren Welt, an der Welt der Objekte teilnimmt. Dieses weitere Bewußtsein ist nicht mehr jener empfindliche, egoistische Knäuel von persönlichen Wünschen, Befürchtungen, Hoffnungen, der durch unbewußte persönliche Gegentendenzen kompensiert oder etwa auch korrigiert werden muß, sondern es ist eine mit dem Objekt, der Welt, verknüpfte Beziehungsfunktion, welche das Individuum in eine unbedingte, verpflichtende und unauflösbare Gemeinschaft mit ihr versetzt.«[1]

3. Kapitel
Der Ursprung der Trennung

»Was man fast als systematische Blindheit bezeichnen könnte, ist lediglich die Folge des Vorurteils, daß sich Gott außerhalb vom Menschen befindet.«

C.G. Jung

Die Vorstellung, daß der Mensch unvollständig ist und daß er vom universellen Kraftfeld getrennt werden kann, wird in der jüdisch-christlichen Welt als objektive Realität angesehen. Die Sicht der psycho-spirituellen Integration bildet einen Gegensatz zu dieser Vorstellung.

Die Techniken der psycho-spirituellen Integration sollen das falsche Gefühl des Getrenntseins beseitigen, das den Menschen davon abhält, bewußt seine Einheit mit dem universellen Kraftfeld wahrzunehmen und an der damit verbundenen unbedingten Freude teilzuhaben.

Der gravierende Unterschied zwischen dem orthodoxen Christentum und dem Judentum einerseits und der psycho-spirituellen Integration auf der anderen Seite besteht darin, daß sowohl Christen als auch Juden glauben, daß der Mensch bereits im Zustand der Trennung geboren sei (Erbsünde), daß er sich selbst nach seiner Rückkehr zum Glauben durch Sünde wieder vom universellen Energiefeld und Bewußtsein absondern könne und daß ein Mensch in diesem Zustand spirituell tot sei. Bei der Integration halten wir den Zustand der Trennung nicht für den ursprünglichen Zustand des Menschen und die Trennung nicht für die objektive Wahrheit.

Obwohl der Mensch möglicherweise nicht in der Lage ist, sein inneres Leben bewußt wahrzunehmen und Dinge tut, die ihn ständig noch weiter von dieser Erfahrung wegführen, gilt dennoch, daß er auf der Ebene des Unbewußten niemals vom universellen Kraftfeld getrennt gewesen ist und nie davon getrennt werden kann. Er existiert innerhalb des universellen Kraftfeldes, ganz gleich, ob er daran glaubt oder nicht und ob er es bewußt wahrnimmt oder nicht. Er war immer und bleibt immer im Tao, im Brahma, in dem, was von den Christen »Christusgeist« genannt wird. Mehr noch: Auf der unbewußten Ebene nimmt er dieses universelle Kraftfeld unaufhörlich wahr, er kommuniziert damit, und er empfängt Nahrung aus diesem universellen Kraftfeld.

Jeder Mensch existiert, genau wie Jesus und die erleuchteten Meister, innerhalb dieses Feldes und genießt dessen Vorzüge. Der einzige Unterschied besteht darin, daß ein erleuchteter Meister die Einheit, die zwischen ihm und dem Universalfeld herrscht, sowohl bewußt als auch unbewußt wahrnimmt. Er hat sich von der Illusion freigemacht, daß nur das real ist, was in der physischen Welt existiert. Er kennt seine Beziehung zum universellen Energiefeld und zum »All-Seienden«, dem Universalbewußtsein, das dieses durchdringt, weil er direkt das universelle Kraftfeld und das »All-Seiende« oder Universalbewußtsein wahrnimmt, das dieses Feld aufrechterhält. Er ist in der Lage, das Universalfeld bewußt wahrzunehmen, weil er der Neigung widersteht, sich ausschließlich mit seinem bewußten Geist und den physischen Sinnen zu identifizieren. Da er statt dessen alle Teile seiner selbst zusammenfügt, verschmilzt er zum »Ich bin«, das eine Synthese der »Selbste« ist, und durch dieses »Ich bin« erfährt er sich selbst in der richtigen Beziehung zum »All-Seienden« und zu allem, was dieses »All-Seiende« in sich schließt.

Die jüdisch-christliche Tradition

Die Grundlagen westlichen Denkens wurden von jüdischen Gelehrten und Theologen geschaffen. In der jüdischen Überlieferung finden wir Vorstellungen, daß das hebräische Volk von Gott auserwählt war, aber von ihm abgefallen ist, sowie den Gedanken, daß das Volk der Juden seiner Natur nach anders ist als seine Brüder. Im Mittelpunkt dieser Ideen steht die Institutionalisierung des Getrenntseins. Zu den hebräischen Grundsätzen gehörte das Bestreben, einem eifersüchtigen und fordernden Gott zu gefallen. Im Buch Jesaja tadelt der Prophet die Kinder Israels: »Nein, was zwischen euch und eurem Gott steht, das sind eure Vergehen; eure Sünden verdecken sein Gesicht, so daß er euch nicht hört.« (Jesaja 59, 2).[1]

Noch einmal spricht Gott durch den Propheten im Buch Levitikus: »Daher habe ich euch gesagt: Ihr seid es, die ihren Boden in Besitz nehmen sollen. Ich bin es, der ihn euch zum Besitz geben wird, ein Land, in dem Milch und Honig fließen. Ich bin der Herr, euer Gott, der euch von diesen Völkern ausgesondert hat.« (Levitikus 20,24).[2]

Obgleich Jesus predigte, daß jeder Mensch seiner Natur nach ihm gleich sei und direkten Zugang zum Vater (dem universellen Energiefeld und Bewußtsein) hat, indem er sich ihm durch die Person des Heiligen Geistes hingibt, wurde dieses christliche theologische System starr und dogmatisch und legte das Gewicht immer stärker auf die Form der Lehre Jesu als auf ihren Geist.

Da christliche Theologen teilweise aristotelische Gedanken übernahmen, predigten sie nun wie die Pharisäer vor ihnen, daß der Mensch von Geburt an ein in sich gespaltenes Wesen sei. Der Apostel Paulus schreibt im Brief an die Galater: »Darum sage ich: Laßt euch vom Geist leiten, dann werdet ihr das Begehren des Fleisches nicht erfüllen. Denn das Begehren des Fleisches richtet sich gegen den Geist, das Begehren des Geistes aber gegen das Fleisch; beide stehen sich als Feinde gegenüber...« (Galater 5, 16-17).[3]

Dieser Vers wurde, wie viele andere auch, von den Priestern der Kirche im Laufe der Jahrhunderte dazu benutzt, die Vorstellung zu bekräftigen, daß der Mensch außerhalb des universellen Kraftfeldes stehe, daß er im Zustand des Getrenntseins lebe, in dem alles entweder »ich« oder das »Andere« ist. Nach der christlichen Lehrmeinung lernte der Mensch in seinem Urzustand (im Garten Eden) das Leben ohne Dualität kennen; er nahm es durch seine Verbindung mit Gott als Einheit wahr. Aber durch die Sünde (im Griechischen bedeutet Sünde soviel wie Trennung) wurde der Mensch in sich gespalten und verlor das Gefühl seiner Einheit. Für den Christen wurde Jesus zum Fürsprecher, der sich beim Vater für die gefallene Menschheit verwendet. Er bildet infolgedessen die Brücke zwischen Geist (dem Vater) und Fleisch (Menschheit). Durch Jesus, der nun zum Christus geworden ist, zum »Ich bin« in seiner Funktion als Vermittler, findet die Menschheit wieder den durch die Sünde Adams verlorengegangenen Zugang zum Vater, dem »All-Seienden«. Durch Jesus kann der Mensch wieder ganz werden, durch Jesu besondere Beziehung zum Vater findet der Mensch aufs neue Zugang zu den feinstofflichen Welten. Jesus selbst sagte zu seinen Jüngern: »... niemand weiß, wer der Sohn ist, nur der Vater, und niemand weiß, wer der Vater ist, nur der Sohn, und der, dem es der Sohn offenbaren will.« (Lukas 10,22).[4]

Der Christ behauptet, daß der Zugang zu den inneren Welten verlorenging, als Adam aus dem Paradies vertrieben wurde. Für den Christen ist Jesus das Urbild des ungeteilten Menschen, der eine Einheit mit dem universellen Kraftfeld des »All-Seienden« bildet. Jesus wurde Christus, der »Gesalbte«, indem er die Illusion (Maya) überwand. Indem er wieder ganz wurde, erlebte er die Salbung durch das Prana, das ungehindert allen zufließt, die die Dualität überwunden haben und zum »Ich bin« geworden sind.

Christus in dir

Die wichtigste Frage für alle, die im christlichen Glauben erzogen wurden, lautet: Unterschied sich Jesus grundlegend von allen anderen Menschen? Wenn wir davon ausgehen, daß er die Wunder bewirkt hat, von denen uns die Evangelien berichten, dann steht außer Zweifel, daß er quantitativ anders war. Qualitativ jedoch, das hat er selbst betont, gab es keinen

Unterschied. Es heißt von ihm, er sei »der Erstgeborene von vielen Brüdern« (Römer 8, 29). Brüder können in unterschiedlichen Verhältnissen aufwachsen, aber sie stammen doch von derselben Mutter, und das ist in diesem Fall das universelle Kraftfeld. Sie bilden immer eine Einheit mit diesem Feld. In den Kena-Upanischaden heißt es:

> Möge Ruhe sich auf meine Glieder senken,
> Auf Wort und Aug und Ohr und meinen Odem!
> Mög meiner Einsicht Kraft und Klarheit wachsen!
> Mög Brahman sich mir offenbaren!
> Mög Brahman niemals mich verleugnen, noch ich ihn –
> Ich sei in Ihm, er sei in mir, mög nichts uns scheiden![5]

Dualität

Die Doktrin des Getrenntseins ist nicht nur die Wurzel orthodoxer Theologie, großer Mißverständnisse und unnötigen Leidens, sondern auch die Grundlage der Psychologie herkömmlicher Art. Die orthodoxe Psychologie errichtete ihre Lehre auf dem Fundament der Gedanken Newtons und Descartes', die diese Trennung für den natürlichen Zustand des Menschen hielten. Die christliche Kirche gründet sich auf das aristotelische Modell, und die orthodoxe Psychologie, die einen so großen Teil ihrer Forschung und Lehre empirischen Beweisen widmet, hat es bisher versäumt, den Menschen in seiner Ganzheitlichkeit zu sehen, als das multidimensionale Wesen, das er ist. Da die Kirche auf die Tradition von Aristoteles, Sokrates und Platon zurückgreift, betrachtet sie den Menschen immer im Kontext seiner »Dualität«.

Platon sah den Menschen in einem beständigen Kampf zwischen dem Niedrigen und dem Edlen in seiner Natur. Zwischen diesen widersprüchlichen Elementen hatte das Element Seele seinen Sitz, das *Thymos* genannt wurde (das Element des Mutes) und die Brücke bildete zwischen den edlen Bestrebungen des Geistes und den sinnlich-fleischlichen Begierden des Menschen. Das platonische Denken richtete sich vor allem auf das Verständnis der dem Menschen angeborenen Doppelnatur. Aristoteles ging über die platonischen Ideen hinaus, sah aber den Menschen immer noch in seiner Dualität. Aristoteles lehrte seine Schüler: Wenn der Mensch Mut zeigt, dann entscheidet er sich dafür, sich mit dem zu identifizieren, was an Edlem in seinem Charakter ist, und er weist das Niedrige zurück. Diese Form des Mutes setzt aber unvermeidlich die Unterdrückung jener Elemente seiner Natur voraus, die er für unedel hält. Sie werden abgelehnt; anstatt daß sie integriert werden, wird darüber gerichtet; sie werden verurteilt, sie werden zum »anderen« in ihm selbst.

Das »andere« sind jene unerwünschten, ungeliebten Teile des Selbst, die tief im Unbewußten eines nicht integrierten (nicht zur Ganzheit gelangten) Menschen existieren. Es sind die kleinen Dämonen, die zuerst von den Eltern und dann vom Kind abgelehnt werden, das damit einen Teil seiner selbst verleugnet, um die verlorengegangene Liebe und Zuwendung durch die Eltern wiederzugewinnen. Es ist ganz besonders dieses »andere« im unbewußten Bereich, das wieder erfahren, wieder gesammelt und miteinander und mit dem bewußten Selbst wieder eine Einheit bilden muß.

Aus aristotelischer Sicht muß das Lobenswerte über das triumphieren, was nicht lobenswert ist. Diese aristotelische Dualität wurde sowohl vom christlichen Denken als auch vom Rationalismus übernommen, der die moderne Wissenschaft und damit auch die Psychologie hervorbrachte.

Newton und seine Zeitgenossen, die Begründer der modernen Wissenschaft des Westens, im besonderen aber Descartes, drängten die westliche Welt nachdrücklich in die Bahn von Rationalismus und Materialismus. Rationalismus und Materialismus triumphierten über eine mittelalterliche Welt, die noch tief in Intuition und Glauben verwurzelt war, obwohl sie unter einer auf der Dualität gegründeten Theologie zu leiden hatte. Außerdem stand in der Vorstellung des Mittelalters noch immer Gott im Mittelpunkt des Universums, und die Wurzeln dieser überwiegend agrarisch geprägten

Gesellschaft jener Zeit reichten noch zurück bis zu unseren frühesten Vorfahren, für die alles belebt war und die die Realität sehr oft subjektiv wahrnahmen. Für den Menschen des Mittelalters war alles außer dem Menschen selbst noch eine Reflexion Gottes (und bildete eine Einheit mit dem universellen Energiefeld und Bewußtsein). Von Newton, Descartes und deren Zeitgenossen aber, die die wissenschaftliche Revolution einleiteten, wurde Gott aus dem Zentrum des Sonnensystems verdrängt. Das Ganze wurde in einzelne Teile zerlegt. Was organisch war, wurde mechanisch. Das Universum wurde zu einer großen Maschine, die Gott in Bewegung gesetzt und dann sich selbst überlassen hatte.

Im wissenschaftlichen Denken führte Descartes das analytische Element und die Herrschaft der reinen Vernunft ein. Seine Arbeitsweise bestand darin, die Natur in handliche Teile zu zerlegen und jedes einzelne Teil gründlich zu analysieren, um seine wahre Natur zu ergründen. Natürlich war in diesem mechanischen Universum kein Platz für Einheit, für ein universelles Kraftfeld, für Geist oder auch nur für die Möglichkeit eines alles beherrschenden Zweckes oder Zieles, das dem phänomenologischen (Erscheinung-) Universum zugrunde liegt. Auch außerhalb eines Universums durfte es nichts geben, was man weder wiegen noch messen konnte.

Alles außerhalb der physischen Realität war Halluzination oder einfach eine Ausgeburt der Phantasie, die Frucht eines aufrührerischen oder primitiven Geistes.

Die von Descartes, Newton und deren Zeitgenossen geprägte Wissenschaft löste die Welt in Einzelteile auf, sie lehnte es ab, die Welt ökologisch zu sehen, sie als ein einheitliches Feld zu betrachten. Im Laufe der Zeit führte die äußere Zersplitterung auch zur inneren Zersplitterung. Das hatte zur Folge, daß die Vorstellung des Menschen von sich selbst als eines innerhalb des Kraftfeldes eines allgegenwärtigen Gottes existierenden Wesens zerbrach. Der Mensch wurde zu einem abgesonderten mechanischen Wesen, zu einer Maschine, die in einem von anderen Maschinen erfüllten Universum lebt, die man auch außerhalb des Kontextes ihrer eigenen Umgebung studieren konnte. Seine spirituelle Natur wurde ignoriert; und seine inneren Realitäten wurden ins Lächerliche gezogen. Der Mensch wurde, genau wie zuvor sein Universum, in Bruchstücke zerlegt. Die Zersplitterung richtete sich gegen ihn selbst.

Freud und viele seiner Zeitgenossen akzeptierten die Spaltung des Menschen. Sie sahen den Menschen als Es, Ich und Über-Ich, und diese Teile liegen ihrer Meinung nach ständig miteinander im Streit. Durch ihre Theorien, die den endgültigen Sieg des Verstandes über die Intuition, der Dualität über die Einheit, bedeuteten, trennten sie den Menschen darüber hinaus von seiner spirituellen Nahrungsquelle, dem universellen Energie- und Bewußtseinsfeld. So triumphierten Nietzsches gewagte Behauptung »Gott ist tot« und die Anklagen Karl Marx' gegen die Religion über tausendjährige Erfahrung und intuitives Wissen, die lehrten, daß der Mensch, der nicht mehr mit einem universellen Kraftfeld und Bewußtsein verbunden ist, zu einer Maschine wird, zu einer ganz besonderen Maschine zwar, aber dennoch vergänglich, sterblich, im Grunde seines Wesens allein und ohne Zugang zu den höheren Ebenen. Für Freud war der Drang des Menschen nach Erreichen eines höheren Bewußtseins und nach Integration nichts als der kindliche Wunsch, wieder in den Mutterleib zurückzukehren. Freud, der nicht erkannte, daß es sich hier um ein tiefes Verlangen nach Ganzheitlichkeit und Selbstverwirklichung handelt, verdammte den Menschen zu einer unvollständigen Erfahrung seiner selbst.

Durch den Sieg des Verstandes über die Intuition erstickte das innere Leben des Menschen unter dem Gewicht kalter analytischer Vernunft und Logik. Da sowohl die moderne christliche Kirche als auch die orthodoxe Psychologie von dieser philosophischen Grundlage ausgingen, waren sie nicht in der Lage, dem Menschen einen Weg heim zu sich selbst, zu einem Ort der Ruhe, zu zeigen. Sie konzentrierten sich vielmehr darauf, die Menschen mit falscher Hoffnung zu erfüllen, so daß sie taub gegenüber den bohrenden Ängsten und Schmerzen in den Tiefen ihres Wesens wurden.

4. Kapitel

Die Wurzel Ihres Problems

»... In die Tiefen hinunter muß
ich dringen. Dort ist Frieden in
Ewigkeit.«

Henrik Ibsen

Obwohl objektiv gesehen jeder Mensch eine Einheit mit dem universellen Kraftfeld bildet, ist bei den meisten Menschen durch eine Störung in ihrem persönlichen Energiefeld die bewußte Erfahrung dieser Einheit unterbrochen. Wenn das persönliche Energiefeld eines Menschen wiederholt über einen längeren Zeitraum hin gestört ist, wird er den als Kind erlebten ursprünglichen Zustand der Einheit schließlich vergessen und nur noch das Getrenntsein und den existentiellen Schmerz, von dem es begleitet ist, wahrnehmen. Leider ist gerade das der Zustand, in dem sich die große Mehrheit der Menschen befindet. Die meisten sind sich heute noch immer nicht bewußt, daß die Wurzel eines jeden menschlichen Problems ein Energieproblem ist. Sie erkennen nicht, daß sie, um Probleme zu lösen und die Bestimmung ihres Lebens zu finden, die Quantität und die Qualität der Energie, die durch ihr feinstoffliches Energiesystem fließt, und ihr Verhältnis zu dem sie umgebenden und durchdringenden Energiefeld verändern müssen.

Ich habe dieses Buch geschrieben, weil ich mich in all den Jahren, während der ich den Gebrauch und die Umwandlung von Energie studiert und eine gewisse Fertigkeit darin erlangt habe, über den Mangel an Verständnis und das Unvermögen der Menschen im Umgang mit der Energie gewundert habe.

Die meisten Menschen scheitern bei ihren Bemühungen, sich zu vervollkommnen und weiterzuentwickeln, weil sie nicht begreifen, daß die Ursache ihrer Probleme Unterbrechungen im feinstofflichen Energiesystem und in ihrem persönlichen Energiefeld sind. Selbst wenn sie sich zu dieser Erkenntnis durchringen, besitzen sie selten die nötigen Mittel, um frühere Schäden an ihrem Energiesystem zu beheben.

Ich kam mit meinem Leben nicht zurecht

Ich habe mich den größten Teil meines Lebens mit der Energie beschäftigt, anfänglich keineswegs aus selbstlosen Beweggründen. Nur wenige Menschen beginnen die Arbeit an der psycho-spirituellen Integration mit der richtigen Motivation. Mir ging es so wie vielen Menschen: In meinem Leben wollte einfach nichts so richtig klappen. Als ich erwachsen wurde, wandte ich einen großen Teil meiner Zeit dafür auf, zu ergründen, was an meinem Leben falsch war, anstatt es einfach zu leben. Das führte bei mir zu Beschwerden aller Art, denn ich wollte mein Ziel erreichen und mich selbst erkennen, indem ich die verschiedenen Teile meiner selbst kennenlernte. Ich glaubte irrtümlicherweise, auf diese Art könnte ich herausfinden, wer ich sei und was ich mit meinem Leben tun sollte.

Später kam ich dahinter, daß mein Problem gar nicht darin bestand, daß ich nicht wußte, wer ich war. Mein Problem war vielmehr, daß ich diese Frage an die erste Stelle setzte. Die Frage »Wer bin ich« kann niemals beantwortet werden; sie führt nur dazu, daß man sich immer weiter in die Absonderung und innere Unruhe drängen läßt.

Wie ich später erkannte, beschäftigte mich diese Frage nur, weil ich mich dem Schmerz entziehen wollte, der damit verbunden war, die »Anderen« in mir wahrzunehmen, diese kleinen Dämonen, die im Unbewußten lauern. Die Vermeidung dieser »Anderen« verursachte mir aber nur noch größere Beschwerden, anstatt daß dadurch mein Schmerz gelindert wurde. Es kam eine Zeit, da litt ich so intensiv, daß ich mich nicht einmal mehr an das Leben davor erinnern konnte, als ich noch frei von diesem Schmerz war.

Der Versuch, mich selbst zu erkennen, meine inneren Konflikte zu lösen, mein Leiden zu lindern und so etwas wie Frieden und Harmonie zu erreichen, führte mich unweigerlich zur Beschäftigung mit meinem feinstofflichen Energiesystem. Ich lernte nach und nach die Grundlagen der psychospirituellen Integration kennen und kam dabei zur Wiedererfahrung und zum Ganzwerden mit den bis dahin vergessenen und unerwünschten Teilen meiner selbst. Als ich begann, die in mir verborgenen »Anderen« wieder zu einem Ganzen zu vereinen und die in mir gestaute Energie freizusetzen, kam mehr Freude in mein Leben, und es ging mir wieder besser. Ich entwickelte das System, das ich Ihnen hier vorstelle. Ich nenne es die psycho-spirituelle Integration. Diese Bezeichnung soll auf die Notwendigkeit und auf mein Bedürfnis hinweisen, die scheinbar widersprüchlichen Teile meiner selbst zu verstehen und zu integrieren.

Meine Entwicklung

Da ich bereits als Kind sensitiv war, litt ich nicht nur unter der Zersplitterung, sondern wurde auch von Energiestrahlungen aus dem Energiefeld anderer Menschen, sei es in Form von Gedanken, Gefühlen oder körperlichen Empfindungen, geradezu bombardiert, ohne daß mir dieser Vorgang überhaupt bewußt wurde. Wenn ich mich in der Nähe eines Menschen befand, dessen Geist von negativen Gedanken erfüllt war, dann nahm ich diese Gedanken auf. Wenn von dem Betreffenden negative Emotionen ausgingen, dann absorbierte ich sie ebenso. Ich übernahm sogar Kopfschmerzen und andere kleinere Beschwerden und Leiden von anderen Menschen, ohne zu bemerken, wie mir geschah.

Als ich herangewachsen war, trugen Schwierigkeiten im Elternhaus und in der Schule zusammen mit Mangel an Verständnis und Hilfe für Probleme der sexuellen Entwicklung zu der Krise bei, die mich schließlich dazu brachte, daß ich mir selbst und meinen widersprüchlichen Begierden, Gefühlen und Vorstellungen ins Gesicht sah. Sie waren die Last, die sich seit meiner frühen Kindheit angesammelt hatte. Im Zusammenhang mit meiner Jugendkrise faßte ich den Entschluß, die Lösung für meine Probleme in mir selbst zu suchen. Meine Krise war nichts Einmaliges. Ich unterschied mich in dieser Beziehung nicht von anderen Menschen. Wir alle erleben solche Krisen mehr oder weniger heftig. Lediglich die Einstellung, die der einzelne der Krise und ihrer Lösung gegenüber zeigt, bestimmt die Richtung, in die der Mensch geht. Sie entscheidet, ob er aktiv den Weg der psycho-spirituellen Integration sucht, oder ob er es hinnimmt, daß das Leben und er selbst in einzelne Teile zersplittert.

Der Unterschied zwischen meinem Leben und dem Leben so vieler anderer Menschen besteht darin, daß ich aktiv und bewußt zu erkennen versuchte, was mich blockierte, und daß ich mich danach bemühte, diese Blockierungen zu beseitigen, so daß ich das Leben in seiner ganzen Fülle erfahren konnte. Ich ging mit einem Ziel aus meiner Entwicklungskrise hervor, dem ich mich seither mit Leidenschaft widme: Ich will unter allen Umständen vollkommen ich selbst sein und meine Energie frei und ohne Angst ausstrahlen. Ich machte es mir von diesem Zeitpunkt an zur Lebensaufgabe, mich selbst zu erfahren und ich selbst zu sein.

Das Studium anderer Menschen

Im Laufe der Zeit bemerkte ich, daß ich dadurch, daß ich mich selbst studierte, gleichzeitig Erkenntnisse gewann, die auch für alle anderen Menschen zutreffen. Denn ganz gleich, wo wir leben oder aus welchem Kulturkreis wir kommen, auf einer bestimmten energetischen Ebene sind wir alle gleich. Wir wurden nun einmal alle vom gleichen Schöpfer erschaffen. Mit zunehmender Erkenntnis kam ich meinem Ziel näher, die allem zugrunde liegende essentielle Einheit zu erkennen.

William James schrieb: »Nun besteht bei einem jedem von uns, ganz gleich, welche Konstitution er hat – aber gradweise stärker, je nachdem, wie intensiv und sensibel wir leben und wie sehr wir verschiedenen Einflüsterungen zugänglich sind, und im größtmöglichen Maße, wenn wir entschieden psychopathisch sind –, die normale Entwicklung des Charakters hauptsächlich in der einheitlichen Ausrichtung und Unifizierung des inneren Selbst. Die höheren und die niedrigeren Gefühle, die nützlichen und die irrigen Antriebe heben damit an, daß sie in uns ein vergleichsweises Chaos bilden – sie müssen dabei enden, daß sie ein stabiles System voneinander richtig untergeordneten Funktionen bilden. Die Periode der Ordnungssuche und des Kampfes wird leicht durch Unglücklichsein charakterisiert.«[1]

James führt weiter das Beispiel des Heiligen Augustinus an, dessen innere Krise durch seine Autobiographie sehr bekannt geworden und gut dokumentiert ist. Bei James heißt es darüber: »Augustins psychologisches Genie hat einen Bericht von dem Kummer über das geteilte Selbst gegeben, der niemals übertroffen worden ist.«[2]

Augustinus erklärt in seiner Autobiographie nachträglich seine Konversion zum Christentum: »Der neue Wille aber, der sich bereits in mir regte, ... war noch zu schwach, den alten und festgewurzelten zu überwinden. So stritten in mir zwei Willen, ein alter und ein neuer, der eine fleischlich, der andere geistig, miteinander, und ihr Hader zerriß meine Seele.«[3]

Wie bei Augustinus stritten auch in mir die getrennten Teile meiner selbst miteinander. Die Folge war, daß auch bei mir keine plötzliche Offenbarung oder Konversion stattfand, die mich wieder in den Zustand der unbedingten Freude versetzte. Ich mußte den Weg des Wiedererfahrens, des Ganzwerdens und der Wiedervereinigung der vergessenen und verstreuten Teile meines »Selbst« gehen. Die Vorstellung einer Katharsis, die auf einmal das Leben des Menschen vollständig und endgültig verändert, ist unrealistisch. Veränderung vollzieht sich allmählich. Eine plötzliche Veränderung

erscheint nur dem bewußten Selbst als spontan. Das Unbewußte aber hat in der Regel schon monatelang unbemerkt an den Vorbereitungen gearbeitet.
Dr. Roberto Assagioli spricht von einer Zeit der »seelischen Schwangerschaft«, einer Zeit, in der das Unbewußte Erfahrungen assimiliert. Unsere bewußten Erfahrungen stimulieren Kräfte, die bereits latent im Unbewußten, in unseren höheren Körpern, vorhanden sind. Das Unbewußte braucht Zeit, um diese Erfahrungen zu verarbeiten und Blockierungen zu lösen. Dieser Prozeß geht rhythmisch vor sich. Es gibt dabei Zeiten der »Schwangerschaft« und dann Zeiten plötzlicher »spontaner« Veränderung. Ich erlebte Hunderte von Offenbarungen und Wandlungen, alle haben mir geholfen, die Wiedererfahrung, das Ganzwerden und die Wiedervereinigung der verlorenen Teile meiner Selbst herbeizuführen. Die Krise meiner Jugend brachte mir zuerst eine Reihe einzelner kathartischer Erfahrungen. Da diese Erfahrungen aber so ubiquitär (allgegenwärtig) waren, gingen sie später in einen Entwicklungsprozeß über, und dieser bewirkte, daß ich mich plötzlich der Vereinigung der »Selbste«, dem »Ich bin«, gegenübersah.

Persönliche Verantwortung

Für mich begann ernsthaft der Weg zurück, als ich aufhörte, alle anderen für meine elende Lage verantwortlich zu machen und anfing, selbst die Verantwortung für meinen Zustand zu übernehmen. Sobald ich die Tatsache akzeptierte, daß ich selbst mich dafür entschieden hatte, mich in mich hinein zurückzuziehen, erkannte ich, daß es mir genauso freistand, wieder nach außen auszustrahlen. Ich begann also, nach einem Ansatzpunkt zu suchen, nach irgendeiner greifbaren Möglichkeit, die mich in mich selbst hineinführen sollte, dorthin, wo einige Veränderungen bewirkt werden mußten. Dabei hatte ich den Eindruck, daß ich mit meinen Emotionen beginnen sollte. Ich glaubte, wenn ich nur geeignete Mittel zur Freisetzung meiner blockierten Emotionen finden würde, käme ich wieder ins richtige Geleise und könnte in meinem Leben ein Stück weiterkommen. Ich begann also zu suchen. Ich hatte Glück und stieß auf ein Programm, das Daniel Caserall und Arthur Janov eingeführt hatten. Das Programm arbeitete mit Gruppentreffen. Das wichtigste Mittel der Sitzungen dieser Gruppentherapie, wie man sie damals nannte, war die Konfrontation und die Erfahrung von »Urerlebnissen« (Primals). Wenn ein Gruppenmitglied unaufrichtig war (und ich meine damit nicht, daß man falsche Informationen gab, sondern vielmehr, daß man seine Emotionen verfälschte, indem man sie entweder blockierte oder aber förmlich darin schwelgte), dann wurde es mit diesem Verhalten konfrontiert und von der Gruppe aufgefordert, die echten Gefühle auszudrücken. Ein Verhalten, das unangemessene Emotionen institutionalisierte und angemessene Emotionen daran hinderte, frei auszustrahlen, war in der Gruppe unerwünscht. Man erwartete von den Mitgliedern, daß sie derartiges Verhalten änderten. Man setzte voraus, daß jeder das Risiko auf sich nahm, die Dinge in seinem Leben zu ändern, die ihn davon abhielten, ehrlich zu leben und aufrichtig seine Gefühle zu zeigen. Die Gruppenmitglieder lernten, sich von alten Ängsten, von Wut und Schmerz zu befreien, die sie jahrelang unterdrückt hatten. Sobald diese Emotionen freigesetzt waren, wurde es leichter, alte Gewohnheiten zu verändern und damit aufzuhören, immer wieder die gleiche »alte Platte« abzuspielen. Es wurde leichter, ehrlich zu sein und erwachsen auf das Hier und Jetzt zu reagieren.

Marathon

Ein Gruppenerlebnis war für mich von besonderer Bedeutung. Es zeigt, wie Energie in Form von Emotionen innerhalb des persönlichen Energiefeldes eines Menschen gefangen sein und dessen Leben jahrelang beeinflussen kann. Dieses Ereignis fand in Woodstock, New York, im Jahr 1972 während eines Marathons statt, einer achtzehnstündigen Sitzung, die eine ganze Nacht über dauerte. Die Sitzung begann etwa um 18 Uhr. Ich assistierte dem Gruppenleiter Al fast die ganze Nacht. Etwa um 2 Uhr morgens, gerade nachdem einige von uns eine Kleinigkeit gegessen hatten, begann ein Gruppenmitglied, seine Gedanken auszudrücken. Er sprach darüber, daß er nicht gut genug sei für seine Eltern, über die Tatsache, daß offenbar nichts, was er auch tat, genügen konnte, um sie glücklich zu machen. Während er sprach, begann er zu weinen. Ich spürte die Traurigkeit, die von ihm ausstrahlte. Dieses Gefühl wirkte ansteckend und ergriff rasch die ganze Gruppe. Es schlug eine Saite an, die in der Tiefe fast eines jeden von uns vorhanden ist. Es war das tiefverwurzelte, bohrende Gefühl, daß wir nicht gut genug für unsere Eltern waren, ganz gleich, wie sehr wir uns auch anstrengten und Mühe gaben. Wir spürten, daß tief in uns irgend etwas nicht in Ordnung war, etwas Verhängnisvolles, das verhinderte, daß wir bekamen, was wir brauchten, um glücklich und zufrieden zu sein. Ich konnte mich dieser Stimmung nicht entziehen und empfand mit den anderen Gruppenmitgliedern das Gefühl der Hoffnungslosigkeit, das in uns verborgen war. Nach einigen Augenblicken spürte ich einen schweren Druck in meiner Brust. Dieses Gefühl hatte ich seit langer Zeit nicht mehr gehabt, aber ich erinnerte mich sofort wieder daran. Es war ein Gefühl, das ich fürchtete, ein Gefühl, das mich als Kind in Angst und Schrecken versetzte und das ich zu unterdrücken und um jeden Preis zu vermeiden suchte.

Dieses Gefühl war die Ursache, daß ich mich entsetzlich elend fühlte. Es saugte aus allem und jedem die Freude. Wenn ich diesem Gefühl Worte geben sollte, dann würde es sagen: »Die Freude ist vergänglich, aber ich bleibe ewig. Was du auch tust, es nützt nichts. Du wirst dich niemals von mir befreien.« Ich konnte sehen, daß fast alle Gruppenmitglieder genau wie ich fühlten. Zum erstenmal, seit wir uns vor beinahe acht Stunden zusammengesetzt hatten, gestanden wir uns die Tatsache ein, daß uns allen als Kind etwas vorenthalten worden war, daß wir uns alle, jeder auf seine Art, nach Liebe sehnten.

In mir regte sich das Gefühl der Trauer, während er sprach. Ich war traurig, weil ich sah, daß ich zutiefst verletzt war; und ebenso ging es allen in der Gruppe. Genau in diesem Moment wollte ich auf die anderen zugehen, den übrigen Gruppenmitgliedern helfen, sie auf irgendeine Weise trösten und ihren Schmerz lindern. Ihr Schmerz steigerte den meinen und zwang mich, mein eigenes Bedürfnis nach Trost einzugestehen. Ich konnte meine eigene Verletzung fühlen, und im Moment dieser Erkenntnis fühlte ich Mitleid mit dem kleinen Jungen in mir, der so lange Zeit in Verwirrung gelebt und gelitten hatte. Ich sah, daß auch die anderen ebenso tief verletzt waren wie ich, und ich fühlte Tränen des Mitleids in meine Augen steigen. Ich fühlte eine so tiefe Traurigkeit in mir, daß ich das Gefühl hatte, ich könnte zerbrechen, wenn nicht schnell jemand käme und mich festhielte. Einige Gruppenmitglieder hatten sich in die Ecken des Saales zurückgezogen und weinten. Irgendwie hatte der ganze Raum seinen Charakter verändert. Es war, als ob sich ein Schatten darübergelegt und alles gedämpft hätte.

Aus irgendeinem Grund konnte ich es plötzlich nicht mehr ertragen, so ungeschützt inmitten der Gruppe zu sitzen. Ich stand deshalb auf, trat einige Schritte zurück und setzte mich an die Wand, legte die Beine hoch und entspannte mich. Es war mir jetzt leichter, denn hier war ich mehr für mich. Ich schloß die Augen und fühlte mich erschöpft und müde. Im Geist sah ich meine Eltern vor mir. Nachdem ich sie so viele Jahre für mein Elend verantwortlich gemacht hatte, war auf einmal mein Bedürfnis verschwunden, ihnen die Schuld zu geben. Ich wollte nichts als ausruhen. Ich mußte immer daran denken, wie sehr man auch sie in ihrer Jugend verletzt haben mußte. Ich empfand Mitleid ihnen gegenüber und wünschte, daß ihre eigenen Eltern imstande gewesen wären, sich besser um sie zu kümmern. Ich konnte ihnen keinen Vorwurf mehr machen, daß sie mich nicht verstanden und falsch behandelt hatten. Das alles erschien mir auf einmal so bedeutungslos und kleinlich, wenn ich daran dachte, wie schwer ihr eigenes Leben gewesen sein mußte. Zum erstenmal erinnerte ich mich daran, wie sicher und geborgen ich mich dabei gefühlt hatte. Ich konnte mich nicht besinnen, seit Jahren eine solche Sicherheit empfunden zu haben.

Ich mußte mich eine ganze Weile diesen Gedanken und Gefühlen überlassen haben, denn als ich meine Augen wieder öffnete, sah ich, daß man die Stühle zur Seite geschoben hatte und daß fast alle Gruppenmitglieder auf dem Boden saßen und mir ihre Aufmerksamkeit zuwandten. Al saß an meiner rechten Seite. Ich war verlegen und mied seinen Blick. »Oh Gott«, flüsterte ich leise. Da legte jemand seinen Arm um meine Schultern. Ich wollte schreien: »Rühr mich nicht an, laß mich in Ruhe!«, aber die Worte wollten sich nicht in meiner Kehle bilden, und so preßte ich die Augen zusammen und versuchte, gegen das in mir aufsteigende überwältigende Gefühl der Befreiung anzukämpfen. Ich hörte eine Stimme: »Warum gibst du nicht einfach auf, Keith?« Es war Al, und er wiederholte noch einmal: »Warum gibst du nicht auf? Du wirst nie gut genug für sie sein. Du kannst nie so sein, wie sie dich haben wollen. Gib einfach auf.« Ich konnte nicht antworten und hörte ihn wieder sprechen: »Mach den Mund auf und sage ›Ich gebe auf‹.« Da tat ich, was er mir sagte. Zuerst waren meine Worte so leise, daß nur ich sie hören konnte. Aber nach einigen Augenblicken war der Damm gebrochen und die Worte sprudelten nur so hervor: »Ich gebe auf«. Zwei andere Hände ergriffen mich, und ich hörte andere Stimmen. Vorsichtig streckte man mich auf dem Boden aus, und innerhalb weniger Augenblicke begannen meine Hände und Füße zu kribbeln, und mein Kopf wurde so leicht, daß ich mich ein wenig schwindelig fühlte. Jemand nahm meine Hand, und ich spürte, wie mich von allen Seiten Liebe durchströmte. Während ich da lag und immer aufs neue wiederholte »Ich gebe auf«, ergriff mich ein Gefühl, als ob die Last der Welt, die ich so lange getragen hatte, mir von den Schultern genommen würde. In diesem Moment der Katharsis stieß ich über den Schmerz und das Alleinsein hinaus in eine Zeit vor, in der ich bedingungslos geliebt und akzeptiert wurde. Ich konnte fühlen, wie mich die Energie meiner Mutter umhüllte und durchdrang, wie sie Teil von mir wurde, und ich erkannte in diesem Augenblick, daß meinen Schmerz abzulehnen gleichzeitig bedeutete, meine Mutter abzulehnen, und um sie abzulehnen, mußte ich mich selbst ablehnen. Zum erstenmal sah ich deutlich: Ihre Energie abzulehnen hieß, einen wesentlichen Teil meines persönlichen Energiefeldes abzulehnen. Ebenso wie wir physisch das Produkt von Mutter und Vater sind, sind wir auch energetisch ein Produkt, eine Synthese der Energiefelder unserer Mutter und unseres Vaters. Wenn wir älter werden, integrieren wir andere Energieschwingungen in unser persönliches Energiefeld. Wenn wir aber darüber etwas so Grundlegendes wie die Schwingungen »Mutter« oder »Vater« vergessen oder ablehnen, so bedeutet das einen furchtbaren Schaden für unser Energiesystem.

Während ich noch auf dem Boden lag, wiederholte ich immer wieder leise: »Ich gebe auf, ich gebe auf.« Je öfter ich es sagte, um so stärker umgab mich ein Gefühl des Friedens. Ich konnte überhaupt nichts mehr tun, ich konnte nichts mehr ändern. Mir blieb einzig und allein, aufzugeben, zu vergessen, daß ich so viele Probleme hatte und den Dingen einfach ihren Lauf zu lassen. Die Gefühle, die mich erfaßten, waren so heiter und friedlich, sie schienen etwas Heiliges zu sein, als ob ich irgendwie in göttliche Energie eintauchte. Meine Augen waren geschlossen und ich ruhte. Ich hatte kein Gefühl mehr für Zeit und Ort. Es gab nur noch Frieden. Ich spürte Als Hand auf meiner Stirn; es war ein gutes Gefühl und trug mit bei zu dem tiefen Gefühl der Freude, das ich empfand. Ich lag lange so da und hatte nach einiger Zeit das Gefühl, daß ich besser allein sein sollte. Al flüsterte mir zu: »Keith, bleib bei uns und erzähle, was geschieht.« »Ich muß allein sein«, war alles, was ich erwidern konnte. Ich ging durch den Saal und spürte, daß jeder der Anwesenden Teil meiner selbst war. Ich wollte jeden irgendwie berühren, aber ich wußte zugleich, daß ich das nicht tun durfte, zumindest nicht zu diesem Zeitpunkt. So verließ ich das Haus, ging hinaus in den Hof und bewegte mich langsam in Richtung des Flusses in der Nähe. Ich spürte kaum, daß ich ging. Ich konnte nur die Elemente spüren, die mich berührten: das Wasser, das ich anscheinend mit größerer Intensität als je zuvor hörte, und die leichte Brise, die ich tiefer wahrzunehmen schien als jemals zuvor. Ich blickte auf zum frühmorgendlichen Himmel und konnte Millionen von Sternen erkennen. Während ich in den Himmel schaute, fühlte ich, daß mich Energie in Wellen überflutete; und die Wärme war unbeschreiblich. Eine Energiewelle nach der anderen ging über mich hinweg und durch mich hindurch. Nach einiger Zeit begann alles in mir zuerst flüssig und dann gasförmig zu werden. Ich spürte mich selbst nicht mehr. Ich spürte und wußte nur, daß ich weinte, wie ich niemals zuvor geweint hatte. Ich konnte sehen und spüren, wie die Lichter durch mich hindurchstrahlten, und ich fühlte eine große Dankbarkeit. Ich setzte mich an den Fluß, ich beobachtete und sah Dinge, die ich bis dahin immer als selbstverständlich hingenommen hatte. In mir war Frieden, und dieser Frieden war auf irgendeine Weise mehr, als ich es mir je vorgestellt hatte, denn er war elektrisch, er pulsierte und atmete, und er war überhaupt nicht ruhig oder langweilig. Durch diesen Frieden wurde mein bloßes Dasitzen zur aufregendsten Erfahrung meines Lebens.

5. Kapitel

Das Ersteigen des Berges

»Es genügt nicht, daß wir in uns gehen.
Es reicht nicht aus, daß wir erkennen,
daß uns die Spiritualität unserer Natur
potentiell gottgleich macht. Die
Möglichkeit muß durch Wissen und Liebe
realisiert werden.«

Merton, *The New Man*

Nachdem ich zweieinhalb Jahre die Gruppentherapie mitgemacht hatte, wurde ich selbst Therapeut, arbeitete in New York City mit Drogenabhängigen und leitete Therapiegruppen. In dieser Zeit begann ich mich mit Yoga, Pranayama und Meditation zu beschäftigen. Ich setzte meine Studien fort, bis ich drei Jahre später meinen Lehrer traf. Während der Zeit mit ihm unternahm ich ausgedehnte Reisen durch Nord- und Mittelamerika. Seinem Unterricht lag die Idee zugrunde, daß wahres Wissen (also Wissen, das kathartisch wirkt), direkt vom »All-Seienden« durch das Unbewußte aufgenommen wird. Um uns direkt in Verbindung mit dem »All-Seienden« zu bringen, lehrte er uns, die Aufmerksamkeit zu entwickeln und wieder zu erfahren, wer wir sind. Er erklärte, daß der Mensch wieder ein »Niemand« (also kindlich) werden muß. Nur von dieser Position aus ist er unbelastet genug, so daß das wahre Selbst, das »Ich bin«, auftauchen kann. Wenn das wahre Selbst zutage tritt, so drückt es sich vorwiegend auf zwei Arten aus, nämlich in Form von Klarheit und Dankbarkeit.

Ich blieb drei Jahre lang bei meinem Lehrer. Im Frühjahr 1975 kehrten wir nach einem mehrmonatigen Aufenthalt in Guatemala nach New York zurück. Als wir in der Stadt ankamen, sagte er mir, er hätte mich nun alles gelehrt, was ich von ihm lernen konnte, unsere Lehrer-Schüler-Beziehung sei jetzt zu Ende. »Von nun an«, sagte er, »kann ich nur noch dein Freund sein.« Er forderte mich auf, das Gelernte anzuwenden, denn indem ich das tat, würde ich meinem Dharma (Lebenspfad) treu bleiben. Obwohl ich bis dahin Jahre damit zugebracht hatte, an mir zu arbeiten, versetzten mich seine Worte in Aufregung, und ich war verwirrt. Ich fühlte, wie alle Zusammenhänge verlorengingen, und ich fürchtete mich. Ich hatte bis dahin nicht bemerkt, wie sehr ich von ihm abhängig geworden war. Ich sah in diesem Moment, daß ich noch seine Hilfe brauchte, weil ich mich immer noch nicht ganz fühlte. Ich spürte, daß noch wichtige Teile des Puzzles fehlten. Nachdem wir uns getrennt hatten, wurde ich von einem bohrenden Gefühl der Unvollständigkeit getrieben, und kurze Zeit später schloß ich mich der Pfingstbewegung an. Bald darauf begann ich meine Ausbildung mit dem Ziel, Priester dieser Gemeinschaft zu werden. Als mein Studium abgeschlossen war, ging ich in die Dominikanische Republik, um dort als Missionar zu arbeiten.

Das »Ich bin« in mir

Anders als die meisten modernen christlichen Konfessionen glauben die Angehörigen der Pfingstbewegung, daß selbst in der modernen Welt die Gaben des Geistes (Heilung, Wunder, Weissagung usw.) noch immer durch den allem innewohnenden Heiligen Geist geschenkt werden, daß aber der Heilige Geist den Menschen nur in einem bestimmten Augenblick ergreift, nämlich dann, wenn er bewußt Christus in sein Leben aufnimmt. Dieser Vorgang wird als die Erfahrung der »Wiedergeburt« bezeichnet. Obgleich ich viel von dem akzeptieren konnte, was ich in dieser Zeit lernte, blieb es mir nach wie vor unbegreiflich, auch als ich schon als Priester tätig war, wie durch eine Gebetsformel, durch eine kirchliche Zeremonie oder auch durch eine innere Erfahrung oder Katharsis der Mensch von einem spirituell toten, von Christus (dem universellen Kraftfeld) getrenntem Wesen wieder zu einem spirituell lebendigen, wiedergeborenen (wieder mit dem universellen Kraftfeld verbundenen) Wesen wird. Oder mit anderen Worten: daß er zur Wiedererfahrung kommt, das Ganzwerden aller zersplitterten Teile erreicht und wieder zur Einheit gelangt. Der Vorgang der Wiedergeburt ergab keinen Sinn für mich. Er war mir zu mechanisch. In dem einen Augenblick soll man spirituell tot sein, und im nächsten Moment von spirituellem Leben erfüllt?

Ich begann erst zu begreifen, was mit »Wiedergeburt« gemeint ist und was wahre Wiederherstellung der Einheit bedeutet, als ich das Gebet als Werkzeug einsetzte, um Energieblockierungen aufzulösen und mit dem »Ich bin« in mir Kontakt aufzunehmen. Das Gebet wurde für mich zum Werkzeug für meine Wiedererfahrung, für das Ganzwerden und die Wiedererlangung der Einheit. Es gibt nichts Besseres zur mentalen und emotionalen Befreiung und zur Auflösung von Energieblockierungen als ein Gebet in tiefer Hingabe. Nachdem ich begonnen hatte, regelmäßig zu beten, fielen allmählich die Barrieren, die mich daran hinderten, die freie Strahlung mentaler und emotionaler Energie wahrzunehmen. Als ich meine tiefsten Ängste, Schmerzen und Enttäuschungen ausströmen ließ, entdeckte ich verlorene Teile meines Selbst wieder. Während mein Herz weich wurde, entwickelte sich die »Zweite Aufmerksamkeit«. Je aktiver sie wurde, um so stärker empfand ich Ganzheitlichkeit und bedingungslose Freude.

Aber mein Leben im Gebet blieb nicht von Krisen verschont. Im Rückblick erkenne ich jetzt, daß die erlebten Krisen immer durch meine Enttäuschung darüber verursacht worden sind, daß ich mich unvollkommen fühlte, und mehr als alles andere war es dieses Gefühl der Unvollkommenheit, das mich immer weiter vorwärtstrieb. Es spornte mich immer weiter an, weil tief in mir der Wunsch vorhanden war, stärker meine Ganzheitlichkeit, meine Verbundenheit mit meinem Körper und mit der physischen Welt zu spüren. Ich war es leid, ein Schlafwandler zu sein, gefühllos gegenüber der Welt des Außer-Gewöhnlichen um mich herum. Als die Blockierungen zu bröckeln begannen, fanden meine Gebete tief in mir Resonanz, und die verschlossenen Türen öffneten sich allmählich. Als die Barrieren fielen, empfand ich etwas Neues und ganz Außerordentliches. Ich hatte ein Gefühl, als ob tief aus mir heraus eine andere Person betete. Zuerst war ich mir nicht sicher, was hier geschah, aber dennoch wußte ich, daß es sich nicht um einen anderen handelte, der durch mich betete, denn es war etwas Vertrautes an dieser Person und an den Energieschwingungen, die mich durchströmten, wenn ich diese Person wahrnahm. Ich wußte, daß ich diesen gleichen inneren Reichtum schon in der Kindheit gespürt hatte, das gleiche Gefühl, als ob ich runder und größer geworden sei. Wenn ich auf diese Weise betete, erfüllte ich die Umgebung mit meiner Gegenwart, und meine Beziehung zu allem um mich herum schien sich zu verändern. Es war ein Gefühl des Déjà-vu, denn ganz ferne am Rande meines Bewußtseins konnte ich mich an derartige Empfindungen aus meiner frühen Kindheit erinnern. Wenn ich es dieser Person gestattete, sich auszudrücken, nahm sie an Kraft zu. Dabei liefen rhythmische Energiewellen durch meinen Körper und erfüllten mich mit unaussprechlicher Freude. Diese Person manifestierte sich auf vielerlei Weise, sie konnte verschiedene Gestalten, Formen und Persönlichkeiten annehmen. Manchmal drückte sie sich mit ernster Würde, manchmal durch Glück und Freude aus. Schon kurze Zeit, nachdem ich es dieser inneren *persona* erlaubt hatte, sich in ihrer ganzen Fülle auszudrücken, wurde sie tiefer in mein alltägliches Leben einbezogen. Vielleicht sollte ich genauer sagen, ich wurde stärker in ihr Leben integriert. Sie drückte sich während des Betens durch Worte aus, aber auch durch die Energie und durch die erweiterte Selbstwahrnehmung, die mich allmählich erfüllte.

Meine erweiterte Einsicht und Selbstwahrnehmung, die als Folge dieses Durchbruchs auftraten, veränderten mein Leben. Als diese Person begann, mein Wesen zu durchdringen, verflüchtigten sich meine Ängste, und eine innere Kraft breitete sich in mir aus, denn meine Freude kam jetzt von innen und war nicht mehr abhängig von den Launen wechselnder äußerer Erfahrungen. Endlich war ich nach Hause gekommen. Endlich hatte ich die Wiedererfahrung erreicht, und durch Ganzwerden und Wiedervereinigung empfand ich mich schließlich als ein integriertes menschliches Wesen, als Synthese der Teile des Selbst, als »Ich bin«.

Die Worte des indischen Dichters Tagore aus *Gitanjali* spiegeln dieses Gefühl:

»Wie der Reisende an jede fremde Tür klopfen muß, ehe er schließlich zu seiner eigenen kommt, so muß man durch alle äußeren Welten wandern, um am Ende das innerste Heiligtum zu erreichen. Meine Augen schweiften weit und breit umher, ehe ich sie schloß und sagte: »Hier bist Du!« Frage und Ruf »Aber wo ist das?« lösten sich auf in Tausenden von Tränenströmen und überschwemmten die Welt mit der Flut der Gewißheit: »Ich bin!«[1]

Der Weg nach innen

Das Auftreten des »Ich bin« als Folge der psycho-spirituellen Integration ist ein natürlicher Prozeß, der in einem Menschen, dessen Energiesystem frei von Blockierungen und Hindernissen ist, ohne Störung vonstatten geht. Er ist etwas ganz Natürliches und stellt keine Belastung dar, denn er wird durch das »All-Seiende«, das höhere Bewußtsein, getragen, das unaufhörlich nach der Einheit mit seiner Schöpfung strebt. Solange ich der Kirche angehörte, war für mich Jesus das Vorbild. Er bedeutete mir etwa das gleiche, was Bodhisattva oder Avatara für die Menschen des Ostens sind. Er war für mich der lebende Beweis, daß jeder von uns die Wiedererfahrung und das Ganzwerden erreichen, die getrennten Teile seines Wesens wieder zu einer Einheit verschmelzen und die Ganzheit zurückgewinnen kann.

Jeder wahre Schüler muß aber erkennen, daß Ganzheit nur durch Einsicht in die Natur des eigenen Wesens zu erreichen ist, indem man es also annimmt, wie es ist, und ihm die Freiheit läßt, sich auf natürliche Weise auszudrücken. Jeder

Mensch, der sich dieses Recht nimmt, tauscht seine Sklaverei gegen die Freiheit. Wenn jemand aber hofft, Ganzheit zu erlangen, indem er außerhalb seiner selbst nach einem Messias oder einer Zauberformel sucht, dann wird seine Suche vergeblich sein und er wird unmöglich sein Ziel erreichen. Nur wenn der Mensch nach innen schaut, kann er wieder die in ihm eingeschlossenen natürlichen Energien und Kräfte freisetzen, die durch seine fragmentarische Lebensweise erstickt und entstellt wurden und nun, anstatt den ihnen gemäßen natürlichen Ausdruck zu finden, nur noch auf anormale Weise geäußert werden können. Wenn der Mensch beginnt, in sich selbst hineinzuschauen, findet er bald Beweise seiner wahren Natur und einer ihm innewohnenden Komplexität. Indem er bis zur Wurzel seines Wesens vordringt, enthüllt sich ihm seine eigene Natur in ihrer ganzen Fülle. Er sieht, daß er weitaus mehr ist, als er bisher glaubte. Er sieht, daß er in jeder Richtung bis an die Grenze des Unendlichen reicht.

Das ganze Selbst

Im nachfolgenden Gleichnis suchte ein junger Brahmane (der Archetypus des Schülers) jahrelang nach Frieden. Er suchte nach Befreiung von dem unaufhörlichen Leiden, das er zu tragen hatte. Im Gegensatz zu anderen jungen Menschen seines Alters, die genau wußten, was sie wollten, suchte er nur nach einem, nämlich nach Erlösung von der ständigen Qual. Auf seinem Weg begegnete er vielen Menschen, die ihr Mitgefühl ausdrückten und Rat und Trost spenden wollten. Aber keiner konnte ihm auch nur für kurze Zeit helfen. Auf dem Höhepunkt seiner Verzweiflung hörte er von einem weisen Mann, der die Ganzheit und den Frieden erreicht hatte.

Man sagte ihm, der Weise lebe tief im Wald. Nach einer beschwerlichen Reise fand er ihn an einem kleinen Bach unter einem riesigen alten Baum. Der alte Mann lud ihn ein, sich zu ihm zu setzen. Nach einer Weile faßte der Suchende Mut und fragte: »Wie kann ich ganz werden und dadurch Frieden erreichen?« Der Lehrer schaute ihn an und sprach nach einigen Augenblicken: »Geh ins Dorf, dort wirst du finden, was du suchst.« Der junge Mann dankte dem Weisen und brach schnell auf, um ins Dorf zu gehen, ganz erfüllt von Hoffnung und Erwartung. Als er aber im Dorf ankam, fand er dort nur einige wenige Hütten und drei alte Frauen, die auf dem Marktplatz saßen und Körbe vor sich stehen hatten. Eine verkaufte Holzstücke, die andere Metallteile und die dritte Draht. Für seine letzten Münzen kaufte der Brahmane ein Stück Holz, ein Stück Metall und ein Stück Draht, denn er dachte, daß diese Dinge bestimmte Zauberkräfte besitzen müßten. Bald aber erkannte er, daß sie gar nichts Magisches an sich hatten. Es handelte sich um ganz gewöhnliches Holz und Metall und um einfachen Draht. Enttäuscht ging er zum Weisen zurück und erzählte ihm, was er im Dorf vorgefunden hatte. Er schalt den Alten und forderte eine Erklärung, warum er ihn so getäuscht habe. Aber der Weise sagte nur: »Bald wirst du es verstehen.« Niedergeschlagen verließ ihn der Brahmane und wanderte ziellos durch den Wald.

Nach einiger Zeit ließen sein Zorn und seine Enttäuschung nach, und er hörte den Klang von Musik, die durch den Wald ertönte. Da es schon dunkel wurde, eilte er in die Richtung, aus der die Musik kam. Als er sich näherte, konnte er erkennen, daß sie von einer Sitar herrührte. Tief bewegt wurde er von der Musik angezogen. Zu seiner Überraschung entdeckte er, daß die Sitar von dem Weisen gespielt wurde, von dem er sich zuvor zum Narren gehalten glaubte. Noch größer wurde sein Erstaunen, als er erkannte, daß er auf seiner ganzen Wanderschaft im Kreise gegangen und wieder zur gleichen Stelle zurückgekommen war, an der er den alten Mann verlassen hatte. Da fielen ihm die Finger des Weisen auf, die mit erstaunlicher Gewandtheit das Instrument spielten. Davon war er so gefesselt, daß er einen Augenblick lang sich selbst vergaß. In dieser Sekunde traf ihn wie ein Blitz die Erkenntnis. Er sah, daß die Sitar aus Holz, Metall und Draht gefertigt war!

In diesem Moment wurde ihm die Botschaft des alten Mannes klar. Er bemerkte zum erstenmal, daß Holz, Metall und Draht, jeweils für sich betrachtet, keine Bedeutung für ihn besaßen. Wenn er diese Dinge aber miteinander vereinigte und als Ganzes sah, dann wurde daraus eine Sitar. Jetzt erkannte er die Weisheit in der Lehre des alten Mannes. Er besaß alles, was er brauchte. Von diesem Augenblick an war er wiedergeboren, er war vollkommen, er war in jeder Hinsicht ganz. Er hatte bisher nicht wahrgenommen, daß die einzelnen Aspekte seines Daseins nicht dazu bestimmt waren, auseinandergenommen zu werden. Sie waren vielmehr Teil einer komplexen Ökologie von Geist, Seele und Körper, die zusammen ein ganzheitliches Wesen bildeten. Zum erstenmal begriff er, daß jedes einzelne Bruchstück nur zu verstehen ist, wenn man es als Teil des Ganzen betrachtet. Er aber war stattdessen in der Vergangenheit von den einzelnen abgesonderten Teilen seiner selbst gequält worden, und indem er sich mit einem Teil identifizierte und die anderen ablehnte, war er einen Irrweg gegangen. Bis zu diesem Augenblick der Erkenntnis hatte er nicht wahrgenommen, daß die Identifikation mit irgendeinem einzelnen Aspekt seines Wesens bedeutete, daß der tiefere Sinn der anderen Aspekte abhanden kam und ihm dadurch die Einsicht verlorenging, wer er wirklich war. Und so begriff er schließlich, daß das Leben ein Prozeß der Wiedererfahrung, des Ganzwerdens und schließlich der Wiederherstellung der Einheit ist.

Hermann Hesse stellte die Bedeutung der Integration dar, als er Siddhartha gegen Ende dessen Lebens beschrieb:

»Und wenn Siddhartha aufmerksam diesem Fluß, diesem tausendstimmigen Lied lauschte, wenn er nicht auf das Leid noch auf das Lachen hörte, wenn er seine Seele nicht an irgendeine Stimme band und mit seinem Ich in sie einging, sondern alle hörte, das Ganze, die Einheit vernahm, dann bestand das große Lied der tausend Stimmen aus einem einzigen Wort, das hieß Om – die Vollendung.«[2]

6. Kapitel

Angst und Prana

»... sei standhaft in der Wahrheit,
frei von weltlichen Ängsten und konzentriert im Selbst.«

Bhagavadgita

Ganzheit, das Ziel der psycho-spirituellen Integration, ist nicht zu erreichen, wenn die Angst im Wege ist und blockierend wirkt. Angst wirft den Menschen auf sich selbst zurück. Angst bewirkt, daß sich der Mensch kraftlos, unbedeutend und letztlich unsicher fühlt. Angst ist die Ursache, daß der Mensch auf jeder Ebene verkrampft ist, Angst schafft Unterbrechungen in seinem Energiesystem und in seinen Beziehungen zu sich selbst und zu den anderen Menschen.

Es gibt viele Formen der Angst, dicke Bücher sind bereits darüber geschrieben worden. Im Grunde ist Angst die Antithese des Seins, und die Wurzel aller Ängste ist die Angst vor dem Nicht-Sein. Die eigentliche Angst ist nicht die Angst vor dem Tode, sondern vielmehr die Angst vor dem Ausgelöschtwerden, vor der vollkommenen Lieblosigkeit, die den äußersten Grad des Getrenntseins bedeutet.

Wenn wir uns jedoch als Ganzes sehen, als Teil der großen Ökologie, die eine Synthese von allem im sichtbaren wie im unsichtbaren Universum, dem universellen Kraftfeld, darstellt, dann erkennen wir bald, daß ein Auslöschen unserer Existenz ganz unmöglich ist. In der hermetischen Philosophie* heißt es: »Das Universum und alles, was es enthält, ist eine geistige Schöpfung des Alls ... alles ist Geist.«[1]

*Die hermetische Philosophie hat ihren Ursprung im alten Ägypten. Man sagt, daß sie der Menschheit von Toth überliefert wurde, dem ägyptischen Gott der Weisheit, den die Griechen später Hermes Trismegistos nannten. Er wurde seit frühester Zeit als der »Meister aller Meister«

Die absolute Energiestrahlung, die wir das All oder das »All-Seiende« nennen, verbindet alles miteinander. Es ist die größte vereinende Kraft, die durch alle Kausalebenen strahlt. Es ist die Kraft, die zueinander hinzieht, die Brücken baut, die Beziehungen schafft, die das Universum zusammenhält. Sie ist das vereinende Prinzip, das Materie, Energie und Bewußtsein auf allen Ebenen verbindet.

Als Energiekonzentrationen sind wir integrierte Bestandteile des universellen Energiefeldes und können ebensowenig daraus entfernt werden, wie man etwa eine einzelne Masche aus einer Strickarbeit entfernen könnte, ohne das ganze Stück wieder aufzuziehen. Solange wir bewußt dafür sorgen, daß unsere Strahlung frei nach allen Seiten hinausgeht, werden wir auch bewußt die Freude darüber spüren, daß wir mit dem übrigen universellen Kraftfeld verbunden sind. Wenn wir aber die freie Energiestrahlung durch angstbedingte Kontraktionen blockieren, verlieren wir das bewußte Gefühl der Sicherheit und Zufriedenheit, das eben nur durch diese Erfahrung entstehen kann. Das ist der Moment, in dem wir uns wirklich abgesondert und allein fühlen.

DA. Free John schreibt: »Angst als Gegensatz zur Liebe (dem Universalbewußtsein), die freies Fühlen – Ausstrahlung – bedeutet, ist die Tendenz zur Kontraktion des ganzen Wesens. Es ist die Tendenz, sich abzusondern, sich aus dem universellen Energiefeld und aus dem Universalbewußtsein zurückzuziehen. Angst füllt das Vakuum aus, das durch das Fehlen von Beziehungen entsteht, und dies wiederum wird durch ... Absonderung verursacht. Solange der Mensch eine Beziehung zum Leben unterhält ... kann Angst nicht entstehen.«[2]

bezeichnet. Wenn Hermes existiert hat, dann ist er der wahre Vater esoterischer Weisheit. Die näheren Einzelheiten über sein Leben sind uns verlorengegangen. Nach einer Überlieferung soll er ein Zeitgenosse Abrahams gewesen sein. Wie auch immer die Wahrheit gewesen sein mag, Hermes schenkte der Menschheit eine Reihe von Lehrsätzen, die seit dieser Zeit Philosophie und Religion beeinflußt haben.

Solange die Angst die Zersplitterung des Menschen aufrechterhält und ihn von allem übrigen trennt, und solange der Mensch selbst an dem Grundsatz von der Trennung hängt und nicht an die Einheit und an die echte Vertrautheit glaubt, die aus der Liebe erwächst und sie auch nicht selbst empfindet, solange er noch gegen jeden anderen kämpft und die Entwicklung des »Ich bin« vernachlässigt, das ständig nach Einheit strebt, solange bleibt er eine Insel, gefangen im schlimmen Teufelskreis eines Existenzkampfes, bei dem er sich gegen die »Anderen« wendet. Er wird schließlich jedem mißtrauen; sein Mißtrauen wird sich sogar gegen sich selbst richten, und er wird ständig in der leisen Angst leben, letztlich ohne Sicherheit und allein zu sein.

Nicht-Sein

Wenn wir von der Angst des Ausgelöschtwerdens sprechen, dann müssen wir uns fragen, wer in uns sich davor fürchtet. Ist es das »Ich bin«, das vor Trennung und Vernichtung zurückschreckt, oder errichtet ein anderer Teil des Selbst eine Mauer der Angst, weil es seine Existenz bedroht sieht? Wo Gewißheit ist, gibt es keine Angst. Angst entsteht, wenn Zweifel herrscht, wenn die Folgen nicht abzusehen sind. Wo das »Ich bin« beteiligt ist, kann es keine Angst geben, denn das »Ich bin« kennt keine Zweifel über die Fortdauer seiner Existenz und über seine Beziehung zum universellen Energiefeld, das unser Universum durchdringt.

Das »Ich bin« ist letztlich ohne Angst, weil es weiß, daß in einer Welt unaufhörlicher Veränderung Leben und Tod nichts als Übergänge von einer Kausalebene zur anderen, von einer Realität zur anderen sind. Für das »Ich bin« ist ein Ausgelöschtwerden unvorstellbar, weil es weiß, daß nichts, was innerhalb des universellen Kraftfeldes existiert, je aufhören kann zu sein. Die äußere Form kann sich verändern, sie kann sich auf der Evolutionsskala auf- oder abwärts bewegen, indem ihre Schwingungen wechseln, aber die Urangst vor dem

Ausgelöschtwerden (vor der Vernichtung), die existentielle Verzweiflung der absoluten Trennung, ist unmöglich.

In der Bhagavadgita sagt Sri Krischna zum Prinzen Ardschuna: »Nie hat es eine Zeit gegeben, da ich nicht war, noch du, noch einer dieser Könige. Und auch in aller Zukunft wird unser Sein nicht enden ... Den Weisen ist dies offenbar.«[3]

In den Upanischaden heißt es:

Am Anfang existierte nur es selbst.
Es suchte überall und konnte
nichts finden außer sich selbst.
Es erschrak.
Daher erschrecken wir noch heute,
wenn jemand allein bleibt.
Das Große Wesen besann sich:
Wenn es nichts gibt außer mir,
vor wem soll ich mich dann fürchten?
Als es so dachte, schwand seine Angst.
Denn wirklich: Wen sollte es fürchten?
Es besaß kein Zweites. Nur wenn
eine Zweiheit besteht, gibt es Angst.[4]

Das »Ich bin«, die Einheit der Selbste, bildet für immer eine Einheit mit dem Universalfeld. Die Beziehung des »Ich bin« zum Universalfeld ist mit einer Woge vergleichbar, die Teil der See (des universellen Kraftfeldes) ist, die ihre Existenz dem Meer verdankt, die aber ihre Individualität beweist, indem sie sich vom Wasserspiegel erhebt, Kraft entwickelt, Form annimmt und sogar Energie erzeugt, bevor sie wieder ins Meer zurückkehrt, wenn ihre Zeit abgelaufen ist. Das »Ich bin« begreift intuitiv. Es lernt, indem es eintaucht in das, was es wahrnimmt. Es berührt, was es wahrnimmt, und es läßt sich selbst ebenfalls berühren. Daher ist seine Wahrnehmung direkt und vollständig.

Die Gewißheit des Weiterlebens läßt sich jedoch vom Bewußtsein (dem rationalen Geist und dem physischen Leib mit seinen Sinnen) nicht fassen, denn es besitzt keine Wurzeln. Seine Existenz ist ständig bedroht, weil es nicht im universellen Energiefeld eingebettet ist. Es befindet sich mehr an der Oberfläche des Universalfeldes, als daß es sich innerhalb dieses Feldes bewegte. Es wird von diesem Feld getragen wie ein Boot, das auf dem Wasser schwimmt, aber es ist dennoch nicht Teil des Feldes.

Da das Bewußtsein nicht in das universale Kraftfeld eingebettet ist, muß es, um etwas zu verstehen, den Gegenstand unter einem bestimmten Gesichtspunkt mit der ersten Aufmerksamkeit untersuchen. Das Bewußtsein kann andere Strukturen nur in seiner eigenen Ausdrucksweise, mittels eigener früherer Erfahrungen, erfassen. Es muß das Universum zergliedern und analysieren, um es zu verstehen. Seiner Natur nach sieht das Bewußtsein die Bäume, aber nicht den Wald. Da sich das Bewußtsein auf die Sinne und den rationalen Geist verläßt, kann es das Universum nur sukzessive, Teil für Teil, begreifen. Man kann sich das Bewußtsein als den sichtbaren Teil des Menschen vorstellen. Es ist intellektuell und rational, sein Handeln orientiert sich an der physischen Welt. Seine »Aktion« ist intensiv, das heißt, daß es Zeit und Raum mit Tun ausfüllt, und darunter ist alles zu verstehen, von Denken und Fühlen bis zu Aufbau und Zerstörung.

Das Ego hat sowohl Anteil am Bewußtsein als auch am Unbewußten. Ego in seiner reinsten Form ist die Synthese, die die Zentren der Wahrnehmung und der Energie miteinander verbindet.

Das Ego

Der Punkt, in dem sich Mensch und Welt berühren, ist das Ego. Das Ego leitet seine Form einerseits von der bewußten Natur des Menschen ab, die »Ich«-bezogen ist und die alles außerhalb ihrer selbst als das »andere« empfindet, und andererseits vom »Ich bin«, der unbewußten Natur des Menschen, die alles als Teil eines universellen Ganzen wahrnimmt, in dem alles vereinigt ist und wo es kein »anderes« gibt.

Wenn der Mensch aber einmal mit der Gewohnheit dieser Bindung bricht und den Prozeß der psycho-spirituellen Integration in Gang setzt, indem er den unbewußten Teilen seiner selbst erlaubt, sich zu zeigen, unterbricht er den negativen Einfluß, den die Angst auf ihn ausübt. Er kann dann im »Ich bin« Wurzel fassen und aus dem Kreislauf von Begierde und Angst ausbrechen. Diese neue Einstellung wird möglich, weil er eine weitere Realität, eine größere Sicherheit, erkennt. Die Folge ist, daß seine Ängste und Begierden rasch ihren Einfluß auf ihn verlieren.

Ein Mensch, der diese Loslösung erreicht hat, kann nicht mehr von der Angst dazu gezwungen werden, die Autorität des Bewußtseins anzuerkennen, weil er innere Quellen besitzt, die ihn speisen. Das Bewußtsein besitzt nichts von Wert, um es jemandem anzubieten, dessen Bedürfnisse bereits auf andere Weise befriedigt worden sind und der erkannt hat, daß er im Grunde seines Wesens vollkommen und ganz ist, der ständig die unbedingte Liebe spürt, die aus dem universellen Kraftfeld in ihn einfließt.

Furchtlosigkeit

Ein ganzheitlicher Mensch wird nicht von Angst beherrscht. Er zeigt bei jeder Gelegenheit Furchtlosigkeit, nicht in Worten, sondern durch sein ganzes Verhalten. Man braucht ihn nur anzusehen, um das zu bemerken. Frei von Angst zu sein bedeutet nicht, sich selbst vorzumachen, daß man furchtlos sei, oder gar, bewußt tapfer zu sein. Es ist eher so, daß jeder, der seine Angst vor dem Ausgelöschtwerden besiegt, frei von Angst jeglicher Art wird. Das geht schließlich so weit, daß er überhaupt nicht mehr imstande ist, das Gefühl der Angst zu empfinden. Der folgende Text des Hagakure, etwa in der Mitte des 17. Jahrhunderts entstanden, erklärt es:

»Yagyu Tajima-no-kama war ein großer Kämpfer und Lehrer am Hofe des Shogun jener Zeit, Tokugawa Iyemitsu. Eines Tages kam einer der Leibwächter des Shogun zu Tajima-no-kami und wollte in der Fechtkunst unterrichtet werden. Der Meister sagte: »Wie ich sehen kann, scheinst du selbst bereits ein Meister der Fechtkunst zu sein. Ich bitte dich, sage mir, zu welcher Schule du gehörst, ehe wir Lehrer und Schüler werden.«

Der Wächter antwortete: »Ich schäme mich, daß ich gestehen muß, diese Kunst niemals erlernt zu haben.«

»Willst du mich zum Narren halten? Ich bin der Lehrer des edlen Shogun selbst, und ich weiß, daß das Urteil meines Auges niemals irrt.«

»Es tut mir leid, daß ich Euer Ehren widersprechen muß. Aber ich kann wirklich nichts.«

Dieser entschiedene Widerspruch von Seiten seines Besuchers ließ den Schwertmeister eine Weile nachdenken, und schließlich entgegnete er: »Wenn du es sagst, dann muß es wohl so sein. Aber ich bin immer noch sicher, daß du ein Meister auf irgendeinem Gebiet bist, wenn ich auch nicht weiß, welches das ist.«

»Wenn Ihr darauf besteht, werde ich es Euch sagen. Es gibt in der Tat etwas, von dem ich behaupten kann, daß ich es vollkommen beherrsche. Als ich noch ein Junge war, kam mir der Gedanke, daß ich als Samurai unter keinen Umständen Angst vor dem Tod haben dürfe. Ich habe danach einige Jahre mit dem Problem des Todes gerungen, und schließlich quälte mich diese Frage nicht mehr. Vielleicht meint Ihr das?«

»Genau das meine ich!« rief Tajima-no-kami aus. »Ich bin froh, daß ich mich in meinem Urteil nicht geirrt habe. Denn zu den letzten Geheimnissen der Fechtkunst gehört es auch, frei zu sein vom Gedanken an den Tod. Das habe ich schon viele Hunderte meiner Schüler gelehrt, aber bis jetzt erreichte keiner von ihnen wirkliche Reife in der Fechtkunst. Du brauchst die Technik nicht zu erlernen. Du bist bereits ein Meister.«[5]

Die Beherrschung der Angst, die der Samurai zeigte, war das wesentliche Element seiner Meisterschaft in der Kunst des Fechtens. Ein ebenso wichtiger Schritt auf dem Pfad des Ganzwerdens besteht darin, den Mut und die Aufrichtigkeit zu finden, sich den eigenen Ängsten zu stellen. Angelas Geschichte ist ein Beispiel dafür, was geschehen kann, wenn man den Mut aufbringt, den eigenen Ängsten direkt ins Gesicht zu sehen:

»Da – das ist es. Du hast es geschafft! Bleib an dieser Stelle. Du empfindest jetzt die Ganzheit.« Ich saß da und sprach mit Keith über einige meiner Ansichten und Verhaltensweisen, die verhinderten, daß ich mich wirklich lebendig und froh fühlte. Meine erste Reaktion auf seinen Ausruf war: »Bezeichnet er das als Ganzheit? Jeder kennt diesen Zustand, dieses Gefühl, so einfach kann es doch nicht sein!«

Ich fühlte mich in diesem Augenblick sehr stark, stark und sanft zugleich. Ich fühlte mich wirklich wie ich selbst – aber es war ein Selbst, wie ich es seit langem nicht mehr empfunden hatte. Es begann mit einem Gefühl der eigenen Kraft und des Selbstvertrauens, entwickelte sich jedoch zu einem Zustand, der weit darüber hinausging.

Ich spürte in mir ein glühendes Gefühl. Es war eine Empfindung, als ob ich emporgetragen werde und dabei gleichzeitig tief und fest verwurzelt sei. Es war wirklich ein Gefühl, als ob ich mich weit ausdehnte und den Raum in mir ausfüllte. Dieses Glühen wurde so stark, daß ich es einfach aus mir herausströmen lassen mußte. Es war ein Augenblick des absoluten inneren Friedens, gleichzeitig aber erfüllt von sprühender Energie. Mir eröffnete sich eine neue Dimension meines Wesens. Noch vor wenigen Monaten wußte ich überhaupt nicht, daß man sich als Erwachsener tatsächlich so fühlen kann. Ehe ich Keith begegnete, konnte ich kaum meinen physischen Leib spüren, ganz zu schweigen von dieser inneren Freude, die von einer Stelle tief in mir ausstrahlte. Mein Körper war für mich immer nichts weiter gewesen als eine Substanz, die sich als Ganzes bewegte, innere Empfindungen aber hatte ich nie gespürt. Ich hatte für die Empfindungen in diesem Körper niemals die geringste Aufmerksamkeit aufgebracht, alles war völlig taub und dunkel gewesen. Das war der einzige Zustand, den ich kannte.

Als ich regelmäßig die von Keith empfohlenen Übungen ausführte und meine Aufmerksamkeit auf die Veränderungen in meinem Körper richtete, bekam ich allmählich einen Eindruck davon, wie sensibel dieser Körper sein kann. Aber buchstäblich bis zu jenem Abend war ich (oder besser gesagt: mein Körper) noch nicht voll zu dieser Realität erwacht. Irgend etwas atmete, pulsierte, vibrierte, kribbelte und funkelte in mir, war von Freude erfüllt und aufregend. Ich fühlte mich nicht mehr verkrampft und ängstlich. Meine Zweifel waren in Freude verwandelt. Zum erstenmal seit Jahren war ich imstande, meine Umgebung zu erreichen. Erst jetzt wurde mir klar, in welchem Ausmaß Menschen gegenseitig aufeinander einwirken. Während der Zeit, als ich wirklich ich selbst war, nahm ich bewußt die Botschaften wahr, die wir von anderen Menschen empfangen. Wir stehen ständig miteinander in Verbindung, aber normalerweise bemerken wir es nicht. Nun, da ich mich selbst spüren konnte, war es mir auch möglich, bewußt Energie und Botschaften auf andere zu übertragen, ich konnte bewußt nach außen gehen und mit anderen Menschen auf einer nonverbalen Ebene in Verbindung treten. Es ist unglaublich schön und aufregend, auf diese Weise Verbindung aufzunehmen.

Etwas wirklich Erstaunliches geschieht mit unserem Geist. Gewöhnlich ist mein Geist ständig in Aktion, unausgesetzt mit Gedanken, Sorgen, Fragen, Ängsten usw. beschäftigt. Von dem Augenblick an, als ich begann, mein ganzheitliches Selbst wahrzunehmen, wurde mein Geist vollkommen klar. Zum erstenmal erkannte ich, daß es wirklich nicht notwendig ist, daß mir ständig alle diese Gedanken durch den Kopf gehen.

In dem Moment, in dem ich den Zustand der Ganzheit erreichte, wurden mir alle Qualitäten und Eigenschaften dieses Zustandes deutlich. Davor hatte ich zwar mit dem Verstand begriffen, was Ganzheit bedeutet – ein Leben ohne Angst, man selbst zu sein in jedem Augenblick –, aber ich hatte die irrige Vorstellung, wenn man diese Ganzheit einmal erlangt hat, so besitzt man sie und kann sie nicht mehr verlieren, daß sie also so etwas wie ein sicherer Hafen ist, in dem jede Furcht und Angst aufhört. Ich konnte die Ganzheit von allen Seiten betrachten und mit dem Verstand erfassen, aber innerlich fühlte ich sie nicht. Ich spürte sie nicht. Jetzt aber war ich selbst dazu geworden. Alles sah genau wie davor aus, aber alles hatte sich verändert. Es war, als ob man einen Schleier vor meinem Gesicht weggezogen hätte. Ich erkannte, daß wir uns dazu entschließen müssen, vollkommen wir selbst zu werden und nach außen zu strahlen, in jedem Augenblick des Tages.

Wir alle kennen diesen Moment, aber wir lassen ihn ungenutzt vorübergehen. Es ist bequemer und weniger anspruchsvoll, weiterhin so zu leben, wie man schon immer gelebt hat. Was mich betrifft, so hatte ich mich dafür entschieden, lieber ein »gutes Mädchen« zu sein, als ich selbst zu werden. Wie stark dieses Verhaltensmuster in mir verwurzelt war und mein Leben geformt hatte, wurde mir erst klar, als ich das Gefühl meiner Ganzheit erlebte. Tief in mir war stets das Gefühl, daß ich nicht liebenswert sei, daß ich so, wie ich bin, überhaupt nichts wert sei. Ich hatte immer das Gefühl, daß ich etwas tun müsse, um etwas wert zu sein. Liebe war nicht bedingungslos, von Freude erfüllt und schenkend, sondern mit Bedingungen verbunden, fordernd, besitzergreifend. Sein genügte nicht, Tun wurde für mich zum Schlüssel, um Liebe zu erhalten und mich geliebt zu fühlen.

Im täglichen Leben bedeutet das für mich, daß mein Selbstwertgefühl und meine Zufriedenheit nicht von innen kamen, ich mußte sie mir außen suchen, namentlich in den Beziehungen zu anderen Menschen. Ich mußte die Angst überwinden, beurteilt und abgelehnt zu werden. Sobald ich aber meine Angst erst einmal überwunden hatte, wurde mein Leben unvorstellbar aufregend, wunderbar und erfüllt von Freude.

7. Kapitel

Neu erblühen

Kinder geben nicht so leicht die ihnen angeborene Phantasie, Neugier und Verträumtheit auf. Will man sie dazu bringen, so muß man sie lieben.

R. D. Laing

Tagore, der große indische Mystiker und Dichter, schrieb: »Der, den ich in meinem Namen einschließe, weint in diesem Kerker. Ich baue ständig mit Eifer an dieser Mauer um ihn. Und diese Mauer steigt Tag für Tag weiter in den Himmel hinan. Ich verliere in ihrem dunklen Schatten die Sicht auf mein wahres Wesen. Ich bin stolz auf diese mächtige Mauer, und ich verputze sie mit Erde und Sand, damit auch nicht die kleinste Öffnung für diesen Namen bleibt: Aber als Lohn für all die Mühe verliere ich mein wahres Wesen aus den Augen.«[1]

Durch die Blockierungen und die Zersplitterung, die von der Angst verursacht werden, hat die große Mehrheit der Menschen die Erfahrung der bedingungslosen Freude und der Einheit mit dem universellen Kraftfeld verloren. Ob ein Mensch die bedingungslose Freude erlebt, hängt davon ab, ob er Zugang zum Unbewußten und zu der Vielzahl der darin enthaltenen Selbste hat.

Platon sagt in seinem »Phaidros«, die Seele des Menschen sei im physischen Körper (und Bewußtsein) »eingekerkert wie eine Auster in der Schale.« Elisabeth Haich ist der Meinung, daß von dem Zeitpunkt an, in dem ein »Selbst« im Körper wohnt, dieser eine Widerstandskraft entwickelt, die dem durchschnittlichen Bewußtseinsgrad des ihm innewohnenden Geistes entspricht.[2]

Der Verlust der bedingungslosen Freude und der Einheit mit dem universellen Kraftfeld beginnt in der frühen Kindheit. Untersuchungsergebnisse lassen darauf schließen, daß Schmerz und Angst, die möglicherweise zur Fragmentation (Zersplitterung) und zum Verlust der bedingungslosen Freude führen, sogar bereits in der Zeit der Schwangerschaft einsetzen können. Dr. Arthur Janov schreibt: »Während des Lebens im Uterus und in der Folgezeit erlebt das Kind Streßsituationen, die ihre Spuren im Organismus zurücklassen und ein primäres Reservoir von Gefühlen bilden, das eines Tages überfließen und zu Symptomen führen kann.«[3] Das bedeutet nichts anderes als Fragmentation. Der Fötus nimmt auf unbewußter Ebene Veränderungen seiner Umwelt wahr; das gilt sowohl für seine physische Umgebung, also den Schoß und den physischen Leib der Mutter, als auch für seine psychische Umwelt, und dazu gehört im weitesten Sinne das innere Umfeld der Mutter, ihr Energiepegel, ihre emotionale Reife, das Ausmaß ihrer Streßbelastung und ihre mentale und emotionale Verfassung.

Symbiose

Da der Fötus und später das Kind in so starker Abhängigkeit von der physischen und psychischen Verfassung der Mutter leben, könnten wir sagen, daß vor der Geburt und noch einige Monate nach der Entbindung physisch und energetisch eine Symbiose zwischen Mutter und Kind besteht. Beide bilden eine Einheit, zumindest sollte das der Fall sein. Diese Einheit kann jedoch unterbrochen werden. Wenn das geschieht, dann wird das persönliche Energiefeld des Kindes und seine Beziehung zum universellen Kraftfeld gestört. Etwas scheinbar so Harmloses wie die innere Einstellung der Mutter hat Einfluß auf das Band, das Kind und Mutter energetisch miteinander verknüpft. Empfindungen der Mutter beeinflussen energetisch das ungeborene Kind in ihrem Leib. Janov behauptet, daß die Sinneswahrnehmungen, die der Fötus besonders in den späteren Entwicklungsstadien aufnimmt, die Vorläufer der Gefühle sind. Außerdem können katastrophale Sinneseindrücke der Mutter die Beziehung zwischen ihr und dem Fötus sowohl auf der interpersonellen als auch auf der energetischen Ebene unterbrechen. Das Energiesystem des Kindes ist vor und kurz nach der Geburt vollkommen in das der Mutter integriert, und die Eindrücke, die das Kind von der Welt empfängt, werden durch das Energiesystem der Mutter gefiltert.

Schwangerschaft

Wenn während der Schwangerschaft, im Verlaufe der Wehen und bei der Entbindung das Neugeborene Streßbelastungen ausgesetzt ist, die sowohl Folge psychischen als auch physischen Schocks sein können, entwickeln sich später unter Umständen ausgewachsene Neurosen daraus.

Unausgewogenheit im Hormonhaushalt der Mutter während der Schwangerschaft können Veränderungen im Fötus verursachen, deren Auswirkungen ein Leben lang erhalten bleiben. Solche Veränderungen im Fötus können darüber entscheiden, wie passiv oder aggressiv ein Kind wird. Sie können seine Willenskraft, die Qualität seiner Beziehungen und die Art seines Selbstbildes beeinflussen. Physische Probleme sind ein Anzeichen für Unausgewogenheit im feinstofflichen Energiesystem des Kindes und lassen darauf schließen, daß ein Kind bereits vor der Geburt unter Energieblockierungen und unter einem mangelnden Gleichgewicht zwischen Yin- (weiblicher) und Yang- (männlicher) Energie leiden und daß die Fähigkeit des feinstofflichen Energiesystems, Energie zu verteilen, zu speichern und wahrzunehmen, gestört werden kann. Diese Vorgänge können sogar einen Einfluß darauf haben, ob beim Kind die linke oder die rechte Gehirnhälfte stärker ausgeprägt ist, das bedeutet, ob intuitive oder rationale Reaktionen überwiegen.

In der Forschung hat man einen Zusammenhang zwischen Störungen im mütterlichen Hormonhaushalt (die durch Angst, Unruhe oder emotionale Belastung aufgrund unterdrückter Gefühle verursacht werden können) und der späteren Aggressivität oder Passivität des Kindes festgestellt. Eine wissenschaftliche Untersuchung, bei der trächtigen Primaten männliche Hormone verabreicht wurden, ergab bei ihnen eine aggressivere Nachkommenschaft als bei einer Kontrollgruppe. Das aggressive Verhalten setzte sich auch im Erwachsenenalter fort. Bei einem anderen wissenschaftlichen Projekt verabreichte man männlichen Ratten unmittelbar nach der Geburt das weibliche Hormon Östrogen. Sie nahmen ein ausgesprochen weibliches Verhalten an, das lebenslang bestehen blieb. Eine andere Gruppe, der später (einige Wochen nach der Geburt) Östrogen verabreicht wurde, zeigte diese anhaltende Feminierung nicht.

Die Geburt des Kindes

Der Augenblick der Geburt prägt das Kind. Seine Eindrücke im Moment der Entbindung haben einen tiefen Einfluß auf sein Energiesystem, auf seine Beziehungen und auf seine spätere Entwicklung.

Der Augenblick, den das Kind für seinen Eintritt in diese Welt wählt, ist keineswegs Zufall, sondern eine Funktion der Beziehung des Fötus zum Energiefeld seiner Mutter auf der einen Seite und zum universellen Energiefeld auf der anderen. Der genaue Zeitpunkt der Geburt ist deshalb eine Funktion der Wechselwirkung von Energiefeldern verschiedener Rhythmen. Einige dieser Rhythmen sind biologisch bedingt, bei einigen handelt es sich um feinstoffliche Rhythmen, die durch Ebbe und Flut des feinstofflichen Energiesystems bestimmt werden.

Die Forschung hat uns bewiesen, daß auf jeder Ebene des Lebens, von den Bakterien und Mikroben über die Katzen und Hunde bis zu den Affen und Menschen, der Rhythmus eine wichtige Rolle spielt. Das reicht vom großen Rhythmus zwischen Arbeit und Ruhe, der durch die Stunden von Licht und Dunkelheit vorgegeben ist, bis zu den natürlichen Rhythmen in den Zellen selbst. Dies haben schon vor langer Zeit die Propheten und Weisen erkannt. Das fünfte hermetische Prinzip besagt: »Alles fließt aus und ein, alles hat seine Gezeiten, alle Dinge steigen und fallen, das Schwingen des Pendels zeigt sich in allem; das Maß des Schwunges nach rechts ist das Maß des Schwunges nach links; Rhythmus kompensiert.«[5]

In jüngerer Zeit schrieb der Biologe Gay Luce: »Es ist mehr als deutlich, daß gesunde lebende Dinge nicht nur einen inneren Rhythmus besitzen. Sie sind auch mit ihrer Umgebung synchronisiert.«[5]

Der Vorgang der Geburt unterliegt in nicht geringem Maße den universellen Gesetzen des Rhythmus. Seit der Zeit der industriellen Revolution haben sich die Frauen im Westen zunehmend vom natürlichen rhythmischen Geburtsprozeß der niederen Tiere entfernt. Als ihr Leben immer mehr seinen natürlichen Fluß verlor und davon getrennt wurde, haben sie die natürlichen Rhythmen vergessen, denen sie jahrtausendelang instinktiv gefolgt waren. In unserer Zeit werden Kurse angeboten, in denen die Frauen lernen, wie die Geburt vonstatten gehen soll. Die Folge ist, daß der natürliche Rhythmus der Frauen unterbrochen wird, und damit ist auch die Beziehung und der Fluß der Energie zwischen Mutter und Kind in dem entscheidenden Augenblick unterbrochen, in dem das Kind auf die Welt kommen will.

Darüber hinaus werden die meisten Frauen, die zur Entbindung in die Klinik kommen, sehr schnell mit Medikamenten betäubt, so daß sie zur Nicht-Person werden und als solche an der Geburt des Kindes gar nicht mehr beteiligt sind. Man erniedrigt sie auf das Niveau einer Maschine; ihr natürlicher Energiefluß und ihre natürlichen Rhythmen sind unterbrochen. Noch schlimmer ist: Aufgrund der verabreichten Medikamente können sie weder ihren eigenen Körper noch den ihres Babies spüren, und infolgedessen wird das Kind von der Energieversorgung der Mutter abgeschnitten, für die sie bewußt und unbewußt sorgte, wäre sie nicht von Drogen betäubt. Bevor das Baby noch die Geburtswege verlassen hat, sind seine natürlichen Rhythmen und seine Beziehung zum Energiefeld der Mutter und zum universellen Energiefeld bereits gestört. Im Augenblick der Geburt wird das Kind aus der Wärme und Sicherheit des Energiefeldes seiner Mutter herausgerissen, und seine erste Erfahrung in der physischen Welt ist der Trennungsschmerz. Janov ist der Meinung, der Zustand der Mutter speziell während der Geburt (wenn sie unter Medikamenten steht oder verkrampft ist) »... bedeutet ... buchstäblich ein Unglück für den Fötus. Noch ehe er das Licht der Welt erblickt, hat er bereits Widrigkeiten zu bewältigen. Vor dem ersten Atemzug befindet er sich bereits in einer Art Kampf ums Leben. Ungeachtet auch des Umstandes, ob sie sich auf die Geburt vorbereitet hat oder nicht... Mag eine Mutter auch verschiedene traumatische Erfahrungen ihrer eigenen Kindheit innerlich von sich abspalten und verdrängen, wenn die Verdrängungen mit Hilfe verkrampfter Muskulatur aufrechterhalten werden, dann wird sich bei Eintritt des Geburtsschmerzes die Muskulatur, zu der auch der Uterus und der Vaginalkanal gehören, automatisch zusammenziehen.«[6]

Janov spricht von einem »Geburtstrauma«. Das Geburtstrauma kann sich besonders auf energetischer Ebene verheerend für das Kind auswirken. Durch die Entbindung wird es zum erstenmal aus der physischen und energetischen Geborgenheit seiner Mutter gerissen. Wird das Kind unmittelbar nach der Geburt körperlich von der Mutter entfernt, ist die Trennung am schmerzhaftesten, denn außerhalb der Aura* der Mutter ist das Kind allein. Entfernt man es weiter als zwanzig Zentimeter von der Mutter, befindet es sich außerhalb des Schutzes der ätherischen Aura der Mutter. Hält sich das Kind

*Jeder Mensch besitzt drei Auren, die seinen Körper umgeben: die ätherische Aura, die mentale Aura und die spirituelle Aura. Dabei handelt es sich um Speicher feinstofflicher Energie, die Teil des persönlichen Energiefeldes des Menschen sind.

aber innerhalb der mütterlichen ätherischen Aura auf, so geht ein unbewußter rhythmischer Strom von Liebe und emotionaler Energie von der Mutter zum Kind. Nimmt man das Kind aus der ätherischen Aura der Mutter heraus, verliert es den emotionalen Kontakt zur Mutter. Beträgt der Abstand zwischen Mutter und Kind mehr als zweieinhalb Meter, so verliert es auch den Kontakt auf der mentalen Ebene, denn es befindet sich nun außerhalb der mentalen Aura oder des mentalen Energiefeldes der Mutter. In diesem Fall besteht kein Kontakt auf der unbewußten mentalen Ebene, und solange die Mutter nicht direkt an ihr Kind denkt, fehlt auch der Kontakt auf der bewußten mentalen Ebene. Befindet sich das Kind außerhalb des emotionalen und mentalen Kraftfeldes der Mutter, dann muß diese ganz bewußt den emotionalen und mentalen Kontakt zu ihrem Kind herstellen, um die Verbindung aufrechtzuerhalten. Das Kind selbst kann nicht den Kontakt zur Mutter suchen, weil es einfach noch nicht die dafür notwendigen Fähigkeiten entwickelt hat. Steht die Mutter unter der Wirkung von Medikamenten, dann ist sie nicht in der Lage, die Verbindung mit ihrem Kind wiederherzustellen, und wenn sie egozentrisch oder ängstlich ist und nicht bewußt den inneren Kontakt zum Kind sucht, das man von ihr weggebracht hat, dann entsteht daraus für das Kind die erste Erfahrung von Trennung, Einsamkeit und Schmerz. Wird dieser Schmerz zu stark, kann das Energiesystem des Kindes überlastet werden, und das Kind ist nicht mehr imstande, seine katastrophalen Gefühle zu verarbeiten und freizusetzen.

Kindheit

Wenn nach der Geburt die Verbindung des Kindes zu seinen Eltern durch Energieblockaden bei einem Elternteil unterbrochen ist, dann wird auch das persönliche Energiefeld des Kindes gestört. Das hat eine negative Wirkung auf die Entwicklung des Ego dieses Kindes, dessen Wurzeln tief hinab bis ins Unbewußte reichen sollten. Wenn sich das Ego in erster Linie auf der Ebene des Bewußtseins entwickelt, wird das Kind niemals die volle emotionale Reife erlangen, und dadurch wiederum wird es daran gehindert, später reife Beziehungen zu unterhalten. Es kann sogar dazu führen, daß das Grundverständnis dafür fehlt, was natürliche, reife menschliche Beziehungen überhaupt sind.

Die Geschichte der F. vermittelt einen Eindruck von den Schwierigkeiten, die zu überwinden sind, wenn die angemessene Entwicklung des Ego unterbrochen wurde. Sie schreibt:

»Meine Mutter war unverheiratet und mein Vater Alkoholiker. Ich kam in einem Heim für ledige Mütter zur Welt. Als ich zwei Jahre alt war, heiratete meine Mutter, nachdem sie ihr drittes Kind zur Welt gebracht hatte. Ich lebte nun gewissermaßen in einer Familie, zusammen mit meiner Mutter, dem Stiefvater und meiner Schwester. Das dauerte jedoch nur kurze Zeit. Dann kam meine Schwester zu einer Tante und ich zu meinen Großeltern. Später gab man mich zu Pflegeeltern. Ich war als Kind vollkommen durcheinander, weil ich nicht wußte, wohin ich gehörte und wem ich Vertrauen schenken durfte. Ich war wild und schwierig. Die Pflegeeltern behielten mich ein Jahr, dann beschlossen sie, mich wieder wegzugeben.

Ich hatte als Kind einen Sprachfehler und litt unter Alpträumen.

Nach dem dritten Schuljahr waren die Lehrer und meine Eltern der Meinung, ich sei zu langsam, um dem normalen Unterricht folgen zu können und müsse deshalb in einem Kinderheim untergebracht werden. Dort blieb ich etwa ein Jahr lang und besuchte die Schule. Ich wurde weiter hin- und hergeschoben, bis ich fünfzehn Jahre alt war und wieder bei meiner Mutter und dem Stiefvater wohnte. Meine Wutanfälle und Ausbrüche von Aggression, unter denen ich in der Kindheit gelitten hatte, verwandelten sich in der Pubertät allmählich in eine Depression. Mit Fünfzehn nahm ich Drogen. In den folgenden zwei Jahren führte ich ein außerordentlich unstetes Leben und änderte oft meinen Wohnsitz. Zumeist war ich mit Drogen vollgepumpt, und eines Tages unternahm ich einen Selbstmordversuch. Dabei trug ich Rückenverletzungen davon. Danach kam ich in eine Anstalt für verhaltensgestörte Mädchen. Man versuchte dort, mich wieder in ein normales Leben zurückzuführen. Später wurde in meiner Heimatstadt eine Therapiegruppe gegründet, und man brachte mich dort unter. Ich war zuerst voller Mißtrauen, wild und widerspenstig. Aber man sagte mir ganz offen, ich hätte nur die Wahl zwischen zwei Alternativen: Entweder blieb ich in dieser Gruppe und benahm mich entsprechend, oder ich käme ins Jugendgefängnis. Da entschloß ich mich, in der Gruppe zu bleiben. Nach kurzer Zeit spürte ich eine echte Veränderung in meinem Leben, denn ich war gezwungen, mit anderen Menschen zusammenzuleben und in der Gruppentherapie mit ihnen zu sprechen. Ich lebte drei Jahre in dieser Gemeinschaft, und während dieser Zeit erkannte ich, wie lebenswert unser Leben ist. Später traf ich einen Mann, in den ich mich verliebte, aber mein Gefühl von Eifersucht und Neid, die Angst vor einer Zurückweisung sowie das Verlangen, jemanden zu besitzen, waren so stark, daß ich diese Beziehung schließlich zerstörte.

1985 erzählte mir jemand von einem amerikanischen Heiler, der in Europa Seminare abhielt. Nach einigem Zögern entschloß ich mich, sein Schüler zu werden, um mehr über seine Beschäftigung mit den Chakras und der Energie zu erfahren. Aber selbst als ich begann, mit ihm zu arbeiten, behielt ich meine alten Verhaltensmuster bei. Ich brauchte lange Zeit, bis ich erkannte, daß es bei einem spirituellen Lehrer keine festen Strukturen und Schablonen gibt. Alles ist offen. Jeder Tag ist ein neuer Tag. Ich aber war fixiert auf eine Situation, auf äußere Bedingungen, die mir Sicherheit geben. Da er mir diese Sicherheit nicht gab, begann ich, mein Elend nach außen zu projizieren und machte andere für meinen Schmerz, meine Ängste und meine Verzweiflung verantwortlich.

Ich fühlte mich immer mehr in zwei Teile zerrissen. Ich sehnte mich danach, wieder den Zustand absoluter Hingabe,

Liebe und Gelöstheit zu finden, aber ich bemerkte gleichzeitig, daß ich mich nicht öffnen konnte, weil ich fürchtete, zurückgewiesen zu werden. Ich konnte nicht zugeben, jemanden zu lieben, weil ich meinen Gefühlen nicht vertraute. Nach drei Wochen der Verwirrung ging ich zu Keith, und er sagte mir, der einzige Wege aus meiner persönlichen Krise bestehe darin, die Blockierungen zu durchbrechen, die mich davon abhielten, mich selbst bedingungslos zu lieben. Er sagte mir auch, daß ich meine Einstellung ihm gegenüber, mein Verhältnis zur Arbeit mit der Energie und zu mir selbst untersuchen sollte. Ich quälte mich daraufhin stundenlang und stellte mir immer wieder die Frage: Was bedeutet das? Ich versuchte zu begreifen, welche Motive und Einstellungen ich hatte und wie sie zustandegekommen waren. Ich erreichte schließlich einen Punkt, an dem es nur noch eine Möglichkeit gab: Die Vergangenheit aufzugeben und in der Gegenwart zu leben.

Ich begann, regelmäßig zu meditieren, schenkte meinem Körper mehr Aufmerksamkeit und achtete darauf, wo ich Spannungen spürte und ob meine Energie richtig strömte. Innerhalb kurzer Zeit nahm ich Veränderungen wahr, die sich auf mein gesamtes Energiesystem bezogen. Ich fühlte, daß sich mein Herz öffnete, und es wurde leichter für mich, Menschen gegenüber auf angemessene Weise zu reagieren. Ich entdeckte aufs neue, wonach ich mich die ganze Zeit über gesehnt hatte, daß es nämlich möglich ist, so zu lieben, wie Keith es mir erklärt hatte, wenn ich wieder ganz wurde, indem ich vollkommen ich selbst war.

Stillen und Saugen

Die Verbindung und Beziehung des Kindes zu seiner Mutter ist bestimmt vom Bedürfnis, von ihr physische und psychische Nahrung zu bekommen. Wenn das Kind auf energetischer Ebene nicht lernt, frei zu geben und zu nehmen, wenn das Baby seine Bedürfnisse nicht mitteilen kann, dann wird sein Energiesystem unterbrochen. Jeder Säugling wird mit dem Bedürfnis und mit der instinktiven Fähigkeit zum Saugen geboren. Wenn ein Kind nur unzureichend mit Muttermilch ernährt oder überhaupt nicht gestillt wird, kann es auf psychologischer und energetischer Ebene Schaden erleiden, weil es nicht die notwendige Zeit zum Saugen hat. Dadurch kann der Energiestrom unterbrochen werden, der durch Schultern, Hals, Nacken und Mund des Kindes fließt. Dieser Bereich wird vom fünften Chakra reguliert. Das Leid, das dadurch entsteht, daß nicht genügend Zeit zum Saugen ist und sich dadurch nicht die nötige Zufriedenheit entwickeln kann, verursacht eine Kontraktion im fünften Chakra des Säuglings. Diese Kontraktion greift auf den physischen Körper über und hat eine Kontraktion der Schulter-, Nacken-, Hals- und Mundmuskulatur zur Folge. Die physische Verkrampfung bewirkt eine weitere Einschränkung des Energieflusses. Die Kontraktion des fünften Chakras hat gefährliche Auswirkungen beim Kind, weil dieses Chakra den Ausdruck der eigenen Persönlichkeit steuert, sowohl den verbalen und den non-verbalen Ausdruck von Gedanken und Emotionen als auch die gesamten Äußerungen des physischen Leibes. Die Fähigkeit des Säuglings, sich spontan, lustbetont und rhythmisch zu bewegen, wird ebenfalls vom fünften Chakra geregelt. Darüber hinaus ist das fünfte Chakra eine Art Wasserscheide für alle Gefühle, die aus dem niederen Körper aufsteigen und hier in Freude verwandelt werden. Wenn das Chakra in der Kindheit ein Trauma erleidet und blockiert wird, entwickelt das Kind im Heranwachsen das Unvermögen, starke Gefühle wie Schmerz, Angst und Wut zu verarbeiten, das heißt, in Freude zu verwandeln oder Entspannung herbeizuführen. Die Folge ist, daß diese Gefühle im feinstofflichen Energiesystem steckenbleiben und die Reservoire von Schmutz, Angst und Wut bilden, um die herum Mauern errichtet werden und die schließlich zur Zersplitterung führen. Je größer die Schwierigkeiten des Kindes bei der Verarbeitung von Gefühlen sind, um so schneller wird das Kind überlastet sein und um so stärker introvertiert wird es werden. In besonders extremen Fällen baut sich das Kind entweder eine Phantasiewelt, in der Schmerz, angsterfüllte Situationen und böse Worte so weit übertrieben werden, daß es schließlich die Fähigkeit des Kindes zur Verarbeitung weit übersteigt, oder das Kind zieht es vor, sich vollkommen in vielfach in sich gespaltene Persönlichkeiten aufzulösen. Bei multiplen Persönlichkeiten arbeiten die »Selbste« vollkommen unabhängig voneinander. Hirnwellenmuster, Rechts- oder Linkshändigkeit und Allergien verändern sich, wenn sich solche multiplen Persönlichkeiten verlagern. Therapeuten beschreiben eine große Anzahl bizarrer Symptome bei multiplen Persönlichkeiten. Ein Therapeut berichtete von einer Patientin, die jeden Monat drei Menstruationsperioden durchmachte – eine für jede ihrer Persönlichkeiten. Einem anderen Patienten mußten Brillen unterschiedlicher Stärke für die verschiedenen Zustände seines Ego verordnet werden.[7]

Der Psychiater und Psychologe Franz Puntram vom *Natural Institute of Mental Health* ist der Meinung: »Bei multiplen Persönlichkeiten scheinen sich die einzelnen Persönlichkeiten ebenso stark voneinander zu unterscheiden, wie sich ein normaler Mensch von einem anderen normalen Menschen unterscheidet.«[8]

Sauberkeitserziehung

Wenn während der Zeit der Sauberkeitserziehung die freie Energieausstrahlung des Kindes unterbrochen ist, kommt es oft zu einer Unterbrechung des Energieflusses im ersten Chakra am unteren Ende der Wirbelsäule. Das erste Chakra sorgt dafür, daß der Mensch in der Erde verwurzelt ist und gibt ihm das Gefühl des Urvertrauens. Wenn die Energie des ersten Chakras blockiert ist, sind die Energiesschwingungen, die mit dem Weiterleben, dem Vertrauen und der Sicherheit zusammenhängen, gestört. Wenn das Kind diese Gefühle nicht in sich spürt, wird es sein Leben lang damit zu tun haben, außerhalb seiner selbst danach zu suchen. Sehr häufig geschieht das, indem es sich Nahrung, Besitz usw. verschafft, weil es sich dadurch sicher fühlt.

Besteht ein Mangel an sinnlicher Stimulation durch die Eltern, haben die Eltern selbst Schwierigkeiten mit dem Gefühl für den eigenen Körper, und verstehen sie es nicht, Zuneigung auszudrücken, wurde das Kind nicht genügend gewiegt und gestreichelt oder läßt man es zu, daß sich das Kind in den Schlaf weint, dann entsteht eine Störung im zweiten Chakra. Die Unterbrechung im zweiten Chakra macht es dem Kind schwer, seinen eigenen physischen Leib zu spüren, und es wird innerhalb kurzer Zeit körperlich empfindungslos und abgestumpft. In dieser Situation neigt das Kind dazu, einen passiven Charakter zu entwickeln. Die Stumpfheit zwingt es oft zu einem Leben, in dem grobe sinnliche Freuden dominieren. Es besteht auch die Tendenz, Menschen nur als Objekte zu betrachten, die nützlich zur Befriedigung von Wünschen sind. Wenn eine Unterbrechung im ersten oder zweiten Chakra besteht, ist das Glück des betreffenden Menschen abhängig von der äußeren Welt, und er wird alles versuchen, um den Mangel an Empfindungen in seinem eigenen Körper und im feinstofflichen Energiesystem auszugleichen. Wird ihm etwas entzogen, das Befriedigung verschafft, kommt es oft zu einem tiefgreifenden Gefühl der Leere, das durch den Empfindungsmangel im Körper und durch die fehlende Energie verursacht wird, denn sowohl die sexuelle Energie als auch die Kundalini-Kraft* werden reduziert. Diese Art der Störung kann zu jedem Zeitpunkt zwischen Geburt und Pubertät einsetzen. Während der Pubertät macht sich die Störung oft besonders heftig bemerkbar, da der Strom sexueller Energie in der Zeit der Geschlechtsentwicklung stärker ist. Die Unterbrechung im Energiefeld kann in der Pubertät zu allen Formen sexueller Fehlfunktionen führen, da Blokkierungen, die das erste und zweite Chakra betreffen, die

*Kundalini, die Schlangen-Energie, hat ihren Sitz am unteren Ende der Wirbelsäule. Sie gilt als der kräftigste Strom feinstofflicher Energie im Menschen.

sexuelle Energie daran hindern, störungsfrei durch das zweite Chakra und durch die entsprechenden Kanäle zu fließen.

Bedingte Liebe

Je älter das Kind wird, um so unabhängiger wird es. Es ist dann immer weniger auf die Mutter und deren Energiesystem angewiesen. Das Kind beginnt, seine Welt zu erforschen und kommt zuerst mit den übrigen Familienmitgliedern und dann mit Menschen außerhalb des Familienverbandes in Berührung. Schwierigkeiten im engeren Familienkreis können zur Unterbrechung im Energiesystem des Kindes führen und seine Fähigkeit beeinträchtigen, ganz zu bleiben und enge Beziehungen innerhalb der Familie oder später zu Freunden, Arbeitskollegen, Ehepartner und Kindern aufzunehmen. Wenn die Liebe der Eltern nur bedingt oder eingeschränkt gegeben wird, also nach dem Prinzip »Ich habe dich lieb, wenn du lieb bist, wenn du hübsch und nett bist, wenn du mich auch lieb hast«, dann wird mit der Liebe zusammen auch eine unausgesprochene Botschaft übermittelt. Diese Botschaft lautet: »So wie du bist, bist du nicht gut genug.« Es gibt für ein Kind nichts Katastrophaleres als den Verlust der elterlichen Liebe. Je jünger das Kind ist, um so verhängnisvoller ist der Verlust. Wenn das Kind also gezwungen ist, zu wählen zwischen dem Verlust der elterlichen Liebe und der Aufgabe eines Teiles seiner selbst, dann wird es in der Regel die Übereinstimmung mit den Eltern vorziehen und lieber einen Teil seiner selbst als nicht gut genug ablehnen, statt die Liebe der Eltern verlieren.

Die Ablehnung eines wesentlichen Teiles seiner selbst hat energetisch eine tiefgreifende Wirkung auf das Kind. Dadurch wird nämlich die freie Energieausstrahlung, die aus dem Bewußtsein und aus dem Unbewußten kommt, zurückgehalten und das Entstehen »kleiner Dämonen« (der »anderen«) gefördert, die zuerst von den Eltern abgelehnt wurden und die danach auch das Kind zurückweist. Das Problem besteht darin, daß diese Dämonen nur deshalb zu Dämonen werden, weil man sie ablehnt und ihnen keine Liebe schenkt. Je heftiger sie aber zurückgewiesen werden, um so böser werden sie und um so mehr quälen sie das Kind und später den Erwachsenen, bis man sie schließlich aus ihrem Gefängnis befreit, sie akzeptiert und mit der nötigen Liebe aufnimmt.

Wut

Wutausbrüche innerhalb des Familienkreises, selbst wenn sie sich nicht direkt gegen das Kind richten, stören dennoch sein Energiesystem. Wut ist ebenso wie Liebe eine nach außen gerichtete Strahlung. Sie wird jedoch selten in angemessener Form ausgedrückt. Gewöhnlich wird sie mit einem Urteil verbunden, etwa »Du bist ein schlechter Mensch« oder »Irgend etwas ist nicht in Ordnung mit dir«. Würde die Wut frei ausgestrahlt, dann handelte es sich dabei um nichts weiter als um einen momentanen Energieausbruch, der nur das Unbehagen der verärgerten Person ausdrückt. Das könnte etwa so klingen: »Ich kann nicht ausstehen, was du da tust«, oder »Hör auf damit«. Da es aber selten geschieht, daß der Ärger auf diese Weise zum Ausdruck gebracht wird, entsteht sowohl im zornigen Menschen selbst und bei der Zielscheibe seiner Wut, aber auch bei allen anderen, die sich innerhalb des gestörten Energiefeldes befinden, eine Kontraktion. Eltern, die ihren Zorn nicht in angemessener Weise äußern, schädigen unabsichtlich das Energiesystem ihres Kindes, indem sie es einem verzerrten Energiefeld aussetzen. Dadurch unterbrechen sie die Verbindung des Kindes zum universellen Kraftfeld. Wenn Eltern sich nicht vertragen, wenn sie oft böse und feindselig aufeinander reagieren, dann ist das Kind innerhalb dieses verzerrten Energiefeldes gefangen. Befindet sich ein Kind wiederholt in einer solchen Situation, wird es lernen, den freien Fluß seiner Energie einzuschränken, denn wenn seine Energie nach außen strömt, trifft sie auf Hindernisse, die ihm Schmerz verursachen. Diese Situation wird schließlich die Fähigkeit des Kindes zerstören, Vertrauen zu schenken.

Vertrauen

Vertrauen ist die unbewußte Wahrnehmung, daß es ungefährlich ist, die Energie frei nach allen Seiten auszustrahlen. Die Fähigkeit zu vertrauen läßt dem Menschen die Freiheit, auszustrahlen, ohne daß sich alte Ängste in den Weg stellen. Sie erlaubt es dem Menschen, sich endlich sicher zu fühlen. Ein Zusammenbruch des Vertrauens entfremdet den Menschen und schafft Abhängigkeit, da er versuchen wird, sich einen sicheren Platz in der Welt zu suchen, die er als feindselig und gefährlich empfindet. Viele Menschen sind sich gar nicht bewußt, daß sie unfähig sind, Vertrauen zu schenken.

Das Vertrauen eines Kindes kann zerstört werden, wenn ein Elternteil oder beide Eltern ihr Kind in einem Machtkampf gegeneinander einsetzen. Ein Machtkampf innerhalb der Familie ist ein bedenkliches Zeichen, das auf das Scheitern von Vertrauen und Liebe zwischen Mann und Frau hinweist. »Wo die Liebe herrscht, da gibt es keinen Machtwillen, und wo die Macht den Vorrang hat, da fehlt die Liebe. Das eine ist der Schatten des andern.«[9]

Normalerweise betrachtet das Kind seine Eltern als Beschützer. Wird jedoch ein Elternteil zum Gegner des Kindes, kommt es zu einer Unterbrechung im Energiefluß zwischen Eltern und Kind. Das unterbricht auch die freie Energieausstrahlung des Kindes. Oft bekämpft das Kind Feuer mit Feuer, indem es seine eigene Macht geltend macht und in der von einem Elternteil geschaffenen antagonistischen Situation der Macht den Vorzug vor der Liebe gibt. Früher oder später wird es unvermeidlich, daß das Kind leidet. Als Erwachsener wird es sich später oft der gleichen »Machtspiele« bedienen, die es als Kind zu Hause kennengelernt hat. An dieser Situation wird sich nichts ändern, solange der Mensch nicht die Blokkierungen durchbricht, die seinen normalen Energiefluß hemmen, so daß wieder eine freie Ausstrahlung möglich ist.

Wenn das Kind älter wird und sich sein Ego entwickelt, ohne daß es tief im Unbewußten verwurzelt ist, dann wird der Wille zur Macht immer stärker, und das Gefühl des Glücks beim Fluß der Energie durch das feinstoffliche Energiesystem und durch den physischen Leib stumpft ab. Das Kind wird zu einem unsensiblen Erwachsenen, und sein Machtwille wird bewirken, daß seine tatsächliche Macht sogar abnimmt, da die ihn umgebenden Aurafelder geschwächt werden, wenn sein feinstoffliches Energiesystem nicht in der Lage ist, eine gesunde Energiemenge umzuwandeln und zu verteilen. Ist das der Fall, dann sieht sich das Kind vom »Ich bin« abgeschnitten und entwickelt dem Leben gegenüber eine feindselige Einstellung, ganz besonders seinem eigenen inneren Leben gegenüber.

Ein Ego, das keine Berührung mehr mit dem Unbewußten hat, ist etwas sehr Gefährliches. Es wendet sich gegen das »Ich bin«, die Einheit der Selbste, und versucht stets, diese Einheit zu verhindern, indem es eine übertrieben hochgeschraubte Auffassung von sich selbst erzeugt. Es versucht, eine einzige dominante Person »Ich« zu schaffen und sich ausschließlich mit ihr zu identifizieren. Das Ego, das nur im Bewußtsein verankert ist, maßt sich die Rolle des »Ich bin« an, es sperrt den Menschen in ein lineares Universum, das oberflächlich, ohne Tiefe und ohne wahre Liebe ist.

Unschuld

Das Leben des Kindes ist normalerweise eine wunderbare Zeit, weil das noch nicht voll entwickelte Bewußtsein noch nicht die Rolle des »Ich bin« und seiner Vehikel Intuition und unbewußte Wahrnehmung an sich gerissen hat. Im Yoga nennt man die ersten sieben Jahre im Leben des Kindes die Jahre der Freude und der Unschuld. Im Normalfall fließt die Energie ungehindert zwischen dem ersten und dem siebten Chakra. Fragmentation tritt kaum oder gar nicht auf, und infolgedessen genießt das Kind die Erfahrung seiner Einheit mit dem »All-Seienden«. Es lebt ein Leben in Unschuld, in dessen Mittelpunkt das Jetzt steht, und hat keine echte Vorstellung von Vergangenheit und Zukunft.

Alle Kinder bleiben unterschiedlich lange im Zustand dieser unbewußten Einheit mit dem universellen Kraftfeld und genießen die davon ausgehende Wirkung. Jesus bezieht sich auf dieses Vorrecht der Kinder, wenn er sagt: »Laßt die Kinder zur mir kommen; hindert sie nicht daran! Denn Menschen wie ihnen gehört das Reich Gottes.« (Markus 10, 14).[10]

Sobald das Kind jedoch eine eigene Identität entwickelt, sobald es die Begriffe Ich, Du, Mein, Dein wahrnimmt, entsteht Bewußtsein mit der Folge, daß das Ego mehr im Bewußten als im Unbewußten verwurzelt wird, und dadurch verliert das Kind das Gefühl der Einheit mit dem »All-Seienden«. Der Preis dafür, Bewußtsein zu erlangen, ohne das Gleichgewicht zwischen dem Bewußten und dem Unbewußten zu bewahren, ist der Verlust der bewußten Einheit mit dem »All-Seienden«. Wenn wir ein biblisches Bild benutzen, so könnten wir sagen, solange das Kind in seinem unbewußten Stadium verharrt und seine Energie frei fließt, so daß das »Ich bin« sich vollkommen ausdrücken kann, ist das Kind eins mit Gott und wohnt im Garten Eden. Spürt das Kind aber erst einmal seine eigene getrennte Identität, wird seine vollkommene Einheit zerstört, und es wird aus dem Paradies vertrieben, und sein gesegneter kindlicher Zustand hat ein Ende. Von diesem Augenblick an, dem Augenblick der Trennung, beginnt die Angst. Mit der Angst kommt das »andere« und die unbewußte Wahrnehmung, daß Trennung, ein Leben außerhalb des »All-Seienden«, das Ausgelöschtwerden, die Vernichtung bedeutet. Aber anstatt nun ganz schnell zur Einheit zurückzukehren, tut das Kind normalerweise genau das Gegenteil. Es beginnt, sich ausschließlich mit dem Bewußtsein zu identifizieren, von dem das Ego beherrscht wird, und versucht, jede Erinnerung an die unbewußte Unschuld und Seligkeit auszulöschen, die einmal bestanden hat. Das bewußte Selbst versucht dann, die Position des »Ich bin« zu übernehmen, indem es sich selbst und den Zustand der Dualität, in dem es sich befindet, verherrlicht. Das geht sogar soweit, daß es die Existenz von allem außerhalb der Dualität leugnet. Da das Kind infolgedessen seine

Unschuld verliert, beginnt es nun ein Leben voller Mühsal, bei dem die Aktivitäten in erster Linie vom Bewußtsein ausgehen. Wenn aber die Aktivitäten eines Menschen vor allem vom Bewußtsein gesteuert werden, dann finden sie keine Resonanz tief in seinem Innern, im Zentrum seines Wesens, und es fehlt das Gefühl für den tieferen Sinn, denn sie sind nicht im »Ich bin« verwurzelt. Zufriedenheit und Sicherheit gehen verloren, die Handlungen werden von Verlangen und Angst bestimmt. Das Handeln wird zum Streben nach Dingen, die der Mensch begehrt und die entweder seinen Schmerz dämpfen oder ihn zu vermeiden helfen.

Die bloße Existenz des »Ich bin« verstärkt den Schmerz, da es den Menschen ständig an seine Zersplitterung und an die Oberflächlichkeit seines Daseins erinnert. Es wirkt daher als eine ständige Bedrohung für das Bewußtsein und dessen Stellung. Das Bewußtsein benutzt jede zur Verfügung stehende Waffe, um sich gegen das »Ich bin« zu wehren. Es wird alles tun, um seine Position zu erhalten.

Im biblischen Gleichnis von den bösen Weingärtnern und den Knechten haben wir das treffende Bild für diesen harten Kampf:

»Es war ein Gutsbesitzer, der legte einen Weinberg an, zog ringsherum einen Zaun, hob eine Kelter aus und baute einen Turm. Dann verpachtete er den Weinberg an Winzer und reiste in ein anderes Land. Als nun die Erntezeit kam, schickte er seine Knechte zu den Winzern, um seinen Anteil an den Früchten holen zu lassen. Die Winzer aber packten seine Knechte; den einen prügelten sie, den andern brachten sie um, einen dritten steinigten sie. Darauf schickte er andere Knechte, mehr als das erstemal; mit ihnen machten sie es genauso. Zuletzt sandte er seinen Sohn zu ihnen; denn er dachte: Vor meinem Sohn werden sie Achtung haben. Als die Winzer den Sohn sahen, sagten sie zueinander: Das ist der Erbe. Auf, wir wollen ihn töten, damit wir seinen Besitz erben. Und sie packten ihn, warfen ihn aus dem Weinberg und brachten ihn um.« (Matthäus 21, 33-39).[11]

Soll der Mensch über die Grenzen eines Lebens hinauskommen, bei dem das Ego in erster Linie im Bewußtsein verankert ist, und die wahre Ganzheit mit dem »Selbst« als Mittelpunkt erlangen, muß er der Angst entgegentreten, der Angst vor dem ungeliebten »anderen«. Durch die Beschäftigung mit der psycho-spirituellen Integration können die kleinen Dämonen, die im Unbewußten gefangen sind, freigesetzt und integriert werden. Dieses Werk beginnt, wenn der Mensch seine Angst bekämpft und ehrlich und mutig genug ist, zuzugeben, daß diese Dämonen existieren. Besitzt der Mensch diesen Mut, kann er sie auch akzeptieren und mit ihnen zusammen »ganz werden«. In diesem Zustand kann sie der Mensch bereitwillig annehmen und in seine anderen »Selbste« integrieren. Diese Wiedervereinigung macht ihn wieder kindhaft und versetzt ihn in den Zustand der Ganzheit und der bedingungslosen Freude.

8. Kapitel

Voraussetzungen

Vielleicht werden wir einst im Fegefeuer unser eigenes Gesicht sehen und unsere eigene Stimme hören, so wie sie wirklich sind.

C. S. Lewis, *Reflections on the Psalms*

Der Mensch kann bei seiner Aufgabe der psycho-spirituellen Integration nur dann Erfolg haben, wenn er ehrlich und mutig an die Arbeit geht. Ehrlichkeit ist die Bereitschaft, die Dinge so zu sehen, wie sie wirklich sind, und nicht so, wie man sie gerne hätte. Mut ist die Bereitschaft, das Gesehene zu akzeptieren. Ich habe bei meiner Arbeit entdeckt, daß es für die meisten Menschen recht schwer ist, ehrlich und mutig zu sein. Die Regeln und Konventionen unserer Gesellschaft, der Wunsch, die Gefühle anderer Menschen nicht zu verletzen, das Bedürfnis, akzeptiert zu werden und das unbewußte Verlangen, die Dinge besser oder schlechter zu sehen, als sie sind, all das wirkt zusammen und macht den Menschen ängstlich und unaufrichtig.

Es gibt viele Gründe, weshalb man es vorzieht, lieber unaufrichtig als ehrlich zu sein. Manchmal fällt Unehrlichkeit einfach leichter, besonders in Situationen, die der Mensch als Bedrohung seiner Sicherheit oder seines Wohlbefindens wahrnimmt. In solchen Fällen kommt das Bewußtsein zu dem Schluß, daß es klüger ist, unehrlich zu sein, um einen bestehenden Zustand aufrechtzuerhalten. Noch häufiger aber sind Menschen unehrlich sich selbst und anderen gegenüber, um zu verhüten, daß mehr Energie auf sie zukommt, als sie gebrauchen können. Obwohl es objektiv durchaus wünschenswert ist, mehr Energie zur Verfügung zu haben, weil Energie die wesentliche Voraussetzung für gute körperliche Gesundheit, angenehme Beziehungen und die Erfahrung unbedingter Freude ist, erkennen viele Menschen unbewußt, daß ihr Leben, ihre Arbeit und das Netz ihrer Beziehungen bedroht ist, wenn sie ein Übermaß an Bewußtheit, Gesundheit und Freude entwickeln. Die Lebensumstände eines Menschen, die Qualität seiner Beziehungen, seine persönliche Kraft, seine Arbeit und Gesundheit werden bestimmt von seinem Energiepegel und von seiner Fähigkeit, Energie in jeder Form frei und ungehindert auszustrahlen. Das Leben eines jeden Menschen ist in der Tat eine Rationalisierung, die aufgebaut wurde, um die Grenzen aufrechtzuerhalten, die er seinem persönlichen Energiestrom gesetzt hat. Durch Veränderung des Niveaus und des Ausmaßes der Energieausstrahlung kann der Mensch seine Beziehung zur Welt umgestalten. (Die äußeren Umstände sind immer eine Reflexion seines inneren Zustandes.) Jede Veränderung des Energiepegels kann eine Bedrohung für den Menschen sein, der, wie Tagore sagte, »ständig mit Eifer an dieser Mauer baut«. Sieht sich der Mensch also vor der Wahl zwischen Aufrichtigkeit und mehr Energie und Unaufrichtigkeit und dem Status quo gestellt, so werden sich die meisten aus dem genannten Grund für den Status quo entscheiden.

Blockierung des Energieflusses

Die meisten Menschen wählen die Unaufrichtigkeit, vor allem die emotionale Unaufrichtigkeit, um zu verhindern, daß unerwünschte emotionale Energie durch ihr feinstoffliches Energiesystem fließt. Belügt aber jemand sich selbst oder andere in bezug auf seine Gefühle, um zu vermeiden, daß er überhaupt etwas fühlt, dann blockiert er den Energiestrom und unterbricht damit die Beziehung. Das kann je nach Umständen eine teilweise oder eine vollständige Unterbrechung sein. An welcher Stelle das feinstoffliche Energiesystem und der entsprechende Bereich des physischen Leibes jeweils blockiert werden, hängt davon ab, welche Energiefrequenzen gestört sind. Das Endergebnis ist immer, daß Menschen, deren freie Energieausstrahlung behindert ist, sich weniger miteinander verbunden fühlen. Der Grad des Getrenntseins, das beide Seiten empfinden, hängt davon ab, wieviel Energie vom unaufrichtigen Partner aufgewandt wird, um die wahren Gefühle zu verstecken, und wie wirksam seine Bemühung ist. Da nur wenige Lügen wirklich effektiv sind, wird im allgemeinen nur eine teilweise Vertuschung erreicht, und es kommt lediglich zu einer Verminderung des Energieflusses und keineswegs zur vollständigen Blockierung. Die Frequenz der nur teilweise blockierten Energie wird verzerrt, und dadurch wird die Beziehung unterbrochen. Mehr noch: Durch Unaufrichtigkeit blockiert man nicht nur die nach außen strahlende Energie, sondern auch den freien Energiefluß innerhalb des eigenen feinstofflichen Energiesystems. Wenn die wahren Gefühle über eine gewisse Zeit hin verheimlicht werden, geht die Menge des Prana im feinstofflichen Energiesystem deutlich zurück.

Die Einschränkung des Pranaflusses und das Verheimlichen der Wahrheit bedeutet eine unaufhörliche Anstrengung. Der Mensch muß ständig Mühe und sehr viel Energie aufwenden, will er mit Erfolg unaufrichtig sein. Trotz aller Anstrengungen bringt ihm seine Unaufrichtigkeit keinen Nutzen, sie zerstört vielmehr seine Beziehungen und verursacht unnötige Schmerzen und Leiden.

Gedanken und Emotionen

Jeder Gedanke und jede Emotion ist eine Energieausstrahlung, die in einem Teilfeld innerhalb des persönlichen Energiefeldes des Menschen erzeugt wird. Es ist eine Eigenschaft der Energie, daß sie ständig in Bewegung und nicht statisch ist. Gedanken und Emotionen, die das mentale und astrale Energiefeld des Menschen hervorbringt, werden nicht nur vom mentalen und astralen Körper wahrgenommen und erzeugen hier Gedanken und Emotionen, sie strahlen vielmehr in alle Richtungen aus. Ihr Ausgangspunkt könnte zwar als Konzentration der eigenen mentalen und astralen Energie lokalisiert werden, aber sobald Gedanken und Emotionen manifest werden, können sie nicht innerhalb ihrer eigenen Lokalisation festgehalten werden. Schon aufgrund des Charakters des universellen Kraftfeldes und seiner Lokalisierung strahlt mentale und emotionale Energie im Bereich ihrer spezifischen Schwingungsbreite nach allen Seiten gleichermaßen aus. Diese Ausstrahlung mentaler und emotionaler Energie wird, ebenso wie es bei der Übertragung von Radiowellen der Fall ist, von jeder anderen Lokalisierung aufgefangen, die auf diese speziellen Schwingungszahlen eingestellt oder dafür empfänglich ist.

Die Energie, die von den von irgendeiner Stelle ausgehenden Gedanken, Emotionen und sogar von tierischem Magnetismus erzeugt wird, beeinflußt einerseits jeden Menschen in ihrer unmittelbaren Umgebung, der empfänglich für die gesendete Frequenz ist, sie wirkt aber auch noch in einiger Entfernung, wenn der Gedanke oder die Emotion sich auf eine spezielle Person konzentriert. Die Ausstrahlungen mentaler und emotionaler Energie, denen wir alle ausgesetzt sind, haben den Zweck, uns zu speisen und zu erhalten. Wenn wir jedoch in einem verzerrten Energiefeld gefangen sind, das durch emotionale oder mentale Unaufrichtigkeit entstanden ist, kommt es zur Unterbrechung in unserem Energiesystem, und wir werden sowohl unter einem Energieverlust als auch unter einer Störung unserer Fähigkeit der freien Ausstrahlung leiden.

Die Wirkung der Gedanken und Emotionen ist mit den Wellen vergleichbar, die entstehen, wenn man einen Stein in ein ruhiges Wasser wirft. Der Stein verursacht an einer bestimmten Stelle einen Einschlag, und dieser breitet sich in Form von Wellen gleichmäßig nach allen Richtungen aus. Die Wellen übertragen sich auf alles, was sich innerhalb dieses Mediums oder Feldes befindet. Durch den Einschlag werden alle im Energiefeld seines Wirkungsbereichs befindlichen Objekte solange in Sympathieschwingung versetzt, bis seine

Wirkung durch andere innerhalb des Mediums entstehende Wellen aufgehoben wird. Die Stärke der Wellenbildung hängt ab von der Größe des Steins und von der Kraft, mit der er geworfen wurde. In gleicher Weise ist der Eindruck, den ein Mensch bei einem anderen hinterläßt, von der Kraft und der Qualität der ausgesandten Gedanken und Emotionen sowie von der Aufnahmebereitschaft des Empfängers bestimmt. Diese weitausholende Erklärung sollte genügen, um die subtile Dynamik wechselseitiger Beeinflussung in menschlichen Beziehungen zu erklären, ebenso die Dynamik von Vertrauen und Mißtrauen, Abneigung, Freundschaft und Feindseligkeit, sowie den hypnotischen Einfluß, den ein Mensch auf einen anderen oder sogar auf größere Gruppen ausüben kann. Sie macht darüber hinaus deutlich, warum wir sehr oft sowohl in positiver als auch in negativer Hinsicht von einem Menschen zutiefst beeindruckt sind, zu dem keine engere Bindung besteht und mit dem wir keine gemeinsamen Interessen haben.

Atmosphäre und Stimmung

Gedanken und Emotionen, die sich auf bestimmte geschlossene Räume, etwa eine Wohnung oder Werkstatt, konzentrieren, haben eine besonders starke Wirkung auf die Menschen, die einen solchen Raum betreten. Gedanken und Emotionen, die von einem einzelnen oder von einer Gruppe ausgehen, können sich in einem geschlossenen Raum festsetzen und von der darin enthaltenen natürlichen Materie absorbiert werden. Die auf diese Weise entstandene »Atmosphäre« eines Raumes kann sogar noch fortbestehen, nachdem die Menschen, die sie geschaffen haben, schon lange gegangen sind oder ihre Gefühle und Gedanken sich veränderten.

Der Mensch wird durch die auf diese Weise geschaffene Atmosphäre positiv oder negativ beeinflußt, je nach dem Charakter der entstandenen Atmosphäre. Das erklärt, weshalb sich manchmal die Stimmung so rasch ändert, wenn jemand nur von einem Zimmer in ein anderes geht oder von einem Ort an einen anderen kommt. Es ist wichtig, daß wir wissen, wie die Atmosphäre eines Raumes den Menschen beeinflußt, denn wenn man in der gezielten Anwendung der Energie eine gewisse Fertigkeit erwerben will, muß man die Dynamik der Energie sowohl in einer gesunden Umgebung als auch in einem durch Unaufrichtigkeit gestörten Umfeld kennen. Wenn sich die Atmosphäre auf kleinere Räume beschränkt, so ist sie in der Regel deutlich wahrnehmbar. Das ist etwa der Fall bei vielen dieser kleinen alten Kapellen, bei denen die emotionale und mentale Atmosphäre des Raumes von andächtigen Gefühlen Tausender Menschen buchstäblich erfüllt ist. Sowohl die emotionale als auch die mentale Atmosphäre eines geschlossenen Raumes kann heilsame, fruchtbare Bedingungen oder ein ungesundes, zerstörerisches Umfeld schaffen. Wir alle sind dem Einfluß der emotionalen und mentalen Atmosphäre unterworfen, und man sollte sich davor hüten, sich freiwillig einem Umfeld mit eindeutig negativer Atmosphäre auszusetzen, das einen negativen Einfluß auf das Energiesystem und das allgemeine Wohlbefinden ausübt.

Wahrnehmung der Atmosphäre

Die folgende Übung soll dazu verhelfen, Atmosphäre bewußter wahrzunehmen. Sobald Sie die Übung versuchen, werden Sie erkennen, daß Sie auf die mentale und emotionale Atmosphäre eines Raumes reagieren und stärker davon beeinflußt werden, als Sie bisher dachten. Es handelt sich dabei um eine Gruppenübung, die man am besten mit etwa fünf bis sechs Teilnehmern durchführt. Jeder Teilnehmer bekommt ein- bis zweimal Gelegenheit, die mentale und emotionale Atmosphäre zu erkennen, die von einer Gruppe erzeugt wurde. Ein kleiner Andachtsraum eignet sich am besten für die Übung, es genügt aber auch ein kleiner Büroraum oder ein Wohnzimmer. Wenn die Gruppe von etwa sechs Mitgliedern beisammen ist, beginnt man damit, daß sich jedes Mitglied eine Zahl zwischen Eins und Sechs aussucht, die danach die Reihenfolge bestimmt. Nummer 1 verläßt zuerst das Zimmer. Den Teilnehmer, der jeweils den Raum verläßt, bezeichnen wir als den »Sensitiven«. Er muß in einen Raum gehen, in dem er weder die Worte noch die Stimmen der anderen Übungsteilnehmer hören kann. Während sich der »Sensitive« draußen befindet, sollte er sich mit geschlossenen Augen entspannen und seine »Zweite Aufmerksamkeit« aktivieren.

Der Mensch ist bemerkenswert empfänglich für Atmosphäre, besonders wenn er die Welt auf dem Weg über die »Zweite Aufmerksamkeit« wahrnimmt. Während sich jeweils eine Person außerhalb des Zimmers befindet, beschäftigen sich die übrigen Gruppenmitglieder mit einem bestimmten Gegenstand, dem gegenüber alle starke Gefühle und eine ausgeprägte Meinung besitzen, und führen etwa fünf Minuten lang eine lebhafte Diskussion. Versuchen Sie, dabei zu einem bei allen Anwesenden dominierendem Gefühl wie Freude, Angst oder Wut zu kommen. Sie können beispielsweise über Politik, Ökologie, Freundschaft, Liebe, Tod, Kinder usw. sprechen. Während der Diskussion sollte sich jeder vollkommen ungezwungen und frei fühlen, um seine Gefühle und Gedanken ehrlich auszudrücken. Versuchen Sie, fünf Minuten lang bei einem Hauptthema zu bleiben, dabei darf kein Teilnehmer abschweifen, so daß die Atmosphäre des Raumes mit starken, deutlich definierten Gefühlen und Gedanken über das besprochene Thema aufgeladen wird.

Nach fünf Minuten sollte das Gruppenmitglied, das man zum Leiter der Gruppe bestimmt hat, das Gespräch abrupt abbrechen und den »Sensitiven« hereinrufen lassen. Sobald dieser wieder den Raum betritt, muß er sofort über die Veränderung sprechen, die er im Raum spürt. Auf der mentalen Ebene erlebt der »Sensitive« vielleicht, daß sein Geist von den Gedanken überschwemmt wird, die sich noch im Zimmer befinden. Diese Gedanken können in verbaler Form oder als Bild erscheinen. Auf der emotionalen Ebene könnte er die vorherrschende Stimmung oder das dominierende Gefühl der Gruppe spüren, vielleicht sogar die Emotionen der dominanten Gruppenmitglieder. Es ist aber auch möglich, daß er nur eine unbestimmte Atmosphäre der Erregung, Wärme, Angst oder Depression wahrnimmt. Ist der »Sensitive« besonders aufnahmefähig, könnte er sogar das allgemeine Thema der Konversation erkennen und die Ansichten der führenden Gruppenmitglieder unterscheiden. Auch sein physischer Leib kann Veränderungen der Atmosphäre registrieren. Angst wird oft als Beklemmung oder Enge in verschiedenen Bereichen des Körpers empfunden. Der Körper kann auch physische Erregung zeigen, es tritt aber auch plötzlich Müdigkeit oder Lethargie auf. Es gibt eine Unmenge der verschiedensten Empfindungen, die der physische Leib des »Sensitiven« registriert. Bei einem ungeübten Teilnehmer ohne entsprechende Vorbereitung werden viele der feinstofflichen Schwingungen verlorengehen, da sie auf einer kaum bewußten Ebene wahrgenommen werden. Die in der Gruppe vorherrschende Stimmung wird aber von jedem leicht erkannt. Der »Sensitive« muß auf die Veränderungen achten, die er physisch, emotional und mental beim Betreten des Raumes wahrnimmt. Nach einer eingehenden Beschreibung des »Sensitiven« und Aufklärung durch die Gruppe wird der nächste Teilnehmer hinausgeschickt, und man beginnt mit der Diskussion über ein neues Gesprächsthema. Die alte Atmosphäre wird rasch verfliegen, sobald man sich intensiv mit dem neuen Gegenstand beschäftigt. Man setzt die Übung so lange fort, bis jeder Teilnehmer mindestens einmal Gelegenheit hatte, seine sensitiven Fähigkeiten zu erproben.

Selbstvervollkommnung

Bevor wir ganz verstehen können, warum es für den Menschen so wichtig ist, daß er in seinen Beziehungen ehrlich ist, müssen wir eine brauchbare Definition des Wortes Ehrlichkeit finden. Das *New Pocket Dictionary* von Langenscheidt beschreibt das englische Wort *honesty* (Ehrlichkeit, Aufrichtigkeit) als »vertrauenswürdig, ohne Lüge oder Betrug ... Tatsachen werden nicht verheimlicht.«[1] Ich habe gegen diese Definition nichts einzuwenden, aber ich möchte noch einen Schritt weitergehen und hinzufügen, daß Ehrlichkeit der völlig unzensierte Ausdruck des komplexen Charakters eines Menschen in jeder Situation, auf allen Kausalebenen und jedem gegenüber ist, zu dem eine Verbindung besteht. Es ist ohne weiteres zu erkennen, daß die Gesellschaft uns gelehrt hat, es sei unmöglich, in den normalen zwischenmenschlichen Beziehungen jedermann gegenüber auf allen Ebenen und zu jeder Zeit eine so definierte Aufrichtigkeit zu üben. Aber die Hypothese, von der diese Rationalisierung der Unaufrichtigkeit ausgeht, schließt in sich, daß wir von Natur aus unvollkommen, daß unsere Motive nicht rein sind, daß unsere wahren Gefühle und Gedanken nicht gut genug sind und verbessert werden müssen. Das bedeutet, daß wir voller Mängel sind, daß wir im Gegensatz zu anderen Spezies, die perfekt in die Ökologie dieses Planeten passen, dafür nicht geeignet sind, und daß wir deshalb Korrekturen an dieser unvollkommenen Schöpfung Gottes vornehmen müssen.

Unsere heutige Gesellschaft hat aufgrund dieser Überzeugung einen schweren Rückschlag in der menschlichen Entwicklung erlitten. Ihr Akzeptieren hat ein Scheitern der Aufrichtigkeit und des Vertrauens, besonders des Selbstvertrauens, herbeigeführt. Natürlich behaupten manche Menschen unserer Zeit, daß sie zu irgend jemandem oder zu irgend etwas Vertrauen haben, aber das ist nicht die Art Vertrauen, die ich meine. Das Vertrauen, von dem ich spreche, ist das kindliche Vertrauen, das seinen Ursprung in einem angeborenen Gefühl der Sicherheit hat. Es ist ein Vertrauen nicht nur auf der bewußten, sondern auch auf der unbewußten Ebene. Es ist ein Vertrauen, das jedem Gedanken, jeder Emotion und jeder Handlung zugrunde liegt. Wenn das Vertrauen zu sich selbst und zur Welt fehlt, dann kann es auch keine inhärente Aufrichtigkeit geben, denn die Fähigkeit, sich ehrlich auszudrücken, setzt voraus, daß man Vertrauen zu sich selbst besitzt.

Glaubenssysteme

Ein Mensch, dem Vertrauen fehlt, ist daran gehindert, sein persönliches Ziel der Ganzheit und der unbedingten Freude zu erreichen. Mehr noch: Wem das Vertrauen fehlt, der muß fortwährend verhindern, daß das unbewußte Gefühl der Leere und Verzweiflung, das ständig in ihm ist, an die Oberfläche steigt. Damit verhindert er aber auch, daß seine Energie frei ausstrahlt und das »Ich bin« sich zum Ausdruck bringt.

An die Stelle der Führung durch das »Ich bin« muß er einen Glauben oder eine Überzeugung setzen, die sein Verhalten bestimmen. Diese Glaubensvorstellungen sind offensichtlich nichts anderes als ein Ersatz für die intuitive Führung durch das »Ich bin«. Ein solches Glaubenssystem wird durch die Wechselwirkung von Begierden und Ängsten im Menschen entwickelt. Glaubenssysteme bedeuten in jedem Fall eine Beschränkung oder Einengung der Einheit der Selbste. Der französische Philosoph Jean Jacques Rousseau schrieb: »Der Mensch ist frei geboren, und überall liegt er in Ketten.«[2] Jean de La Fontaine drückt einen ähnlichen Gedanken aus, wenn er sagt: »Was nützen ... die schönsten Gaben, wenn man doch nicht die Freiheit hat?«[3]

Bei der großen Mehrzahl der Menschen bestimmt nicht das über das Unbewußte ausstrahlende »Ich bin« das Handeln, stattdessen wird diese wichtigste Autorität an das Bewußtsein abgetreten, das sich nach den Regeln richtet, die vom Glaubenssystem des Betreffenden aufgestellt wurden.

Das Bewußtsein benutzt das Ego, um die Ebenen innerer Wahrnehmung zu überwachen und seiner Gewalt zu unterwerfen, und es erledigt diese Aufgabe mit blindem Fanatismus. Es wird den Menschen innerhalb des einmal festgesetzten Rahmens halten, indem es ihn zwingt, die Regeln zu befolgen, die die Grundlage seines Glaubenssystems bilden. Es benutzt die Angst zur Einschüchterung und den Schmerz zur Bestrafung. In dieser Lage besitzt der Mensch nicht mehr die Freiheit, die Legitimität dieser Regeln in Frage zu stellen. Er wird genötigt, sie zu befolgen. Es spielt gar keine Rolle mehr, woher diese Regeln stammen. Es spielt auch keine Rolle, daß es sich dabei zum größten Teil um nichts als eine Sammlung überholter Schablonen handelt, um Gedanken und Gefühle, die von Familie, Schule und Gesellschaft weitergegeben wurden. Es zählt nicht, daß sie in Wahrheit gar nicht die tiefsten Bestrebungen und Bedürfnisse des Menschen widerspiegeln, sondern das Produkt von Angst und Begierde sind, daß sie ihre Wurzel nicht im »Ich bin« haben, sondern statt dessen die Folge von Unsicherheit sind, was wiederum von einem Mangel an Selbstvertrauen herrührt. Es kommt nur noch darauf an, daß das »Ich bin« in seinem Gefängnis festgehalten wird und das Bewußtsein eine sichere Position verteidigt.

Folgen der Unaufrichtigkeit

Die Folge eines unaufrichtigen Lebens besteht darin, daß zwar jeder versucht, gerade durch seine Unaufrichtigkeit andere zu schonen, gute Beziehungen aufrechtzuerhalten und eine gerechte und glückliche Gesellschaft zu schaffen, daß aber die gewählte Methode nicht geeignet ist, diese Ziele zu erreichen. Noch schlimmer ist, daß die angewandte Methode Unrecht, Isolation und Leid, die wir überall in unserer Umwelt sehen, geradezu institutionalisiert. Trotz aller Bemühungen sind wir der privaten und gesellschaftlichen Harmonie nicht näher gekommen als unsere Vorfahren in der Vergangenheit. Um nicht in einen Zustand der Hoffnungslosigkeit und Verzweiflung zu verfallen, hoffen die meisten Menschen auf eine Zukunft, in der irgend jemand sich ihrer blutenden Wunden annehmen wird. Aber die Hoffnung auf die Zukunft gehört mit zu diesem Spiel. Auch Hoffnung beruht auf Angst. »L'espérance et la crainte sont inseparables, et il n'y a point de crainte sans espérance, ni d'expérance sans crainte.« (Hoffnung und Angst sind nicht voneinander zu trennen. Es gibt keine Angst ohne Hoffnung und keine Hoffnung ohne Angst.)[4]

Es wird niemanden überraschen, der sich mit der menschlichen Natur beschäftigt hat, daß der Mensch durch die Einschränkung seines unbewußten Lebens und des natürlichen Ausdrucks des »Ich bin« unter ernsten Konsequenzen zu leiden hat. Die Abkehr vom inneren Leben infolge von Angst und der daraus entstehenden Unaufrichtigkeit ist die Wurzel der Probleme des einzelnen und der Gesellschaft. Denn was immer im Menschen blockiert und unterdrückt wird, was immer keinen freien Ausdruck findet und nicht innerlich erfahren wird, muß draußen in der Außenwelt gesucht werden, und wenn es der Mensch nicht außerhalb seiner selbst findet, dann wird er es durch irgendeine irregeleitete Begierde oder ein falsches Ziel ersetzen.

Hemmungslosigkeit

Wenn der Mensch die bedingungslose Freude, die das »Ich bin« ihm schenkt, durch ein falsches Bedürfnis oder Ziel ersetzt, begibt er sich in die Hölle der Hemmungslosigkeit. Das ist zum Teil die Schuld der gesellschaftlichen Institutionen. Die Gesellschaft hat nämlich anstelle des in sich selbst ruhenden Menschen, der die unbedingte Freude in sich spürt, einen Menschentyp hervorgebracht, der unaufrichtig und furchtsam ist und ständig nach Trost und Hilfe von irgend jemandem oder irgend etwas außerhalb seiner selbst sucht. Die Menschen sind durch Konflikte und Ambivalenz verunsichert. Die meisten haben ganz aus den Augen verloren, wohin sie überhaupt gehen. Sie finden ihren Weg nicht mehr. Sie hören so viele Stimmen, daß die intuitive Stimme des »Ich bin« für sie fast unverständlich geworden ist. Echte Ziele haben sie durch unechte ersetzt, echte Bedürfnisse durch unechte und echte Wünsche durch unechte Begierden. Und so hetzt und drängt jeder für sich und die Menschheit als Ganzes wie wahnsinnig in die Zukunft, immer auf der Suche nach Frieden und Befriedigung, die gar nicht zu finden sind, wenn man außerhalb seiner selbst danach sucht.

Hemmungslosigkeit ist die Alternative, die gewählt wird, wenn der Zugang zum »Ich bin« verlorengegangen ist. Sie tritt in Form von Suchtverhalten aller Art auf; das reicht von der Fettsucht bis zur übertriebenen Besorgtheit, von Selbstüberschätzung und Arroganz bis zu Depression, Alkoholismus, Drogenabhängigkeit und Selbstmord. Man betrügt sich selbst, wenn man nicht man selbst ist. Man wird zur Zügellosigkeit getrieben, weil man den Schmerz nicht erträgt, der entsteht, wenn man zerrissen wird, anstatt zu einem Ganzen zu verschmelzen. Nur mit Aufrichtigkeit kann man das Werk der psycho-spirituellen Integration beginnen. Wer sich für die Aufrichtigkeit entscheidet, kann sich selbst (seine unbewußten Selbste) wiedererfahren, kann zur Ganzwerdung kommen und die unbewußten Selbste in sein bewußtes Selbst integrieren. Von diesem Punkt an wird die Beschäftigung mit der Energie leicht. Sie wird zum unbewußten harmonischen Zusammenwirken von Geist, Seele und Körper. Im Tao Te King heißt es: » ... übt man den rechten Weg, so nimmt man täglich ab: Man nimmt ab und immer weiter ab und kommt so zur Tatlosigkeit. Man tut nichts – und dabei ist nichts nicht getan ...«[5]

Die nachfolgende Geschichte veranschaulicht, weshalb die Aufrichtigkeit beim Streben nach der psycho-spirituellen Integration eine notwendige Voraussetzung ist.

Ein berühmter Sufi aus Zentralasien prüfte junge Männer, die seine Schüler werden wollten. Er stellte ihnen die Frage, ob irgend jemand dabei sei, »dem Unterhaltung lieber ist als Lernen, der streiten und nicht studieren möchte, der ungeduldig ist, der lieber nimmt als gibt? Wenn jemand dabei ist, soll er seine Hand heben.« Niemand rührte sich. »Sehr gut«, sagte der Lehrer, »nun kommt und seht einige meiner Schüler, die seit drei Jahren bei mir sind.« Er führte sie in einen Meditationssaal, in dem eine Anzahl Schüler in einer Reihe saßen. Er sprach zu ihnen: »Alle, die lieber unterhalten sein wollen als zu lernen, die ungeduldig sind und darüber streiten wollen, wer ungeduldig ist, alle, die lieber nehmen als geben – sie sollen aufstehen.« Da erhob sich die ganze Reihe der anwesenden Schüler. Der Weise wandte sich wieder an die erste Gruppe. »In euren Augen seid ihr heute bessere Menschen, als ihr es in drei Jahreen sein könntet, bliebet ihr bei mir. Eure gegenwärtige Eitelkeit (Unaufrichtigkeit) hilft euch dabei, euch höher einzuschätzen als diese Schüler, die sich drei Jahre lang selbstloser Arbeit gewidmet haben. Wenn ihr jetzt nach Hause geht, so überlegt reiflich, ehe ihr irgendwann einmal wiederkommt, ob ihr überhaupt den Wunsch nach Besserung habt, oder ob ihr so bleiben wollt, wie ihr seid.«[6]

Mut

Es erfordert Mut, sich angesichts der Angst für die Aufrichtigkeit zu entscheiden. Dieser Mut ist die zweite Voraussetzung für die Arbeit an der psycho-spirituellen Integration. Wenn ich Mut sage, dann meine ich nicht allein den physischen Mut, das Heldentum, das sich unter außergewöhnlichen Umständen oder in Krisenzeiten zeigt. Ich meine den alltäglichen Mut, der dem Leben Würde verleiht, der dem Menschen die Kraft gibt, sich selbst treu zu bleiben und nicht so zu werden, wie es andere von ihm erwarten. Ich meine den Mut, der es dem Menschen möglich macht, sich selbst zu vertrauen und die Aufrichtigkeit aufzubringen, in jeder Situation er selbst zu sein, so daß er sein eigenes Leben leben und dem eigenen Dharma folgen kann. Wenn ich Mut sage, meine ich den Mut in den kleinen Dingen, das Ja zum Selbst, Ja zum Leben, Ja zu einem positiven Leben.

In der Hermetik heißt es: »Alles ist zweifach, alles hat zwei Pole, alles hat sein Paar von Gegensätzlichkeiten.«[7] Leben besteht aus dem Gleichgewicht von Gegensätzen, es ruht in der Mitte dieser Dualität. Wir können sagen, daß es aufgrund dieser Dualität Leben gibt und ohne sie Leben nicht möglich wäre. Infolgedessen muß Leben aus Angst und Mut bestehen, und indem das Leben innerhalb dieses Gleichgewichts existiert, leistet es der Trägheit Widerstand, die zur Auslöschung führt. Mut überwindet oder vertreibt die Angst nicht. Mut ist vielmehr der Prozeß, die Angst in sich selbst hineinzunehmen. Er ist die Antithese zur Abkehr und Hemmungslosigkeit. Mut ist Bekräftigung, Mut sagt Ja zu allem, Mut schließt alles ein, selbst die Möglichkeit seiner eigenen Auslöschung. Indem Mut die Möglichkeit der Auslöschung, also des Nichtseins, in sich schließt, akzeptiert er die letzte erschreckende Möglichkeit und strahlt dennoch weiter aus, trotz der Möglichkeit des Nichtseins. Da wir in einem Universum leben, das auf Dualität beruht, gibt es »Sein« nur, weil es »Nichtsein« gibt.[8]

Mut ist die Fähigkeit des Lebens, sich selbst zu bejahen, während die Negation des Lebens (Verzweiflung) aufgrund ihrer Negativität ein Ausdruck von Feigheit ist. Paul Tillich schreibt, daß Mut, der das Selbst bejaht und das Selbstbewußtsein stärkt, »... die essentielle Natur jedes Wesens ist und als solche dessen höchstes Gut. Die vollkommene Selbstbejahung ist nicht ein isolierter Akt, der im individuellen Wesen entspringt, sondern sie ist Partizipation am universalen oder göttlichen Akt der Selbstbejahung, der die zeugende Kraft in jedem individuellen Akt ist.«[9]

»... der hat Mut, der die Angst kennt, sie aber besiegt, der den Abgrund sieht, aber den Stolz behält. Wer den Abgrund (das Nichtsein) sieht, aber mit Adlerklauen nach diesem Abgrund greift, der besitzt Mut.«[10]

Um zu begreifen, was Mut ist, muß man erkennen, daß Mangel an Mut nicht das einzige Problem ist. Eine weitere Schwierigkeit im Umgang mit dem Mut ist seine Ambivalenz. Es gibt auch den falsch eingesetzten Mut, entstanden durch die Spaltung zwischen dem, was das »Ich bin« als gut und wünschenswert betrachtet und sich zum Ziel gesetzt hat und verteidigt, und dem, was die durch Fragmentation entstandenen »anderen« unbewußt für gut und wünschenswert halten, sich zum Ziel setzen und verteidigen. Ziele wie Erfolg und Glück, die eine freie Energieausstrahlung fördern, werden sich nicht durchsetzen und keine Resonanz im tiefsten Innern des Menschen finden, wenn der Betreffende auf der Ebene des Unbewußten Ziele verfolgt, die im Gegensatz dazu stehen. Auf der unbewußten Ebene kreisen die Ziele der ungeliebten »anderen« immer darum, »besondere Gefühle« wieder hervorzurufen, die dem Menschen einen Eindruck von Sicherheit und Vertrauen vermitteln, das Empfinden enger Verbundenheit mit einem Menschen, den er als Kind liebte. Wer Ziele hat, die einen Gegensatz zu solchen Gefühlen bilden, der wird Schwierigkeiten bekommen, seine Vorsätze zu verwirklichen, weil seine Loyalität den alten Gefühlen gilt, die er mit großem Mut verteidigt.

Es spielt keine Rolle, ob diese alten Gefühle positiv oder negativ sind. Um sie zurückzuweisen, müßte man jemanden ablehnen, den man als Kind geliebt und der einen Eindruck im persönlichen Energiefeld hinterlassen hat. Gerade aus diesem Eindruck aber sind die »besonderen Gefühle« entstanden, und wenn es gelingt, diese Gefühle als Erwachsener wieder hervorzurufen, dann bieten sie Gelegenheit, unbewußt zu spüren, daß man noch immer in Beziehung zu der geliebten Person steht. Der Mut zur Selbstbejahung bedeutet, diese Gefühle freizusetzen, die Energie zu verarbeiten, an der die unbewußten »anderen« festhalten, und zu erkennen, daß sie uns letzten Endes schaden, da sie den Zielen Freiheit, Liebe und Erfolg im Wege stehen. Das erfordert die Zurückweisung aller Beziehungen, die auf den alten Gefühlen beruhen. Nehmen wir an, Sie haben solche Gefühle, dann erfordert der Verzicht auf die alte Beziehung und auf die besonderen Gefühle großen Mut, den es gibt keine Garantie, daß eine wie auch immer geartete Beziehung zu dem geliebten Menschen möglich ist, sobald die Gefühle freigesetzt sind. Es ist diese Angst vor dem Verlust unserer kostbaren Gefühle und der Beziehung, die sie symbolisieren, die es so schwer und gleichzeitig so wichtig macht, daß wir den Mut aufbringen, uns selbst zu bejahen. Der Mensch muß sich dazu entschließen, den Mut aufzubringen und nur das zu tun, was lebensbejahend ist, anstatt seinen Mut dafür einzusetzen, eine lebensfeindliche Beziehung aufrechtzuerhalten, die sich seinen Zielen Erfolg und Liebe entgegenstellt.

Sigmund Freud sagte einmal, daß der ein gesunder Mensch ist, der lieben und arbeiten kann. Alles im Leben, jedes Gefühl, das sich einem dieser Werte in den Weg stellt, muß aufrichtig angeschaut und akzeptiert werden, aber danach muß man den Mut aufbringen, es aufzugeben und sich davon zu trennen.

Es ist notwendig, daß Sie selbst etwas für sich tun und die alten selbstzerstörerischen Gefühle, die Sie viele Jahre lang mit großem Mut verteidigt haben, erst akzeptieren und dann freisetzen. Mut ist intuitiv mit Liebe und Sorge für das eigene Selbst verbunden. Zu dieser liebevollen Fürsorge gehört auch, etwas früher einmal sehr Geschätztes um eines höheren Gutes willen zu opfern, nämlich um der persönlichen Freiheit und der unbedingten Freude willen. Der Mensch muß bereit sein, alle seine Perlen um der einen großen Perle willen aufzugeben, und das ist er selbst.

Diese Opfertat verlangt viel Mut, weil sie in gewissem Sinne dem Tod vergleichbar ist. Der große Theologe Thomas Merton schrieb: »Um sich selbst zu verwirklichen, muß der Mensch die Reduktion und sogar den vollkommenen Verlust seiner ganzen Realität zugunsten einer anderen aufs Spiel setzen, denn wenn irgendein Mensch sein Leben besäße, so muß er es verlieren.«[11]

9. Kapitel

Die Angst ausschalten

»Mein Geist dürstet nach Taten,
mein Atem nach Freiheit.«
Friedrich Schiller

Angst äußert sich im wesentlichen durch Kontraktion (Zusammenziehen, Zurückziehen, Verkrampfen). Auf der physischen Ebene kann ein solcher Reflex durchaus von Nutzen sein. Denken wir nur an ein Kind, das lernt, daß Feuer Schmerz verursacht, wenn man die Finger zu nahe an die Kerze hält oder eine heiße Pfanne anfaßt. Aber über diese physische Reaktion hinaus ist die Kontraktion von geringem instruktivem Wert. Da Free John schreibt: »Angst ist nichts als ein ganz gewöhnlicher Mechanismus, den man beherrscht . . . sie hat darüber hinaus keine entscheidende philosophische Bedeutung.«[1]

Da Furcht und Angst, besonders eine über längere Zeit anhaltende Angst, die zur allgegenwärtigen Besessenheit werden kann, ausgesprochen destruktiv wirken, stelle ich in diesem Kapitel einige Techniken vor, mit deren Hilfe Angst umgewandelt und freigesetzt wird. Die erste dieser Techniken, eine Atemübung, wurde von den alten Yogis entwickelt. Sie geht von der Atemtechnik der kleinen Kinder aus. Man bezeichnet sie als Yogi-Atmung. Es ist die vollkommen natürliche Form des Atmens. So möchte Ihr Körper atmen, wenn er sich im Ruhezustand befindet. Wenn Sie diese Atemtechnik regelmäßig anwenden, können Sie den Angstmechanismus in Ihrem Leben unterbrechen und die Angst ausschalten.

Die Yogi-Atmung

Die Yogi-Atmung ist eine Synthese aus drei Atemtechniken. Man bezeichnet sie auch oft als »Vollständige Atmung«. Bei der Yogi-Atmung wird stets durch die Nase geatmet, und es darf keine Unterbrechung zwischen dem Ein- und Ausatmen entstehen. Sie können die Yogi-Atmung als eigene Übung für sich durchführen oder als Teil Ihrer Meditations- und Entspannungsübungen. Sie sollte allerdings schon nach kurzer Zeit zur normalen Atemweise werden. (Sie werden wahrscheinlich bemerken, daß Sie ganz von selbst zur Yogi-Atmung übergehen, wenn die »Zweite Aufmerksamkeit« wirksam ist.) Der tiefe Entspannungszustand ist immer von der Yogi-Atmung begleitet. Außerdem setzt diese Atemweise ein, wenn ein gesundes Gleichgewicht zwischen dem Bewußtsein und dem Unbewußten herrscht.

Die Yogi-Atmung besteht aus drei Teilen. Der erste Teil ist die Bauchatmung. Bei der Bauchatmung wird der Bauch nach außen vorgewölbt und nach unten gedehnt. Der zweite Schritt ist die Mittlere Atmung. Bei der Mittleren Atmung wird zuerst der Bauchraum mit Luft gefüllt, danach werden die Rippen auseinandergespreizt und die Schultern angehoben. Der dritte und letzte Teil ist die Nasenatmung. Dabei wird zuerst der Bauchraum und danach der Brustraum wie beschrieben mit Luft gefüllt, danach füllt man nacheinander auch Rachen, Nase und Nasengänge mit Luft.

Wird die Technik angewandt, um Angst in einen gesunden Zustand der Entspannung und des Friedens zu verwandeln, so gelten die nachstehenden Anweisungen:

Fangen Sie damit an, daß sie sich eine bequeme Sitzstellung suchen; der Rücken bleibt aufrecht, die Beine sind flach auf dem Boden ausgestreckt. Sie können aber auch die Lotusposition einnehmen. Wenn Sie bequem sitzen, legen Sie die rechte Hand unmittelbar unterhalb des Solarplexus auf den Bauch. Das hilft, den Rhythmus des Atems besser zu spüren und sorgt dafür, daß der Atem fließender wird. Nun schließen Sie die Augen. Das ist zwar nicht unbedingt notwendig, kann aber helfen, besser zu entspannen, und bessere Entspannung wiederum erleichtert die Yogi-Atmung. Beginnen Sie mit dem Einatmen. Füllen Sie zuerst den unteren Teil der Lunge mit Luft. Wenn Sie die Hand auf den Bauch legen, spüren Sie, wie sich die Muskulatur des Zwerchfells dehnt und sich der Magen leicht nach oben wölbt. Atmen Sie weiter ein und lenken Sie den Luftstrom in den mittleren und oberen Teil der Lunge. Während sich die Lunge ausdehnt, heben sich die Schultern, und die Muskulatur des Brustkorbs dehnt sich. Bei der Mittleren Atmung spüren manche Menschen Schmerzen in der oberen Rückenpartie zwischen den Schulterblättern. Dieser Schmerz wird von Muskelpartien ausgelöst, die sich im Laufe der Jahre infolge mangelnden Gebrauchs zusammengezogen haben und steif geworden sind. Das ist weitgehend eine Folge falschen Atmens. Lassen Sie sich durch solche kleinen Unannehmlichkeiten nicht entmutigen, drükken Sie den Atem weiter in den angegebenen Bereich. Nach einigen Tagen verschwindet das unangenehme Gefühl, und die Muskeln werden wieder ihre normale Elastizität erlangen. Nachdem der Luftstrom die Lunge gefüllt hat, lassen Sie ihn weiter nach oben steigen, bis er die Nasengänge und den Kopfbereich erfüllt. Das sollte Ihnen ein angenehmes Gefühl der Leichtigkeit vermitteln. Beim Ausatmen kehren Sie den Ablauf um und lassen die Luft zunächst aus dem Nasen- und Kopfbereich ausströmen, dann aus dem oberen und mittleren, und schließlich aus dem unteren Teil der Lunge. Die Schultern werden sich dabei ganz von selbst wieder senken, und das Zwerchfell wird in seine normale Lage zurückkehren. Führen Sie diese Übung etwa fünf Minuten lang durch, ohne daß zwischen Ein- und Ausatmen eine Unterbrechung eintritt.

Setzen Sie anfangs für diese Atemübung bestimmte Zeiten fest. Sobald Sie jedoch den Rhythmus beherrschen, sollte diese Form des Atmens zu ihrer ganz normalen, alltäglichen Atemtechnik werden. Achten Sie auf Ihre Atemweise, und sobald Sie bemerken, daß Ihre Atmung flach wird und daß Sie wieder in eine alte Gewohnheit verfallen, gehen Sie sachte wieder zur vollständigen Yogi-Atmung über. An dieser Stelle ein kleiner Hinweis: Seien Sie sanft und freundlich zu sich selbst! Machen Sie nicht den Fehler, daß Sie ständig sich und Ihre Atemtechnik beobachten. Die Atmung darf nicht zur fixen Idee werden und in Besessenheit ausarten, denn das würde nur unnötige Angst verursachen, und anstatt zu einer freien Ausstrahlung zu kommen, würden Sie sich sogar noch weiter einengen.

Auswirkungen auf der materiellen Ebene

Die Yogi-Atmung ist geeignet, Angstreflexe zu unterbrechen, denn sie verhindert, daß sich der Mensch zusammenzieht (verkrampft) und den Energiestrom blockiert, der durch sein feinstoffliches Energiesystem fließt. Durch Anhalten des Atems zwischen Ein- und Ausatmung und durch flache Atemzüge kommt es zu einer Einschränkung der Gefühle, die dadurch schließlich ganz abstumpfen. Aus diesem Grund neigt der Mensch beispielsweise dazu, den Atem anzuhalten und nicht mehr tief durchzuatmen, wenn er Streß ausgesetzt ist.

Die Anwendung von Atemübungen zur Beruhigung und zur Milderung von Streßfolgen wird inzwischen sowohl von der Ärzteschaft akzeptiert als auch seit kurzem im Wirtschaftsleben berücksichtigt. Dr. Philip Nuernberger, der als Berater für Streßprobleme in großen Firmen tätig ist, hat verschiedene Tests über die Anwendung von Atemtechniken zur Entspannung durchgeführt. Bei einem dieser Experimente unterrichtete er eine Gruppe in den Yogi-Atemtechniken, während eine Kontrollgruppe keine solche Techniken erlernte. Die Gruppe, die Yogi-Atmung einsetzen konnte, erzielte durchweg bessere Ergebnisse bei psychologischen Standard-Tests und niedrigere Werte auf der Skala, die den Grad des Neurotizismus angibt, als die Gruppe ohne Kenntnisse in der Yogi-Atmung.

Außerdem wurde in zwei unabhängig voneinander durchgeführten Untersuchungen der Universität von Kalifornien von J. V. Hardt und B. Timmons bewiesen, daß es eine Verbindung zwischen der Atmung und der Beschaffenheit der Gehirnwellen gibt. Sie fanden bei der tiefen Atmung mehr Alpha-Wellen, von denen man weiß, daß sie auftreten, wenn der Mensch entspannt ist, während bei schneller, flacher Atmung der Versuchsperson weniger Alpha-Wellen erschienen. Die Alpha-Wellen waren bei tiefer, kräftiger und rhythmischer Atmung besser ausgeprägt als bei flacher und weniger rhythmischer Atmung.

Selbst bei Menschen, die flach und unregelmäßig atmen, kann der Körper automatisch Angst und Spannung abbauen, wenn der Atem in Form eines Seufzers oder Stöhnens ausgestoßen wird. Diese instinktive Reaktion weist auf die Möglichkeit hin, die unbewußten Mechanismen des Körpers einzusetzen, um große Mengen Streß oder Angst zu verarbeiten. Wir benutzen diesen unbewußten Mechanismus als Ausgangspunkt, gehen aber noch einen Schritt weiter und setzen an die Stelle eines Seufzens oder Stöhnens Klang und Schwingung, um bewußt die Angst und ihre charakteristische Kontraktion zu lösen. Diese Technik bezeichnen wir als »Resonanzübung«.

Die Resonanzübung

Die Resonanzübung kann fast überall dort durchgeführt werden, wo es möglich ist, vernehmbare Geräusche zu erzeugen, ohne gestört zu werden oder andere zu stören. Mit der Resonanzübung gelingt es, die negativen Auswirkungen der durch langanhaltende Streßbelastung entstandenen Angst abzuschwächen. Sie beginnen die Übung damit, daß Sie sich bequem – aber mit aufrechtem Rücken – hinsetzen. Wenn Sie eine angenehme Position gefunden haben, beginnen Sie mit der Yogi-Atmung. Nach ungefähr zwei Minuten richten Sie Ihre mentale Aufmerksamkeit auf das Herz und gehen von der Yogi-Atmung zu einer Atemtechnik über, bei der jeder Atemzug vom Herzen ausgeht, bis Sie spüren, daß in Ihrem Herzen tiefe Gefühle mitzuschwingen beginnen. Bei jedem Einatmen fühlen Sie, daß die Emotion in Ihrem Herzen stärker wird. Bei jedem Ausatmen geben Sie sich ganz dem Gefühl hin und lassen es in den Brustbereich und von dort in Ihren Körper ausstrahlen.

Fühlen Sie, wie die Energie aus Ihrem Herzen durch Arme und Beine, durch den Bauch, die Geschlechtsorgane, den Kopf, die Haut und so weiter nach außen strahlt. Atmen Sie aus, ohne den Atemrhythmus zu unterbrechen. Wenn Sie etwa zwei Minuten lang in dieser Weise geatmet haben, legen Sie die Zungenspitze hinter den Zähnen an den Gaumen und strecken die Arme nach vorn. Wenn Sie jetzt beim Ausatmen spüren, wie die Emotionen von Ihrem Herzen auszustrahlen beginnen, drücken Sie dieses Gefühl in Klang aus und chanten das OM*, solange sie ausatmen.

Fühlen Sie, wie der gechantete Klang aus der Tiefe Ihres Herzens aufsteigt und überall Resonanz findet, so daß Ihr ganzer Körper dadurch in Schwingung versetzt wird. Der Klang wird schließlich zum einzigen Ausdruck all dessen, was Sie wahrnehmen und fühlen. Es ist nicht nötig, mit allzu großer Lautstärke zu chanten, aber es ist gut, wenn der Klang vernehmbar ist. Setzen Sie das Chanten etwa fünf Minuten fort. Die Wirkung dieser Übung ist sehr tiefgreifend und wird besonders deutlich, nachdem sie schon einige Tage oder Wochen durchgeführt wurde. Diese Technik eignet sich nicht nur dafür, Angst zu beseitigen; diese Angst wird dabei auch durch ein Gefühl des Wohlbefindens und der Zufriedenheit ersetzt. Die Übung hilft ganz besonders, die »Zweite Aufmerksamkeit« zu entwickeln, da sie das Herz öffnet und gleichzeitig den Geist beruhigt und den Menschen in den Zustand des vollen Körperbewußtseins versetzt.

* OM ist im Sanskrit der Klang der absoluten Schwingung. Es ist der Ton, den Gott im Augenblick der Schöpfung anstimmte. Es ist der Ton, der entsteht, wenn der Klang alles Erschaffenen zusammen ertönt.

Die Resonanzübung sollte in Zeiten anhaltender Streßbelastung oder Angst regelmäßig durchgeführt werden. Sie besitzt auch eine nachhaltig verjüngende Wirkung. Bei regelmäßigem Üben wird sie jede Furcht vertreiben, die etwa in Form von Ängstlichkeit, Selbstzweifel, Unsicherheit, Verwirrung, innerer Unruhe und übermäßiger Besorgnis auftreten kann. Ich empfehle, diese Übung in Ihr tägliches Programm aufzunehmen. Am besten wird sie am Morgen vor dem Frühstück und unmittelbar vor dem Schlafengehen durchgeführt. Sie ist besonders hilfreich, wenn Einschlafschwierigkeiten aufgrund übertriebener Angst oder Sorgen bestehen.

Feinstoffliche Wirkungen

Durch die Resonanzübung und durch die Yogi-Atmung befreien Sie sich von den grobstofflichen Auswirkungen der Angst und beginnen, physische, emotionale und mentale Veränderungen wahrzunehmen. Ihr physischer Körper fühlt sich entspannter, Ihre Emotionen sind besser unter Kontrolle, Ihr Geist wird klarer und ruhiger. Durch Energie werden diese Auswirkungen gefördert. Bei richtiger Atmung und durch die Erzeugung von Resonanz fließt mehr Prana durch das feinstoffliche Energiesystem, und das wirkt sich auf allen Ebenen günstig aus. Auf der mentalen Ebene sinkt durch richtige Atmung die Gehirnwellenfrequenz, und infolgedessen wird der »innere Dialog« unterbrochen. Unter diesem »inneren Dialog« versteht man das unausgesetzte mentale Geplapper, das bei den meisten Menschen ständig die innere Ruhe stört. Wenn man die Frequenz der Gehirnwellen senkt, arbeitet das Gehirn mit größerer Effizienz, und das verbale Denken wird durch visuelles Denken ersetzt. Die niedrigere Hirnstromfrequenz erlaubt es auch, daß das Unbewußte aktiver wird, und sie erzeugt ein besseres Gleichgewicht zwischen Bewußtsein und Unbewußtem. Dieses Gleichgewicht ermöglicht es, daß der Mensch im gesamten mentalen Aktionsbereich tätig wird.

Ein Ansteigen der Pranamenge sorgt auch dafür, daß sich der Mensch frei und offen fühlt, weil Ansammlungen emotionaler Energie freigesetzt werden, die durch Angst blockiert gewesen sind. Die Zunahme an Prana kann auf verschiedene Weise wahrgenommen werden. Manchmal entsteht anfangs sogar ein ungutes Gefühl. Manche Menschen empfinden eine Hitze im ganzen Körper, wenn der Pranafluß zunimmt, andere spüren die Wärme besonders in den Händen und/oder Füßen. Die meisten nehmen Vibrationen und ein Kribbeln wahr. Alle diese Empfindungen sind nicht gefährlich. Wenn sich die Hände aber taub und verkrampft anfühlen, dann bedeutet das, daß eine Hyperventilation eingetreten ist, daß Sie es also mit der Atmung übertrieben haben. Um dem entgegenzuwirken, müssen Sie sofort die tiefe Atmung einstellen. Wenn jemand bei Ihnen ist, sollte er sogleich Ihre Hände in seine nehmen. Sind Sie allein, dann legen Sie die Hände ineinander und die Zunge an den Gaumen hinter den Zähnen und atmen ganz normal. Innerhalb kurzer Zeit werden Sie sich wieder körperlich wohl fühlen. Viele Menschen spüren auch eine Benommenheit oder ein leichtes Schwindelgefühl, wenn sie die Yogi-Atmung oder die Resonanzübung durchführen. Dazu kommt es normalerweise nur bei Anfängern, die einen niedrigen Energiespiegel haben und es nicht gewohnt sind, daß eine größere Menge Prana durch ihr feinstoffliches Energiesystem fließt. Man braucht darüber nicht besorgt zu sein, denn diese Erscheinung hält selten längere Zeit an. Wenn das Energiesystem sich daran gewöhnt hat, daß es mehr Prana befördert, verschwinden die Nebenwirkungen. Durch Freisetzung des Pranastroms kommt es in der Regel zu einer größeren emotionalen Offenheit. Bei manchen entsteht durch die Yogi-Atmung oder die Resonanzübung eine gewisse Traurigkeit, ja sogar ein Gefühl des Mitgefühls. Yogi-Atmung und Resonanzübung lösen Energieblockierungen. Deshalb ist es nicht ungewöhnlich, daß solche alten Gefühle an die Oberfläche kommen. Wenn sie erscheinen, sollte man sie ruhig durch das Energiesystem fließen lassen und diesem die Möglichkeit geben, sie freizusetzen.

Es könnte sein, daß das Herz bei der Yogi-Atmung oder bei der Resonanzübung ganz schnell zu schlagen beginnt. Das ist normalerweise eine vorübergehende Reaktion und sollte nicht beunruhigen. Es ist auch möglich, daß Sie an irgendeiner Stelle des physischen Leibes Schmerz empfinden, und zwar dort, wo Energie blockiert war. Solche physischen Blokkierungen entsprechen Blockierungen im Astral- und Mentalkörper. Am häufigsten treten diese Schmerzen an den Stellen auf, an denen Chakras ihren Sitz haben. Schmerzen dieser Art sind selten besonders heftig und halten kaum einmal nach Abschluß der Übung weiter an. Sie können jedoch über mehrere Wochen während der Übungen auftreten, bis sich die entsprechenden Bereiche geöffnet haben und mehr Prana hindurchströmen kann.

Im Osten haben sich die Eingeweihten schon seit Jahrhunderten von den angstbedingten Beschränkungen freigemacht, indem sie die Yogi-Atmung und die Resonanztechnik einsetzten und sich mit Pranayama, der Wissenschaft vom Atem, beschäftigten. Sie haben außerdem gelernt, ihr physisches, emotionales, mentales und spirituelles Wohlbefinden mit Hilfe regelmäßiger Atemübungen zu steigern. Im Laufe der Jahrhunderte haben die Eingeweihten erkannt: »Man kann sich in Harmonieschwingung mit der Natur versetzen und die Entfaltung der latent vorhandenen Kräfte fördern ... Durch kontrolliertes Atmen kann man nicht nur Krankheit bei sich und anderen heilen, sondern auch Angst und Sorge praktisch ausschalten.«[2]

Heißt der Feind Streß?

Ein Übermaß an Angst oder Schockeinwirkung können zur Überlastung des feinstofflichen Energiesystems führen. Unter Schock versteht man im allgemeinen ein plötzlich eintretendes, unerwartetes Ereignis, das unser feinstoffliches Energiesystem dazu zwingt, fast augenblicklich eine erhöhte Menge Prana zu verarbeiten. Bestehen im feinstofflichen

Energiesystem Blockierungen, dann ist das aber beinahe unmöglich. Wenn der Mensch nicht in der Lage ist, die ihn durchströmende Energie vollständig zu verarbeiten, bleibt der unverarbeitete Rest im Organismus zurück und bildet »Reservoire«. Diese Reservoire können den Menschen ernsthaft und nachhaltig beeinflussen.

Zu einer typischen Situation, die zur Überlastung des feinstofflichen Energiesystems führen kann, kommt es beispielsweise, wenn man auf einer Schnellstraße oder Autobahn fährt. Man ist entspannt, hört vielleicht Radio, und ganz plötzlich, ohne jede Warnung, drängt sich das unmittelbar vor uns fahrende Auto in unsere Fahrbahn. Man tritt auf die Bremse und vermeidet gerade noch einen Zusammenstoß mit dem anderen Fahrzeug. Doch damit ist noch nicht alles vorbei. Obwohl man verhindert hat, daß es zum Unfall kommt, hämmert nun das Herz, die Hände sind heiß und feucht, uns wird übel.

Das ist eine typische Streß/Schock-Situation, wie sie bei allen Menschen gleichermaßen auftritt. Die dabei verspürte Übelkeit rührt jedoch nicht vom Schock selbst her, sondern ist der Tatsache zuzuschreiben, daß man nicht alle Energie verarbeiten konnte, die durch das feinstoffliche Energiesystem schießt. Infolgedessen ist der physische Leib nicht imstande, die wertvollen chemischen Nebenprodukte dieser Schock/Streß-Reaktion freizusetzen und richtig zu verteilen.

Im Augenblick des Schocks schüttet der physische Körper Adrenalin, Blutzucker, Kortikosteroide und ACTH aus. Diese Stoffe müssen aber auch an ihren Bestimmungsort gebracht werden. Die Energie übernimmt die Rolle des Boten. Ist die Energie blockiert, dann sind auch die chemischen Stoffe im Organismus blockiert und setzen sich an Stellen fest, wo sie nicht hingehören. Wenn die Sendung aber nicht ihren Zielort erreicht, landet sie schon bald in der Magengrube und verursacht dort das Gefühl der Übelkeit. Um dieser quälenden Situation zu entgehen und um zu vermeiden, daß sich unerwünschte Prana-Ansammlungen bilden, wenden Sie das nächste Mal in einer Schocksituation die nachfolgend beschriebene Technik an. Damit beugen Sie einer solchen Überlastung vor.

Als erstes öffnen Sie im Augenblick des Schocks den Mund und schreien, so laut Sie nur können. Gleichzeitig drücken Sie die Arme so eng wie möglich an den Körper. Spannen Sie Beine, Brustkorb und Arme, ebenso viele Körperteile wie möglich, sofort an. Halten Sie diese Anspannung so lange aufrecht, wie Sie nur können, denn damit ermöglichen Sie eine bessere Verteilung der ausgeschütteten Energien und Chemikalien über die Nadis und die angespannten Muskeln. Sobald Sie sich einigermaßen beruhigt haben und spüren, daß die Energie wieder normal durch Ihren Körper strömt, können Sie die Anspannung lösen.

Es ist interessant, daß der Körper nicht zwischen plötzlicher Angst und plötzlichem Ärger unterscheidet. In beiden Fällen sendet er die gleiche Energie und die gleichen chemischen Stoffe aus.

Wenn Sie sich jemals in der Situation befunden haben, daß Sie vollkommen ungerechtfertigt beschimpft wurden, aber dastanden und alles ohne sichtbare Reaktion über sich ergehen ließen, dann werden Sie jetzt verstehen, warum Sie danach eine emotionale Blockierung und Übelkeit im Magen spürten, obwohl ja eigentlich alles vorüber war. Ihr feinstoffliches Energiesystem und Ihr physischer Körper hatten reagiert, Sie aber zeigten nach außen ganz bewußt keine Reaktion. Die Folge war, daß die ausgesandte Energie und die ausgeschütteten chemischen Stoffe nicht an ihren Bestimmungsort gelangt sind.

Um zu verhindern, daß so etwas wieder geschieht, legen Sie bei plötzlich auftretendem Ärger oder irgendeiner anderen intensiven Emotion, bei der es nicht möglich ist, laut hinauszuschreien, die Hände auf den Rücken und führen Sie die zuletzt beschriebene Übung durch. Anstatt aber laut zu schreien, stoßen Sie die Luft kräftig und hörbar durch den Mund aus und ziehen sie durch die Nase wieder ein. Wiederholen Sie den Vorgang ein zweites Mal in gleicher Weise und fahren Sie so lange damit fort, bis Sie spüren, daß die Energie durch Ihren Körper nach allen Seiten ausstrahlt und ein Gefühl der Leichtigkeit in Kopf und Körper entsteht. Wenn Sie diese Technik anwenden, anstatt unter einem quälenden Gefühl zu leiden, werden Sie sich entspannt und großartig fühlen, besonders, wenn Sie erkennen, wieviel Gutes Sie damit in energetischer und physischer Hinsicht für sich getan haben.

Um den Grundmechanismus zu verstehen, der sowohl der plötzlichen Angst als auch einer plötzlich auftretenden Wut zugrundeliegt, müssen Sie wissen, daß unser Energiesystem und das feinstoffliche Energiesystem mindestens einige Millionen Jahre alt sind. Beide waren für eine Welt bestimmt, die ganz anders aussah als die, in der wir heute leben. Sie waren dazu gedacht, dem Menschen die Möglichkeit zu geben, in lebensbedrohlichen Situationen augenblicklich zu reagieren. In einer solchen Situation bieten das autonome oder unwillkürliche Nervensystem und das feinstoffliche Energiesystem eine Kombination aus Energie und verschiedenen chemischen Stoffen auf, um uns zusätzlich Kraft zu geben, entweder stehenzubleiben und zu kämpfen oder so schnell wie möglich auf den nächsten Baum zu klettern. Entschloß man sich zur Flucht, dann ergoß sich die Energie in die Beinmuskeln. Hielt man aus und kämpfte, dann ging alle Kraft in die Arm- und Brustmuskulatur und verlieh dem Menschen kurzfristig übermenschliche Stärke.

Sicher hat jeder schon von Fällen gehört oder gelesen, bei denen schwächliche Menschen im Augenblick großer Gefahr plötzlich mit unglaublicher Kraft reagierten. Nun wissen Sie, woher diese Energie kam. Die in einer bedrohlichen Lage plötzlich zur Verfügung stehende Energie soll uns helfen und nicht schaden. Wir müssen sie aber so gebrauchen, daß das feinstoffliche Energiesystem und der physische Leib dadurch nicht überlastet werden. Führen Sie die Übungen dieses Kapitels aus, dann bleiben Sie in Zukunft von der negativen Wirkung der Angst und von Überlastung verschont; es steht Ihnen wesentlich mehr Energie zur Verfügung, die Sie zur Förderung Ihrer Gesundheit nutzen können.

10. Kapitel

Der physische Körper

»Möge Ruhe sich auf meine Glieder senken,
Auf Wort und Aug und Ohr und meinen Odem!
Mög meiner Einsicht Kraft und Klarheit wachsen!
Mög Brahman sich mir offenbaren! ...
Ich sei in ihm, er sei in mir,
mög nichts uns scheiden!«

Die schönsten Upanischaden

Im Mittelpunkt der Arbeit an der psycho-spirituellen Integration steht der Gedanke, daß der physische Leib die Manifestation einer Reihe höherer Körper ist. Diese feinstofflichen Körper bilden zusammen mit der Energie des physischen Körpers das persönliche Energiefeld des Menschen. Die feinstofflichen Körper durchdringen einander gegenseitig, ebenso den sie umgebenden physischen Leib. Sie werden zusammengehalten durch die magnetische Kraft des universellen Feldes, die sie nicht nur durchdringt, sondern auch umhüllt und mit diesem verbindet. Die meisten, wenn nicht sogar alle bis heute bekannten und erhalten gebliebenen spirituellen, philosophischen und psychologischen Lehren und Schriften bestätigen diese Auffassung. Sie steht im Mittelpunkt des Tantrismus, der taoistischen sowie der Jungschen Lehre und des Yoga. Diese Systeme gehen ebenso wie die westliche metaphysische Überlieferung davon aus, daß jedes menschliche Wesen eine Reflexion des gesamten Universums ist. Wenn wir unsere Funktion als Individuum begreifen, dann können wir auch die Funktion des Makrokosmos verstehen, und wenn wir eine Integration unserer »Selbste« erreichen und ganz werden können, indem wir das »Ich bin«, die Einheit der »Selbste«, erfahren, dann können wir auch das »All-Seiende« wahrnehmen, das durch das »Ich bin« ausstrahlt. Auf diese Weise nehmen wir die Einheit mit dem universellen Kraftfeld wahr.

Um uns selbst als multidimensionales Wesen zu begreifen, als eine Synthese aus feinstofflichen Körpern und physischem Körper, müssen wir den physischen Leib in seiner wahren Ökonomie verstehen, in seiner Beziehung zu seinen feinstofflichen Ebenbildern und zum universellen Kraftfeld. Der physische Körper ist der Punkt, in dem das »Ich bin« mit der physischen Welt in Berührung kommt.

Der physische Leib, der aus dichter stofflicher Materie besteht, ist negativ polarisiert. Er ist rezeptiv, er verkörpert das Prinzip Yin, ist also seinem Wesen nach weiblich. Das steht in Übereinstimmung mit dem Hermetischen Prinzip des Geschlechts, das besagt: »Geschlecht ist in allem, alles hat männliche und weibliche Prinzipien, Geschlecht offenbart sich auf allen Ebenen.«[1] Der physische Leib, der die feinstofflichen Körper einhüllt, hat eine esoterische Bedeutung, die über seine sichtbaren physischen Funktionen hinausgeht. Im ersten Brief an die Korinther schreibt der Apostel Paulus: »Wißt ihr nicht, daß ihr Gottes Tempel seid und der Geist Gottes in euch wohnt?«[2]

Ähnlich wie der Tempel von Jerusalem umhüllt und schützt der physische Leib in gewisser Weise die feinstofflichen Körper. Den Gedanken des physischen Leibes als eines Geistestempels und gleichzeitig eines physischen Ebenbilds einer Reihe von feinstofflichen Körpern, die aus Materie höherer Vibration bestehen, spiegeln in vielen Ländern Gestaltung und Anlage der Kultstätten. In Europa ist die Bauweise der Kirchen, Dome und Kathedralen die Verkörperung dieser Idee. Sie sind zumeist in Form eines Kreuzes angelegt, das heißt, in Form eines Menschen, der mit ausgebreiteten Armen am Boden liegt. Diese Grundkonstruktion ist auch bei den heiligen Stätten der Hebräer und an den Tempeln im alten Ägypten und in Indien erkennbar.

Der physische Leib, der das »Ich bin«, die Vereinigung der »Selbste«, einhüllt, wird in vielen Religionen als etwas Heiliges angesehen, und die Gläubigen werden ermahnt, ihren

Körper mit Achtung und Rücksicht zu behandeln und nicht zu verderben. In diesen Ermahnungen liegt intuitive Weisheit, denn der physische Leib steht in direktem Kontakt mit den feinstofflichen Körpern und kann diese beeinflussen.

Fehlverhalten dem physischen Leib gegenüber führt oft zu Störungen im feinstofflichen Energiesystem und in den Funktionen der höheren Körper.

Victoras Kulvinskas schreibt: »Falsche Behandlung oder Unfall des physischen Körpers beeinträchtigen auch den Ätherleib, da er seine Energie einsetzen muß, um den physischen Körper wiederherzustellen. Wenn aufgrund falscher Behandlung des physischen Körpers der Ätherleib überanstrengt ist, wird die ätherische Lebenskraft aufgezehrt, und der Ätherleib ist nicht imstande, die vom mentalen und emotionalen Körper aufgenommenen Eindrücke richtig weiterzuleiten. In diesem Zustand erscheint der Mensch mental und emotional teilnahmslos.

Es wird daran deutlich, daß der physische Körper und die feinstofflichen Körper als Team zusammenarbeiten müssen. Das kann erreicht werden, wenn ihre Schwingungsfrequenzen im richtigen Verhältnis zueinander stehen, genau wie die Saiten eines Klaviers so gestimmt sein müssen, daß die Töne einen harmonischen Zusammenklang ergeben.«[3]

Bei religiösen Kultbauten finden wir oft eine Dreiteilung: einen Außenhof, einen Innenhof und den heiligen Schrein und das Heiligtum. Die Hebräer bezeichnen diesen Schrein als das Allerheiligste. Diese Struktur spiegelt die esoterische Teilung des menschlichen Körpers, bei der die alten Lehrer normalerweise von einer Dreiteilung ausgehen. Der äußere Hof des Tempels, zu dem auch die Nichteingeweihten oder Laien zugelassen waren, entspricht dem Bereich Bauch, Bekken und untere Wirbelsäule, er umfaßt also die Verdauungs- und Geschlechtsorgane. Die energetische Bedeutung besteht darin, daß der Schüler sowohl echtes Verständnis für deren Reaktionen als auch ihre harmonische und ausgeglichene Funktion erreichen muß, ehe er in der Lage ist, tiefer in den Tempel vorzudringen und die dort enthaltenen höheren

Lehren und Energien kennenzulernen. In dieser Phase arbeitet er bewußt daran, sowohl das Gleichgewicht im physischen Körper als auch im rationalen Bewußtsein zu erreichen. Im Yoga entspricht der Außenhof dem Hatha, in der jüdischen Religion dem mosaischen Gesetz. In Japan hat der Bauchbereich eine zusätzliche spirituelle Bedeutung: man hält ihn für das Zentrum des physischen Leibes. Drei Fingerbreit unterhalb des Nabels befindet sich das Hara. Das heißt wörtlich übersetzt »Bauch«, aber für den Japaner bedeutet es weitaus mehr. Es ist die Mitte, die Stelle, in dem alles, was wir sichtbar und unsichtbar sind, seinen Ausgleich findet. Graf Dürckheim beschrieb Hara als »Nichts anderes als die leibhafte Verkörperung und bewußte Präsenz dieser ursprünglichen Mitte des Lebens im Menschen.«[4]

Bei der psycho-spirituellen Integration, der Aufgabe, die man in Angriff nimmt, während man sich noch im äußeren Hof befindet, entspricht dieser Außenhof der Vorbereitung des Schülers, die ich als physische Integration bezeichne. Während sich der Schüler im Außenhof befindet, entwickelt er Mut und lernt, sich ehrlich auszudrücken. Über sein Bewußtsein lernt er das Dharma (den Lebenspfad) kennen und bringt seinen rationalen Geist und den physischen Körper in ein gesundes Gleichgewicht. Sobald er das erreicht hat, kommt er in den Innenhof und ist nun bereit, den ersten Schritt in den Bereich des höheren Bewußtseins zu tun und mit der eigentlichen Arbeit der psycho-spirituellen Integration zu beginnen. Damit tritt er in den Innenhof, der im Physischen dem Bereich zwischen Hals und Solarplexus entspricht.

Der innere Dialog

Das erste Hindernis, das sich dem Fortschritt des Schülers entgegenstellt, sobald er die Schwelle zum inneren Hof überschritten hat, ist der »innere Dialog.«*

* Der innere Dialog ist das unnütze Geplapper, das bei den meisten Menschen im mentalen Bereich unaufhörlich stattfindet.

Wenn der bewußte Geist außer Kontrolle gerät, bleiben die feinstofflichen Körper in diesem unaufhörlichen mentalen Geschwätz gefangen. Der innere Dialog trennt den Menschen von einer bewußten Wahrnehmung seiner feinstofflichen Körper und damit von seinem inneren Leben. Der innere Dialog ist ein gewaltiges Hindernis für die psycho-spirituelle Integration. Die Derwische singen und tanzen, um diese Störung zu vertreiben, Zen-Schüler üben sich in Za-Zen-Meditation, um den Geist zur Ruhe zu bringen und das Geschwätz zu unterdrücken. Yoga-Schüler betreiben zum gleichen Zweck Pranayama.

Ich habe eine einfache Technik entwickelt, ein einfaches mentales Instrument, das Ihnen helfen wird, den inneren Dialog für einige Zeit zum Schweigen zu bringen, so daß Sie im Bereich des inneren Hofes tätig werden, die »Zweite Aufmerksamkeit« aktivieren und das mentale Gleichgewicht herstellen können.

Im Zen wird der Zustand, bei dem der innere Dialog schweigt, als Absichtslosigkeit bezeichnet. Über diesen Zustand befragt Ling-Chiao den Zen-Meister Hui-Neng:

Frage: Ich habe meine Heimat verlassen, um Mönch zu werden, und mein höchstes Ziel ist es, die Buddhaschaft zu erreichen. Wie soll ich meine Absicht verfolgen?

Antwort: Buddhaschaft wird erreicht, wenn keine Absicht verfolgt wird.

Frage: Wenn keine Absicht zur Erreichung des Zieles eingesetzt wird, wie ist dann jemals die Buddhaschaft zu erreichen?

Antwort: Durch Absichtslosigkeit erfüllt sich die Aufgabe von selbst. Auch Buddha verfolgt keine Absicht.[5]

Die Signal- und Piep-Meditation

Ich bezeichne die Technik zur Unterbrechung des inneren Dialogs als Piep-Meditation. Es handelt sich dabei eher um eine Art Unterlassungsübung als um das Erlernen einer neuen

Technik. Ihr besonderes Merkmal ist es, daß Sie dabei nicht veranlaßt werden, noch mehr zu tun, sondern daß diese Übung vielmehr Raum schafft und Sie in einen Zustand versetzt, in dem Sie überhaupt nichts tun, aber etwas mit Ihnen geschehen kann. Es ist der Zustand, in dem das »Ich bin« erscheinen, in dem die »Zweite Aufmerksamkeit« aktiv werden und der innere Dialog zum Schweigen gebracht werden kann.

Das Bewußtsein versucht uns unaufhörlich zu kontrollieren und im Außenhof festzuhalten. Das geschieht, indem es uns stets beschäftigt, so daß wir jede freie Zeit mit Aktivitäten, mit Fühlen, Handeln und vor allem mit Denken ausfüllen. Aber keine dieser Tätigkeiten ist tief verwurzelt, keine findet tief im Unbewußten Resonanz. Indem wir unsere Zeit mit Tätigkeit füllen, hält uns das Bewußtsein an der Oberfläche, in der Oberflächlichkeit, fest. Die Folge ist, daß wir niemals unsere »Selbste« voll und ganz wahrnehmen.

Wenn Sie die ganze Tiefe Ihres Wesens wahrnehmen wollen, müssen Sie vorübergehend Ihre ausschließliche Bindung an das Bewußtsein aufgeben, indem Sie sich von den vom unbewußten Geist hervorgebrachten und von außen in das Bewußtsein eindringenden Gedanken lösen. An dieser Stelle setzt das »Piep« ein. Bei der Piep-Meditation sagen Sie jedesmal »Piep«, wenn in Ihrem Bewußtsein ein Gedanke auftaucht. Sagen Sie dieses Signal laut, es wirkt auf diese Weise besser. Kämpfen Sie nicht gegen den Gedanken an, der Ihnen durch den Kopf geht. Sie haben gar nicht den Wunsch, ihn wegzuschieben, denn ein solches Verdrängen wäre bereits eine Form aktiven Handelns und gäbe dem Gedanken zusätzlich Kraft. Sie wollen, daß sich der Gedanke auflöst, ohne daß er Ihre Aufmerksamkeit ablenkt und Ihre Emotionen berührt.

Wenn Sie mit der Piep-Meditation beginnen, nehmen Sie eine bequeme Stellung ein, der Rücken ist gerade; Sie atmen tief durch die Nase, ohne daß zwischen Ein- und Ausatmen eine Trennung entsteht. Nach ein bis zwei Minuten oder sobald Sie sich genügend entspannt fühlen, gebrauchen Sie die mentale Affirmation »Ich bin jetzt tief entspannt«. Dann lassen Sie Ihren Geist an seinen Ort der vollkommenen Entspannung treiben, an den Ort, den ich sein »Heiligtum« nenne. Dieses Heiligtum ist ein Ort, den Sie sich mental schaffen. Es ist ein Ort, an dem keine Vorschriften einzuhalten und keine Rechnungen zu bezahlen sind, an dem kein Streß stören kann. Es ist ein Ort, an dem Sie sich zufrieden und frei von Angst, Zweifel, Unsicherheiten und so weiter fühlen und in Frieden mit sich selbst und Ihrer Umgebung sind. Es spielt keine Rolle, ob sich dieser Ort irgendwo auf der Erde befindet oder ob Sie ihn auf der mentalen Ebene hervorbringen. Das wichtigste ist, daß es ein Ort der vollkommenen Ruhe, ein Ort der Erneuerung für Sie ist. Während Sie sich dort befinden, genießen Sie es und entspannen sich vollkommen. Bleiben Sie etwa zehn Minuten lang in Ihrem Heiligtum. Bleiben Sie dabei wachsam und rege, lassen Sie die »Zweite Aufmerksamkeit« aktiv werden und nehmen Sie Ihr Heiligtum möglichst vollständig wahr.

Nach zehn Minuten kehren Sie mental wieder in den Raum zurück, in dem Sie meditieren, atmen tief durch und gleiten tiefer. Dann richten Sie Ihre Aufmerksamkeit auf die Gedanken, die Ihren Geist erfüllen, und jedesmal, wenn ein Gedanke in Ihrem Kopf auftaucht, sagen Sie »Piep«. Bleiben Sie entspannt, während Sie »Piep« sagen. Sagen Sie es ohne besondere Betonung und ohne Nachdruck. Denken Sie daran, daß Sie die Gedanken gar nicht aus dem Kopf hinaustreiben wollen. Sie lösen sich einfach davon und hindern Ihren Geist daran, bewußt irgendeinem Gedankengang zu folgen. Das verwirrt Ihren bewußten Geist und verschafft dem unbewußten Geist den nötigen Raum, hervorzukommen und das Ego mit seiner Wahrnehmung zu erfüllen. Wenn dem Unbewußten Raum gegeben wird und es im gleichen Ausmaß wie das Bewußtsein die ihm zustehende Aufmerksamkeit findet, erfährt der Mensch die Welt durch die »Zweite Wahrnehmung« und erkennt direkt das »Ich bin«. Nach einiger Zeit gelingt es, das Gleichgewicht zu halten zwischen dem ersten und zweiten Bewußtsein, zwischen dem

Bewußten und dem Unbewußten, und man beginnt bei jeder alltäglichen Aktivität, Energiefelder zu spüren. Dabei kann es sich um alles mögliche handeln, um Atmosphäre oder Stimmungen ebenso wie um persönliche Energiefelder oder Ausstrahlungen des universellen Kraftfeldes.

Setzen Sie die Übung zwanzig Minuten lang fort und vertreiben Sie mit einem »Piep« die Gedanken aus Ihrem Bewußtsein. Anfangs wird sich das Bewußtsein gegen die Bedrohung seiner Stellung wehren und mit einem Sperrfeuer von Gedanken, manchmal furchtbar negativen Gedanken, dagegen ankämpfen. Lassen Sie sich davon nicht abschrecken und haben Sie keine Angst. Das ist ganz normal und ein Zeichen der Schwäche des Bewußtseins. Denken Sie daran, daß Angst die einzige echte Waffe ist, die dem Bewußtsein zur Verfügung steht. Je mehr Gedanken es Ihnen entgegenschleudert, um so häufiger sagen Sie »Piep«. Bereits nach kurzer Zeit, vielleicht sogar schon in der ersten Meditation, wird das Bewußtsein müde werden und sich in sein Schicksal ergeben; das »Ich bin« taucht auf, und Sie nehmen freien, offenen Raum wahr, in dem es überhaupt keine Gedanken gibt. Nach zwanzig Minuten sagen Sie mental fünf Minuten lang die Affirmation »Ich bin, der ich bin«. Richten Sie die Aufmerksamkeit darauf, wie Sie sich körperlich, emotional und mental fühlen. Sie werden bemerken, daß Ihr Geist klar ist, Sie fühlen sich leicht und von Energie erfüllt, und Sie empfinden ein tiefes Gefühl der eigenen Ganzheit. Ich empfehle, diese Übung mindestens jeden zweiten Tag durchzuführen, bis Sie den inneren Dialog unter Kontrolle gebracht haben.

Der innere Hof

Sobald der innere Dialog unter Kontrolle ist, befindet sich der Schüler fest und sicher im inneren Hof. Das Zwerchfell trennt symbolisch den unteren Teil, den Bauch (äußeren Hof), vom oberen Teil der esoterischen Anatomie des Menschen. Der obere Teil, nämlich das kastenförmige Gehäuse, das von den

Rippen gebildet wird, entspricht dem Innenhof, den Eingeweihte und Priester, also alle, die ihr physisches Haus (ihren physischen Leib) und ihr Bewußtsein in Ordnung gebracht haben, betreten dürfen. Diese Kammer enthält das Herz, die Lunge, die Atmungsorgane und die Thymusdrüse, die durch Regulierung des Immunsystems als Wächter unserer physischen Gesundheit dient. Man sagt, daß das Zwerchfell die irdische physische Welt von den höheren Welten feinstofflicher Frequenzen trennt. Durch den Eintritt in den inneren Hof ist der Schüler einen wichtigen Schritt in seiner psychospirituellen Integration weitergekommen, da er von der grobstofflichen physischen Ebene zu den feinstofflichen Ebenen aufgestiegen ist, aus der Welt des Sichtbaren in die Welt des Unsichtbaren.

Indem der Schüler den Schritt über das Zwerchfell hinausgeht und in den Innenhof eintritt, beginnt ernsthaft der Prozeß der Wiedererfahrung und des Ganzwerdens. Wenn man das physische Haus in Ordnung bringt, setzt man die im ersten und zweiten Chakra blockierte Energie frei, und diese Energie beginnt, sich ungehindert hinaus zum Solarplexus-Zentrum zu bewegen. Sobald der Schüler über das Zwerchfell hinauskommt, kann auch die im Solarplexus- und im Herzzentrum gefangene Energie freigesetzt werden. In den Upanischaden heißt es:

»Dieser Gott, die große Seele,
der Schöpfer des Universums,
lebt in der Tiefe des menschlichen Herzens.
Durch wohlgebildetes Urteil, Erkenntnis des Geistes
und Intuition des Herzens kann man IHN erkennen.«[6]

In den Veden wird das Herz als Sitz Brahmas bezeichnet und oft als Lotosblüte beschrieben. Sobald das Herzzentrum sich frei ausdrücken kann, beginnt der Schüler, die von diesem Zentrum ausgehenden Strahlungen bewußt wahrzunehmen. Das ist der Zeitpunkt, an dem die Blüte in einem hellgrünen Licht erstrahlt. Dieses Licht kann von jedem gesehen werden, der hellsichtige Fähigkeiten besitzt. Da das Herzzentrum mit dem Ajna-Zentrum, dem dritten Auge, verbunden ist, hat der Schüler durch die Öffnung des Herzzentrums außerdem Zugang zur Energie und der Wahrnehmung des sechsten Chakras. Nach der Yogi-Überlieferung ist das Ajna-Zentrum der Sitz unseres höheren bewußten Selbst.

Sobald der Schüler in den Innenhof eingetreten ist, beginnt seine Arbeit auf den höheren Ebenen. Durch seinen Astralleib (den emotionalen Körper) lernt er, Energie direkt vom Herzzentrum auf das Ajna-Zentrum zu übertragen, und er lernt außerdem, höhere Prana-Schwingungen für Heilungszwecke direkt durch das Herz zu leiten. Der Schüler beginnt jetzt wahrzunehmen, was der Apostel Paulus die »Gaben des Geistes« nannte: Weisheit, Erkenntnis, Glaubenskraft, die Gabe, Krankheiten zu heilen, Wunder zu tun und die Fähigkeit der prophetischen Rede. Diese Gaben werden dem Eingeweihten zugänglich, wenn er in den inneren Hof eingetreten ist, denn er hat nun über das Herz Zugang zum Ajna-Zentrum.

Das Allerheiligste

Das Allerheiligste hat seine Entsprechung im Kopf, wo sich die vier Organe befinden, die von besonderer Bedeutung für die psycho-spirituelle Integration sind: das Gehirn, die Hypophyse (Hirnanhang), die Epiphyse (Zirbeldrüse) und die Zunge. Das Gehirn, das größte und wichtigste Organ im Kopf, beherrscht den Körper in gleicher Weise wie das »All-Seiende« das Universum beherrscht.

Am Boden des Zwischenhirns befindet sich die Hypophyse. Sowohl Wissenschaftler als auch Metaphysiker hielten sich lange für das Zentrum der spirituellen Wahrnehmung. Sie ist Teil des endokrinen Drüsensystems und kann als das endokrine Kontrollzentrum angesehen werden, da sie zu einem gewissen Grad einen Einfluß auf alle übrigen Drüsen mit innerer Sekretion ausübt. Die Forschung hat in den letzten Jahren wichtige Funktionen entdeckt, die einen Zusammenhang mit ihrer Bedeutung für die psycho-spirituelle Integration haben. Im Jahre 1976 kamen Psychologen nach jahrelangen wissenschaftlichen Untersuchungen zu dem Schluß, daß es innerhalb der Hypophyse (Hirnanhangdrüse) bestimmte Aminosäuren gibt, die nach entsprechender Umwandlung zur Ausschüttung von Endorphinen führen. Endorphine sind natürliche schmerzstillende Opiate, die ständig im menschlichen Organismus vorhanden sind und bei Streß oder physischem Schock aktiviert werden. Es wurde außerdem eine Verbindung hergestellt zwischen der Menge der freigesetzten Endorphine und der Fähigkeit, Lust zu empfinden und die unbedingte Freude wahrzunehmen. Eine Gruppe von Medizinern stellte die Hypothese auf, daß Lachen die Freisetzung von Endorphinen auslöst. Andere Forschungsergebnisse deuten darauf hin, daß Musik, länger andauernde intensive körperliche Betätigung wie etwa Jogging und die Übungen der Zen- oder Yoga-Meditation ebenfalls die Produktion von Endorphinen anzuregen vermögen.

Unmittelbar hinter der Hirnanhangdrüse (Hypophyse) liegt die Epiphyse oder Zirbeldrüse. Ebenso wie bei der Hypophyse handelt es sich auch hierbei um eine Drüse mit innerer Sekretion, die Teil des endokrinen Drüsensystems ist. Sie ist zapfenförmig und hat die Größe einer Erbse. Bis vor wenigen Jahren wußte man nicht viel über ihre medizinische Bedeutung. Es gab einige Hinweise, daß ihre Funktion in einem gewissen Zusammenhang mit dem Größenwachstum steht. Einige Fachleute behaupteten, daß die Drüse einen Einfluß auf die Sexualität, auf die Entwicklung des Gehirns und des Intellekts habe.

Die neueste Forschung bringt die Epiphyse jedoch in Verbindung mit veränderten Bewußtseinszuständen und mit der Erfahrung der transzendentalen Einheit. Melatonin, ein chemischer Stoff, der im Gehirn vorkommt und von der Zirbeldrüse erzeugt wird, führt auf natürliche Weise einen Zustand herbei, den man früher für einen mystischen Bewußtseinszustand hielt. Melatonin ist dem Harmalin verwandt, einer psychedelischen Droge, die aus bestimmten Kletterpflanzen (Banisteriopsis) des Amazonas-Gebietes hergestellt wird und entfernt mit dem LSD verwandt ist. Harmalin wird seit langer Zeit von den Indianern dieser Gegend gebraucht, um veränderte Bewußtseinszustände und Psi-Erlebnisse herbeizuführen. Es ist nicht verwunderlich, daß in vielen Stammesüberlieferungen die Epiphyse als Sitz der Psi-Kräfte angesehen wurde und viele der alten Philosophen und Wissenschaftler dieses Organ für den Sitz der Seele hielten. Alice Bailey, deren Gedanken auf intuitiver Einsicht beruhen, machte um die Jahrhundertwende darauf aufmerksam, daß die Epiphyse eine für die Kindheit charakteristische Drüse ist und später verkümmert. Sie stellte die Frage, ob darin nicht vielleicht eine echte Verbindung, ein Anzeichen verborgener Wahrheit zu erkennen sein könnte. Kinder sind leicht bereit, an Gott zu glauben und ihn anzuerkennen. Christus sagt darüber: »Das Reich Gottes ist in euch«, und: »Wenn ihr nicht werdet wie die Kinder, werdet ihr nicht ins Reich Gottes kommen.«[7]

Die Zunge ist ein wichtiges Organ in der psycho-spirituellen Integration, weil sie wie eine Schaltung wirkt, die die beiden Strömungen der Chi-Energie* miteinander verbindet, die durch den Körper fließen und sich an der Basis der Wirbelsäule treffen. Der Yang-Strom, die männliche, aggressive Energie, fließt die Wirbelsäule hoch durch den »Gouverneur«, der oben im Mund endet. Als »Gouverneur« bezeichnet man den Hauptkanal für die Yang-Energie. Der Hauptkanal der Yin-Energie, der weiblichen, rezeptiven Energie, beginnt an der Zunge und läuft vorn am Körper nach unten, über die Geschlechtsorgane bis zur Basis der Wirbelsäule. Wenn die Zunge den Gaumen berührt, werden die beiden Kanäle miteinander verbunden, und es entsteht ein geschlos-

* Chi, auch als Ki bezeichnet, ist ein chinesischer Begriff, der sich auf die Energie bezieht, die durch die Meridiane und Chakras fließt. Dieses Wort wird oft im Wechsel mit der Bezeichnung Prana gebraucht.

sener Energiekreislauf durch die Kanäle. Damit wird ein harmonisches Gleichgewicht zwischen Yin- und Yang-Energie geschaffen.

Der Kopf gilt als Entsprechung des Allerheiligsten. Wenn sich der Schüler über den Hals hinaus bis in den Kopfbereich begibt, aktiviert er jene Wahrnehmungszentren, die der Erfahrung der unbedingten Freude und der Ganzheit entsprechen. Durch Harmonisierung der Yin- und Yang-Energie erzeugt der Mensch das Gleichgewicht seines Energiesystems. Sobald die Blockierungen beseitigt sind, die den Energiefluß daran hinderten, über Hals und Kehle hinaus in den Kopf zu strömen, kann die Energie zu den höchsten Energiezentren fließen und durch sie hindurch weiter bis ins sechste und siebte Chakra, deren physische Verkörperung die Epiphyse beziehungsweise die Hypophyse sind. Wenn die Energie ungehindert von der Basis der Wirbelsäule bis zum Scheitel fließen kann, steht der Vereinigung mit dem universellen Kraftfeld nichts mehr im Wege. Alle Hindernisse sind beseitigt, und der Schüler tritt ein in das Allerheiligste, in dem das »Ich bin« mit dem »All-Seienden«, dem universellen Energiefeld und Bewußtsein, verschmilzt.

Die Wirbelsäule ist die Verbindung zwischen den drei Bereichen des menschlichen Körpers. Sie ist aus esoterischer Sicht außerordentlich wichtig. In der taoistischen Überlieferung ist sie die Bahn, die der »Gouverneur« nimmt. An der Basis der Wirbelsäule, an der Stelle, von der aus nach Tao-Auffassung die beiden Strömungen der Chi-Energie in den Körper des Menschen fließen, soll die Kundalini-Shakti, die Energie der zusammengerollten Schlange, ihren Sitz haben, so heißt es in den Tantras. Danach soll diese »zusammengerollte weibliche Energie« der kraftvollste Strom psychischer Energie im Körper sein. Wenn die Schlangenkraft sich entrollt, setzt sie starke Ströme frei, die die Chakras aktivieren, die ebenfalls entlang der Wirbelsäule angeordnet sind. Die alten Ägypter glaubten, daß die Wirbelsäule die oberen und unteren Himmelskräfte miteinander verbindet. Dieses Bild beschreibt treffend die belebende Eigenschaft der Kundalini, die unser Bewußtsein regeneriert, wenn sie sich entrollt und an der Wirbelsäule entlang nach oben bewegt.

Der physische Körper ist reich an esoterischer Symbolik. Die Symbole sind dafür gedacht, den Schüler zu einem tieferen Gefühl der Anerkennung und der Dankbarkeit seinem physischen Leib gegenüber zu bringen. Bei der psycho-spirituellen Integration betrachten wir den physischen Leib als den äußeren Ausdruck der feinstofflichen Körper.

Die Symbole ziehen Parallelen zwischen dem physischen Leib und den feinstofflichen Körpern und weisen auf die Bedeutung einer harmonischen Wechselbeziehung zwischen beiden hin. Die Beziehung des Menschen zur physischen Welt hängt tatsächlich von seiner Beziehung zum eigenen physischen Körper ab. Die Beziehung des Menschen zu seinem physischen Körper muß ehrlich sein, er muß ihn pfleglich behandeln, und die Wechselwirkung zwischen den physischen und den feinstofflichen Körpern darf nicht eingeschränkt oder blockiert sein. Wenn die Energie frei zwischen allen Körpern ausstrahlen kann und wenn sich der Mensch »in seinem Körper« befindet, wenn er sich seines Körpers voll bewußt ist, dann ist er auf dem besten Weg, sein Gleichgewicht, seine Ganzheit und die unbedingte Freude zu erreichen.

11. Kapitel

Die unsichtbare Welt

> Das Wesentliche ist für die Augen unsichtbar.
>
> Antoine de Saint-Exupéry

Wenn wir aus der sichtbaren in die unsichtbare Welt kommen, stoßen wir auf viele verschiedene, oft einander widersprechende Vorstellungen von der feinstofflichen Anatomie des Menschen. Ich habe meine eigene Version von der feinstofflichen Anatomie entwickelt, indem ich einmal meine eigenen feinstofflichen Körper und mein feinstoffliches Energiesystem beobachtete, zum anderen aber auch bei meinen Schülern entsprechende Untersuchungen anstellte und dabei Techniken anwandte, die ich im Laufe der Jahre bei dem Versuch, diese zu beeinflussen, gefunden hatte. Soweit mir das gelungen ist, war es eine Bestätigung für die Richtigkeit meiner Auffassung. Ich habe auch mein Bestes getan, um mein eigenes Modell mit den wichtigsten psychologischen und esoterischen Systemen in Einklang zu bringen.

Ich habe größere Bereiche der Übereinstimmung vor allem im Tantra, im Yoga, im esoterischen Taoismus und in der Lehre C. G. Jungs gefunden. Alle diese Systeme stimmen in bezug auf die Beschaffenheit der feinstofflichen Anatomie des Menschen weitgehend miteinander überein. Sie betrachten die einzelnen feinstofflichen Körper ebenso wie den physischen Leib als Teilfelder der Energiekonzentration, die als Selbst bezeichnet wird. Sie besitzen jeweils ihre eigene Energiefrequenz.

Das universelle Kraftfeld wird in vier Ebenen oder Dimensionen eingeteilt, jede durchdringt die anderen und jede schwingt innerhalb eines eigenen Frequenzbereichs. Die unterste Ebene ist der Bereich des Physischen, und auf dieser Ebene befindet sich der physische Körper. Der Berührungspunkt zwischen dem physischen Leib und den feinstofflichen Körpern, die einander durchdringen, ist das ätherische Doppel. Es ist das Vehikel des Bewußtseins für den physischen Leib.

Das ätherische Doppel

Das ätherische Doppel ist strenggenommen kein eigener Körper. Jedes stoffliche Materieteilchen, ob fest, flüssig oder gasförmig, schwimmt in einem Meer ätherischer Materie.*

Der physische Leib des Menschen ist von ätherischer Materie durchdrungen, die sich normalerweise etwa drei bis vier Zentimeter über den menschlichen Körper hinaus fortsetzt. Das ätherische Doppel hat zwei Hauptfunktionen im Leben des Menschen. Beide Funktionen haben mit der Umwandlung und Verteilung von Prana zu tun. In seiner ersten Funktion ist es das Vehikel, das Energie der physischen Ebene absorbiert und auf den physischen Leib überträgt. In seiner zweiten Funktion dient es als Brücke zwischen dem Astralkörper und dem phyischen Leib. Indem es als Vermittler dient, gibt es nicht nur Energie weiter, sondern überträgt auch die durch die körperlichen Sinne und das Bewußtsein empfangene Information auf höhere Körper. Es überträgt aber ebenso Information, die aus der entgegengesetzten Richtung kommt, die also vom astralen und mentalen Körper auf den physischen Leib und den rationalen Geist zu übertragen ist. Man kann es sich als eine Brücke zwischen dem Bewußten und dem Unbewußten vorstellen. Anders als die anderen Körper, die eigenständige Vehikel für das Bewußtsein sind, ist das ätherische Doppel aufgrund der engen Bindung des Ätherkörpers an den physischen Körper nicht imstande,

* Ätherische Materie ist von feinerer Beschaffenheit als physische Materie. Sie wird aber im allgemeinen als Materie und nicht als Energie eingestuft, weil sie im Gegensatz zur Energie Form annimmt und nicht selbst ausstrahlt. Das gleiche gilt auch für astrale und mentale Materie.

unabhängig von diesem tätig zu sein. Es ist in erster Linie ein Vehikel für Energie, und durch diese Rolle gewinnt es seine Bedeutung für uns. Nur über das ätherische Doppel haben wir Zugang zu den Organen des feinstofflichen Energiesystems, und indem wir uns des ätherischen Doppels bewußt werden, können wir leichter den Energiestrom beeinflussen, der durch dieses System läuft.

Zu den Organen des feinstofflichen Energiesystems gehören die Chakras, die Auren und die Kanäle, die sie miteinander verbinden. Diese Kanäle bezeichnet man als Nadis oder Meridiane. Erst durch das ätherische Doppel und das feinstoffliche Energiesystem nimmt das menschliche Wesen Empfindungen wahr. Physische Empfindungen werden durch Prana vom Nervensystem auf das ätherische Doppel übertragen. Das Prana, das an den Nerven des Körpers entlangfließt, ruft die Empfindungen hervor. Wenn es zu Emotionen kommt, dann haben wir es stets mit Prana ganz bestimmter Frequenzen zu tun. Emotionen entstehen nicht im physischen Leib, obgleich sie dort chemische Reaktionen erzeugen. Sie haben ihren Ursprung im Astralkörper (dem Körper der Emotionen) und werden über die Chakras durch das ätherische Doppel auf den physischen Körper übertragen. Jedes Chakra* überträgt Prana in einem ganz spezifischen Frequenzbereich. In gleicher Weise wie unser Gehirn spezielle Lichtfrequenzen als unterschiedliche Farben deutet, werden bestimmte Prana-Schwingungen als unterschiedliche Emotionen oder Gefühle interpretiert. Jedes Chakra ist mit bestimmten Aspekten der menschlichen Wahrnehmung verbunden. Die Chakras wirken auch als Sensoren. Sie registrieren Frequenzen, auf die sie in ihrer äußeren Umgebung stoßen. Die Emotionen anderer Menschen spüren wir durch die an der Oberfläche des ätherischen Doppels sich

* Es gibt sieben Chakras, deren Öffnungen an der Oberfläche des ätherischen Doppels liegen. Eine ihrer Funktionen besteht darin, daß sie als Pforte dienen, die das Prana auf seinem Weg zwischen dem Astralkörper und dem physischen Körper passieren muß.

öffnenden Chakras und durch die ätherische Aura, von der es umgeben ist.

Der Astralkörper

Der Astralkörper besteht aus Materie der astralen Ebene. Astrale Materie besitzt eine höhere Schwingungsfrequenz als physische und ätherische Materie. Der Astralkörper stellt durch seine Verbindung mit dem ätherischen Doppel den Kontakt zwischen dem mentalen und dem physischen Körper her.

Wenn die Funktionen des Astralkörpers voll integriert sind und das Bewußtsein erreicht haben, kann der Mensch Energiefelder spüren und auf dem Weg der »Zweiten Aufmerksamkeit« aktiv werden. Ebenso wie sich ätherische Materie und physische Materie und das ätherische Doppel und der physische Körper gegenseitig durchdringen, so durchdringen sich auch astrale und ätherische Materie und Astralleib und ätherisches Doppel. Eine wichtige Funktion des Astralkörpers besteht darin, den physischen Körper durch das ätherische Doppel mit der Energie zu versorgen, die er braucht, um empfindungsfähig zu bleiben und seine Verbindung mit dem universellen Kraftfeld aufrechtzuerhalten. Durch den Astralkörper werden die über die physischen Sinne aufgenommenen Empfindungen auf den mentalen Körper übertragen. Jeder Mensch besitzt einen Astralleib, obwohl nur wenige ihn wahrnehmen. Im Zustand tiefer Entspannung oder bei der Meditation jedoch haben viele Menschen ein Gefühl, als ob sie sich nach oben oder unten oder hin- und her bewegten. Das wird durch den Astralleib verursacht, der vorübergehend von den strengen Beschränkungen des physischen Körpers befreit ist.

Der Astralkörper liegt, im Gegensatz zum ätherischen Doppel, völlig innerhalb des unbewußten Bereichs. Es ist ein wesentlicher Teil der Arbeit an der psycho-spirituellen Integration, sich des astralen Körpers bewußt zu werden, ihn mit den sichtbaren Teilen des Selbst (dem physischen Körper und dem ätherischen Doppel) zu einem Ganzen zu verbinden und seine Funktionen unter Kontrolle zu bringen. Sobald der Astralkörper vollkommen integriert ist und seine Funktionen ins Bewußtsein treten, bemerkt der Betreffende, daß ihm viele Kräfte zur Verfügung stehen, die andere Menschen nicht zu besitzen scheinen, und die ihm die Fähigkeit verleihen, die Welt auf eine Weise zu beeinflussen und zu erfahren, die anderen beinahe als Wunder erscheint.

Je höher entwickelt der Mensch besonders im Bereich der Emotionen, Gefühle und Neigungen ist, um so höher entwickelt wird auch sein Astralkörper sein. In den Augen eines Hellsichtigen zeigt der höher entwickelte Astralkörper deutlich ausgeprägte Konturen (in der gleichen Form wie der physische Körper), seine Struktur ist durchweg glatt, und die Farben sind hell und klar. Je weniger entwickelt und vervollkommnet der Mensch ist, um so lockerer aufgebaut und weniger ausgeprägt ist sein Astralkörper. Dem Hellsichtigen erscheint ein weniger hoch entwickelter Astralleib als eine wolkenartige Anhäufung astraler Materie, die sich chaotisch nach verschiedenen Richtungen bewegt. Sie sieht dunkel und grobkörnig aus und macht den Umriß des physischen Körpers unkenntlich.

Je intensiver der Mensch fühlt und je mehr er höhere Gefühle wie Liebe, Einfühlungsvermögen und Mitgefühl zum Ausdruck bringt, um so höher wird die Schwingung des Astralkörpers und um so strahlender werden seine Farben. Der Astralkörper ist der Körper der Emotionen, und die Bedeutung der emotionalen Energie bei der Arbeit an der psycho-spirituellen Integration sollte nicht unterschätzt werden. Es ist daher für jeden Schüler wichtig, die Funktionen des astralen Körpers unter die Kontrolle des Bewußtseins zu bringen.

Gegenseitige Anziehung

Die emotionale Wechselwirkung, der die Menschen durch das Medium der astralen Energie in Form von Strahlen und Feldern ausgesetzt sind, unterliegt dem Prinzip der gegenseitigen Anziehungskraft. Dieses Prinzip besagt, daß Gleiches wieder Gleiches anzieht und eine bestimmte Emotion oder Energiefrequenz, die vom Astralkörper eines Menschen ausstrahlt, die gleiche Energiefrequenz anzieht, ob er will oder nicht. Dieses Gesetz des Magnetismus oder der gegenseitigen Anziehung gilt sowohl in der physischen Welt des Bewußten als auch in den feinstofflichen Welten höherer Schwingungsfrequenzen. Daraus folgt, daß der Mensch zwar bewußt eine bestimmte Botschaft aussenden kann, etwa: »Ich möchte erfolgreich sein«, daß diese Botschaft aber möglicherweise wieder aufgehoben wird, weil er sich auf der Astralebene immer wieder selbst sabotiert und eine im Widerspruch dazu stehende Botschaft aussendet, indem er gegensätzliche Energiefrequenzen ausstrahlt. Die unbewußten Reservoire an Angst, Wut und Schmerz sind im Astralkörper und in der ihn umgebenden ätherischen Aura gespeichert. Sie senden ihre Schwingungen aus und fließen von hier in die Umgebung ein. Dieser unbewußte und weitgehend unkontrollierte Energiefluß bringt vergleichbare Energie zu dem Betreffenden zurück: Seine Angst zieht Angst an, sein Schmerz zieht Schmerz an, seine Wut zieht Wut an. Obwohl ein Mensch bewußt nach Erfolg, Freude oder Liebe strebt, können ihn auf unbewußter Ebene Wut, Schmerz, Eifersucht oder Angst vor Erfolg davon abhalten, sein bewußtes Ziel zu erreichen.

Ob andere Energiefrequenzen, auf die wir in der Welt treffen, mit unserer eigenen Energie übereinstimmen oder einen Mißklang ergeben, wichtig ist immer, daß wir aufpassen, welche Art von Schwingungen in unser persönliches Energiefeld einfließt, denn Harmonie und Disharmonie in unserem Leben hängt weitgehend davon ab, ob wir in der Atmosphäre eines harmonischen oder eines unharmonischen menschlichen Energiefeldes leben.

Wenn bei den Menschen, mit denen wir uns umgeben, aufgestaute Gefühle wie unterdrückter Schmerz, Wut oder Angst im Astralkörper gespeichert sind, dann können auch wir durch solche Felder ungünstig beeinflußt werden, denn die Betreffenden setzen durch ihren Astralkörper Energie frei, und diese Energie wird wiederum von unserem eigenen Astralkörper aufgenommen. Wir können uns noch so sehr bewußt gegen solche unbewußten Ausstrahlungen wehren, es wird nie gelingen, sie vollständig abzublocken. Wenn der Mensch seine unterdrückten Gefühle nicht bewußt freisetzt, dann bleiben sie stets in den Depots seines Astralkörpers gespeichert. Trotz bester Absichten werden diese Gefühle auch die Menschen um ihn herum erfassen, und falls diese nicht imstande sind, die auf sie übertragenen Gefühle zu verarbeiten, werden sie eine Abneigung gegen den entwickeln, von dem sie ausgehen.

Zu den größten Problemen beim Verständnis der Energiefelder gehört die Frage, ob Energie in Form von Gedanken und Emotionen spontan aus unseren eigenen Energiefeldern heraus entsteht oder ob sie aus einem anderen Feld stammt und durch bewußte oder unbewußte Projektion in unser Energiefeld einfließt. Nachstehend finden Sie einige Anhaltspunkte, die Ihnen helfen können zu beurteilen, welche Gefühle und Gedanken (Prana-Frequenzen) von Ihrem persönlichen Energiefeld hervorgebracht werden und welche von außen in Ihr Feld eindringen.

1. Der Gedanke geht dem Gefühl voraus. Wenn Sie etwas zu fühlen beginnen, das in keinem Zusammenhang steht mit dem, woran Sie gerade denken, dann ist es wahrscheinlich nicht Ihr eigenes Gefühl, sondern es handelt sich um ein Gefühl, das aus einem Energiefeld außerhalb Ihrer selbst stammt.
2. Gedanken und Gefühle ohne jeden Zusammenhang mit dem, was Sie im Augenblick tun, sind im allgemeinen nicht Ihre eigenen.
3. Starke Gefühle, die Sie von außen bedrängen, sind nicht

die eigenen. Sie werden von einem anderen Feld von außerhalb auf Sie projiziert.

4. Gefühle und Gedanken, die auch dann noch auf Sie einhämmern, wenn Sie versuchen, sich davon freizumachen, sind nicht die eigenen. Sie kommen von außen in Ihr Energiefeld.
5. Plötzlich einsetzende dramatische emotionale Veränderungen werden durch das Eindringen unharmonischer Energiefelder verursacht.
6. Veränderungen, Beschuldigungen, Bettelei und der unaufhörliche Vorwurf »Du bist im Unrecht« haben ihren Ursprung nicht in Ihrem eigenen Energiefeld.
7. Plötzlich auftretende Schwäche und Erschöpfung sowie Verwirrung und Angst rühren von unharmonischen Energiefeldern her.
8. Körperliche Empfindungen wie Hitze, Druck und Spannung, Zittern und so weiter ohne jeden Zusammenhang mit der augenblicklichen Beschäftigung werden durch die Einwirkung anderer Felder von außen erzeugt.

Der Mentalkörper

Astralkörper und Mentalkörper durchdringen einander gegenseitig. Über die mentale Ebene sendet und empfängt der Mentalkörper Informationen, und von hier erhält er auch seine Nahrung. Die Materie der Mentalebene ist feiner als die auf der Astralebene vorhandene Materie. Der Mentalkörper wird durch Umwandlung spiritueller Materie gebildet. (Die Umwandlung erfolgt durch Herabsetzung der Schwingungsfrequenz spiritueller Materie.) Der Mentalkörper verbindet den Astralleib mit dem Kausalkörper (spirituellen Körper), dem Körper mit der höchsten Schwingung.

Der Mentalkörper steht in Beziehung zu dem, was in Sanskrit als Rupa oder Gedankenform bezeichnet wird. Wir haben es hier sowohl mit konkreten Gedanken als auch mit Intuition und den verschiedenen paranormalen Fähigkeiten wie etwa

Hellsehen und Hellhören zu tun. Die Aufgabe des mentalen Körpers besteht darin, abstrakte Gedanken, die ihren Ursprung im spirituellen Körper haben, zu verarbeiten und den Bezug zu konkreten Situationen herzustellen.

Der Prozeß ist vergleichbar mit der Entstehung und der Auflösung von Blasen, die in der Tiefe des Wassers entstehen. Die Wassermasse stellt das Unbewußte dar, die fast ganz verborgene Natur des »Ich bin«. Die unsichtbaren Inhalte der Blasen stammen aus einer noch tieferen, unbekannten Quelle innerhalb des universellen Kraftfeldes. Solange die Blasen unter Wasser bleiben, befinden sie sich im Bereich des Unbewußten und sind weitgehend unerreichbar. Steigen die Blasen aber an die Oberfläche, so überschreiten sie eine unsichtbare Schwelle zwischen dem Bewußten und dem Unbewußten. Im kritischen Moment zerplatzen sie. Wenn gerade in diesem Augenblick der Mensch wirklich bewußt ist und das intuitive Denken mit dem rationalen Denken zu einem Ganzen vereinigt und einen Ausgleich zwischen den beiden Denkformen geschaffen hat, wird ihm die Information zugänglich. Anstatt verlorenzugehen wird sie vom Bewußtsein aufgenommen und sofort auf konkrete Situationen angewandt. Wenn die bewußte mentale Aktivität nicht in die unbewußte mentale Aktivität integriert wird, dann ist diese Umwandlung abstrakten Denkens in konkretes Denken unmöglich, weil eine Kluft zwischen dem unbewußt-intuitiven und dem rational-bewußten Geist besteht.

Die richtige Funktion des Mentalkörpers kann verzerrt werden, wenn sie aufgrund der engen Beziehung zum Astralleib von Sentimentalität beeinflußt wird, die hier ihren Ursprung hat (Sentimentalität wird durch ein Übermaß an astraler Energie verursacht). Wenn das geschieht, wird der mentale Körper von Gedanken beherrscht, die im Zusammenhang mit dem körperlichen Wohlbefinden und der Bequemlichkeit stehen. Die Folge ist, daß die normale Funktion des Mentalkörpers gestört wird. Kommt es dazu, so wird der Mentalkörper auf weltlich-irdische Dinge aufgebaut. Seine Hauptfunktion wird die rationale Problemlösung, die auf dem Überlebensprinzip beruht, und als deren höchstes Gut gilt alles, was das physische Überleben und das persönliche Wohlbefinden sichert. Das ist jedoch eine Verzerrung des wahren Charakters des Mentalkörpers, dessen Hauptziel darin besteht, das mentale Vehikel für das »Ich bin« zu sein.

Es gibt drei Möglichkeiten, Einfluß auf den Mentalkörper auszuüben: Er kann von oben beeinflußt werden, indem abstrakte Gedanken aus dem Kausalkörper in den Mentalkörper eindringen. Dadurch wird die Materie des Mentalkörpers in Bewegung gesetzt, und dies wiederum verwandelt die Abstraktion in etwas Faßliches, nämlich in konkretes Denken. Diese Gedankenform ist ihrer Natur nach intuitiv und erscheint normalerweise als Erkenntnis oder Intuition. Gedanken dieser Art werden gewöhnlich als Bilder oder als Klang wahrgenommen. In ihrer höchsten Form bewirken solche Gedanken oft ein von den Griechen als Katharsis bezeichnetes Geschehen, die plötzliche dramatische Erkenntnis der Wahrheit einer Sache. Man betrachtet die Katharsis normalerweise als einen seltenen flüchtigen Einblick in die wahre Natur der Dinge. Ich habe jedoch entdeckt, daß Katharsis auch entwickelt und gefördert werden und sogar zu einem programmierbaren Vorgang werden kann, der zur kreativen Problemlösung einzusetzen ist.

Der zweite Weg zur Beeinflussung des Mentalkörpers führt über den physischen und den astralen Körper. Wenn wir von der physischen Ebene aus arbeiten, verläuft der Prozeß in groben Zügen folgendermaßen: Zuerst wird der physische Leib durch irgendeine Gegebenheit seiner physischen Umwelt stimuliert. Vom physischen Körper und von den Sinnen wird die Empfindung oder Information auf das ätherische Doppel übertragen, das dadurch beeinflußt wird und zu vibrieren beginnt. Die feinstoffliche Materie des ätherischen Körpers regt den Astralkörper an, der die Empfindung registriert; danach wird die Sinneswahrnehmung auf dem Weg über das Prana auf den Mentalkörper übertragen, der darauf reagiert, indem er in Schwingung gerät. Diese Vibration regt die Bildung von Gedanken an. Gedanken, die in diese Richtung gehen, können im Mentalkörper erscheinen. Wenn das geschieht, nehmen sie die Form verbalen Denkens an. Wiederholt sich dieser Prozeß kontinuierlich, so entsteht dadurch der innere Dialog. Wenn auch nur ein bescheidenes Maß an Integration zwischen dem spirituellen und dem mentalen Körper besteht, dann wird die Vibration durch den mentalen Körper laufen, den spirituellen Körper (Kausalkörper) ergreifen und darin eine leichte Bewegung erzeugen, die die Schwingung des ursprünglichen Gedankens spiegelt und steigert. Danach kehrt die Vibration in den Mentalkörper zurück, jedoch nicht mehr in Form verbalen Denkens, sondern in Form visuellen oder musikalischen Denkens.

Bei der dritten Möglichkeit zur Beeinflussung des Mentalkörpers geht es um die Gedanken, die direkt dem Denken anderer Menschen entstammen. Sobald man gelernt hat, den inneren Dialog zumindest zeitweise zum Schweigen zu bringen, wird man erkennen, daß viele der Gedanken, die anscheinend spontan in uns selbst aufsteigen, tatsächlich von anderen Menschen auf uns übertragen werden. Wenn man auf die Beschaffenheit der Gedanken achtet, lernt man zu unterscheiden, welche Gedanken die eigenen sind und welche nicht.

Wer sein Unterscheidungsvermögen entwickelt hat, kann den Ursprung und die Art der Gedanken feststellen, die in seinen Geist eindringen. Er hat es dann selbst in der Hand, die für ihn schädlichen Gedanken zurückzuweisen und nur nützliche Gedanken einzulassen. Wenn der Mentalkörper nach einiger Zeit seine volle Leistungsfähigkeit erreicht hat, wird er nur noch vorteilhafte Gedanken anziehen, die dem Menschen Energie verleihen, und er wird alle Gedanken zurückweisen, die ihn schwächen oder die ihm auf andere Weise schaden.

Die Loslösung

Viele Schwierigkeiten des Menschen haben ihren Ursprung im Mentalkörper, da dessen Funktionen im allgemeinen weitaus weniger integriert sind als die der niederen Körper. Der Durchschnittsmensch identifiziert sich normalerweise mit seinem physischen Körper, mit dessen Gefühlen und mit dem egozentrischen Bewußtsein.

Der integrierte Mensch aber hat die Fähigkeiten des Mentalkörpers vollkommen wiederhergestellt und kann eine enorme Kraft im Bereich von Konzentration und Willen einsetzen. Er hat sogar gelernt, mentale Funktionen von den Funktionen des astralen und des physischen Körpers zu unterscheiden. Dadurch gelangt er zur Loslösung, die von enormer Bedeutung für unsere Arbeit ist. Die Loslösung darf nicht mit Fragmentation (Zersplitterung) verwechselt werden, die eine Folge der Trennung oder Absonderung ist. Loslösung wird erreicht, wenn ein integrierter Mensch sich selbst als Einheit von Selbsten wahrnimmt. Solange der Mensch sich mit seinen niederen Körpern (dem astralen Körper, dem Ätherleib und dem physischen Körper) identifiziert, kann er die Loslösung nicht erreichen. Wenn er aber zur Loslösung gekommen ist, hat er eine sehr große persönliche Freiheit und Flexibilität gewonnen, weil Ängste und Begierden, Funktionen seiner niederen Körper, nur noch wenig oder gar keinen Einfluß mehr auf ihn und sein Verhalten haben und allen Entscheidungen jetzt seine Intuition und eine deutliche Wahrnehmung seines Dharmas zugrunde liegen.

Der Kausalkörper

Für den spirituellen oder unsterblichen Teil des Menschen, den Teil, der während der gesamten Evolution fortbesteht, gibt es viele Namen. Die alten Ägypter nannten ihn Za, in den Upanischaden wird er als Atman bezeichnet, im Tantra als Karana Sharira. Die Theosophen übernahmen die Idee des

Karana Sharira und nannten den göttlichen Teil des Menschen den Kausalkörper. Wenn wir uns mit dem Kausalkörper beschäftigen, gehen wir über den Bereich der Persönlichkeit hinaus und kommen zu einem göttlichen Daseinsgrund, der unzerstörbar und unbeschreiblich ist. Als man Ramakrischna einst fragte: »Wie wohnt der Herr im Körper?«, da antwortete er: »Er wohnt im Körper wie der Kolben einer Spritze, das heißt, im Körper und doch getrennt davon.«[1] Es ist wichtig, daß wir erkennen, daß der Kausalkörper im Gegensatz zu den anderen feinstofflichen Körpern Teil von uns und doch nicht Teil von uns ist. Es ist, als ob er der göttliche Lebensfaden wäre, der uns mit dem All-Seienden verbindet und mit dessen Substanz erfüllt.

Das Gesetz der gegenseitigen Durchdringung begründet die Lokalisierung des Kausalkörpers sowie die örtliche Bestimmung der Körper niederer Schwingung in ihrem Verhältnis zueinander.

Die höheren Körper passen in die niederen Körper wie die Hand in einen Handschuh. Was jedoch den Kausalkörper betrifft, so ist hier die Situation ein wenig anders. Der Kausalkörper paßt nicht nur in den Mentalkörper, sondern er wird auch direkt vom universellen Kraftfeld durchdrungen. Über den Kausalkörper nimmt der Mensch teil am Universalfeld und ist mit allem verbunden, was im Universum existiert. Auf der Kausalebene besteht überhaupt nicht die Möglichkeit, daß die Einheit zerstört werden kann. Die Fragmentation beginnt erst auf der mentalen Ebene im Mentalkörper und wird von dort nach unten übertragen. Der Kausalkörper kann unter gar keinen Umständen vom universellen Energiefeld und Bewußtsein getrennt werden. Der Kausalkörper oder spirituelle Körper ist der göttliche Funke in uns. Er ist der Körper mit der höchsten Schwingungsfrequenz. Er befindet sich innerhalb des universellen Kraftfeldes und bezieht seine Nahrung direkt aus diesem Feld. Er war nie vom universellen Kraftfeld getrennt und kann auch niemals davon getrennt werden. Aus der spirituellen Ebene strömt die hellste und stärkste spirituelle Energie in das Menschenwesen ein. Von hier aus wird die Energie umgewandelt, indem ihre Frequenz gesenkt wird, damit sie auf den niederen Ebenen durch die niederen Körper (dem Mental-, dem Astral- und dem Ätherkörper sowie dem physischen Leib) genutzt werden kann.

Es ist eine wesentliche Voraussetzung für die Arbeit an der psycho-spirituellen Integration, daß wir unsere Einheit mit dem universellen Kraftfeld und die Existenz des Kausalkörpers akzeptieren, weil Einheit der Urzustand des Universums ist. Dieser Zustand besteht noch heute und wird bis in alle Ewigkeit fortbestehen. Alles Seiende ist eine Manifestation des All-Seienden, und infolgedessen ist es Teil des All-Seienden. Wenn wir glauben, daß wir eine eigene Existenz außerhalb des All-Seienden haben oder daß wir vollkommen unabhängig vom All-Seienden existieren können, dann ist das ebenso töricht, als ob ein Finger glaubte, er könnte getrennt von der Hand existieren oder er sei außerhalb des Kontextes mit dem Körper zu definieren.

In den Upanischaden heißt es:

> »Der Herr erhält das Weltall, das aus Vergänglichem und Unvergänglichem, aus Offenbartem und Unoffenbartem besteht. Die Einzelseele ist nicht eingedenk des Herrn (Gottes), sie haftet am Genusse und wird dadurch unfrei. Kommt sie zum Herrn, so wird sie frei von allen Fesseln (dieser vergänglichen Welt).«[2]

12. Kapitel

Die Chakras

> Das Unbekannte ist der überflüssige Teil des Durchschnittsmenschen. Und überflüssig ist es, weil der Durchschnittsmensch nicht genügend freie Energie hat, um es zu erfassen.
>
> Carlos Castaneda, *Das Feuer von innen*

Das feinstoffliche Energiesystem besteht aus den Nadis, die Prana durch die feinstofflichen Körper leiten, den drei Auren, die als Energiespeicher dienen und die vier Körper umgeben, dem Hara, das drei Fingerbreit unterhalb des Nabels liegt und als der Drehpunkt gilt, von dem aus das Gleichgewicht hergestellt wird, und den sieben Chakras.

Die sieben Chakras sind Energiezentren, Eintrittspforten und Transformatoren, die entlang der Wirbelsäule und bis hinauf in den Kopf angeordnet sind. Sie stellen eine Verbindung zwischen den Nadis und den drei Auren her, die den physischen und die feinstofflichen Körper umgeben. Sie nehmen wie Antennen den gesamten Bereich der Energieschwingungen auf beziehungsweise fühlen die Schwingungen, die das persönliche Energiefeld des Menschen erreichen. Das persönliche Energiefeld dehnt sich durchschnittlich acht Meter nach allen Richtungen aus, gemessen von der Oberfläche des physischen Körpers.

Die Chakras verarbeiten und verteilen die durch die verschiedenen Nadis und Auren einströmende Energie. Außerdem verwandeln sie die Frequenzen in verschiedene für den Menschen verständliche Empfindungen, nämlich Denken, Emotion und physische Empfindung. Die Arbeitsweise der Chakren erinnert an die Funktion des Auges: Das ankommende Licht wird gebrochen, und sobald verschiedene Lichtfrequenzen das Gehirn erreichen, werden sie dort als unterschiedliche Farben gedeutet. Die Chakras absorbieren die einfließende feinstoffliche Energie und zerlegen (»brechen«) sie in einzelne Impressionen, die im Menschen Eindrücke hinterlassen. Außerdem dient jedes Chakra als Kanal für bestimmte Frequenzbereiche, die das persönliche Energiefeld des Menschen erreichen. Darüber hinaus wirken die Chakras als Transformatoren, als Organe zur Umwandlung. Man könnte das feinstoffliche Energiesystem auch mit einem elektrischen Stromkreis vergleichen. Die Energie kommt aus verschiedenen Quellen in das feinstoffliche Energiesystem und wird hier durch die Chakras hoch- oder heruntertransformiert. Indem die Frequenzen auf diese Weise verändert werden, kann die Energie beliebige Funktionen auf den jeweiligen Kausalebenen übernehmen. Die Umwandlung findet statt, wenn einer der Körper ein Energiedefizit aufweist. Wird Energie vom physischen Körper oder von einem der feinstofflichen Körper benötigt, so wird sie von einem benachbarten Körper dorthin übertragen, indem ihre Frequenz von dem zuständigen Chakra umgewandelt wird. Genau das geschieht auch beim spirituellen Heilen, wenn überschüssige Energie aus dem Astral- und Mentalkörper so verwandelt wird, daß sie vom physischen Körper zu seiner Selbstheilung genutzt werden kann.

Die Umwandlung beschränkt sich nicht auf eine Richtung. Sie kann in alle vier Richtungen erfolgen, in die Energie durch das feinstoffliche Energiesystem fließt: aufwärts, abwärts, nach innen und nach außen. Die Energie wird von den Chakras umgewandelt, während sie vom siebten Chakra aus nach unten fließt. Das siebte Chakra ist die Pforte, durch die die höchsten Energiefrequenzen aus der Kausalebene in den Menschen einströmen. Energie aus dem physischen Körper kann zum Gebrauch in höheren Körpern umgewandelt werden. Energie aus den umliegenden Energiefeldern kann verwandelt werden, während sie die Auren des Menschen passiert und in das spezielle Chakra eindringt, das auf ihre Frequenz anspricht. Schließlich kann der Mensch Energie durch seine Chakras ausstrahlen und mit dieser Strahlung Energie im Energiesystem eines anderen Menschen umwandeln, indem er sie entweder hochtransformiert oder heruntertransformiert. Hiroshi Motoyama schreibt, daß »das Chakra daher als Medium für die Übertragung und Umwandlung von Energie auf zwei benachbarten Seinsdimensionen anzusehen ist sowie als ein Zentrum, das die Energieumwandlung zwischen einem Körper und dem ihm zugeordneten geistigen Bereich erleichtert.«[1]

Nach Ansicht der meisten Experten gibt es in den feinstofflichen Körpern des Menschen sieben Chakras. Sie öffnen sich, oder, wie es auch heißt: »ihre Lotosblüte erscheint« an der Oberfläche des ätherischen Doppels. Da es sich bei den Chakras jedoch um Frequenztransformatoren handelt, sind sie ihrer Natur nach interdimensional. Jedes Chakra steht mit mindestens zwei Kausalebenen in Verbindung, und zwar mit der physisch/astralen, der astral/mentalen beziehungsweise der mental/spirituellen Sphäre. Wir müssen aber berücksichtigen, daß die Einteilung des Universums in Ebenen eine Vereinfachung darstellt, die nur unser Verständnis des multidimensionalen Universums erleichtern soll.

Zwei der sieben Energiezentren befinden sich im Kopfbereich, fünf an der Wirbelsäule. Alle diese Energiezentren müssen geöffnet und ausbalanciert sein, will der Mensch Ganzheit und unbedingte Freude wahrnehmen. Leider sind nur bei wenigen Menschen die Chakras geöffnet und im Gleichgewicht. Bei der großen Mehrheit dagegen sind die Chakras unterschiedlich stark aktiviert. Der Grad ihrer Aktivierung hängt davon ab, wie bewußt der Betreffende auf jeder Kausalebene zu einer bestimmten Zeit ist und wie stark die Blockierung infolge Streß oder Angst in jedem Chakra ist. Im Laufe des Lebens schwanken bei jedem Menschen diese Werte ganz erheblich. Der Zustand der Chakras hängt ab vom jeweiligen Integrationsgrad in einer gegebenen Situation. Um festzustellen, welche Chakras blockiert sind, sollte man einfach darauf achten, welche Bereiche des Körpers sich bei Überbelastung verkrampfen oder zu schmerzen beginnen und nicht die gesamte Energiemenge verarbeiten können, die durch das feinstoffliche Energiesystem in sie einfließt.

Bekommen Sie beispielsweise Kopfschmerzen, wenn Sie überarbeitet sind, macht sich die Blockierung im sechsten Chakra, dem dritten Auge, bemerkbar. Wenn Sie eine Beklemmung in der Kehle spüren, wenn Sie »einen Frosch im Hals« haben oder wenn im Nacken oder in den Schultern Verspannungen und Schmerzen auftreten, dann liegt bei Ihnen eine Blockierung im fünften Chakra, im Halschakra, vor. Beginnen in Streßsituationen Herz und Puls hart und heftig zu schlagen, dann besteht eine Blockierung im vierten Chakra, dem Herzzentrum. Wenn Sie den Druck im Magen spüren, wenn Sie unter Magenbeschwerden leiden, dann ist das dritte Chakra, das Solarplexuszentrum, betroffen. Blokkierungen im zweiten Chakra, das in der Gegend der Geschlechtsorgane seinen Sitz hat, können sich entweder durch einen Schmerz in den Eingeweiden, durch Verdauungsbeschwerden, Erkrankungen des Harntraktes oder durch sexuelle Störungen bemerkbar machen. Bei Frauen kann es auch zu einer Unterbrechung des Menstruationszyklus kommen. Eine Blockierung im ersten Chakra an der Basis der Wirbelsäule kann sich ebenfalls in Form von Verdauungsbeschwerden oder als Störung der Darmbewegung zeigen.

Es besteht ein Zusammenhang zwischen der Gesundheit und der Aktivität bestimmter Chakras und dem Verhalten des Menschen und der Qualität seiner Beziehungen. Wenn bei einem Menschen das sechste und siebte Chakra geöffnet ist und normal funktioniert, das Herzchakra jedoch aus irgendeinem Grund blockiert ist, wird er Schwierigkeiten haben, seine starken Gefühle auszudrücken, er wird sich auf sein mentales Leben konzentrieren, anstatt nach befriedigenden Beziehungen Ausschau zu halten. Der Mensch, dessen Solarplexus blockiert ist, kann dennoch in allen Bereichen seines Lebens ausgeglichen sein. Er ist fähig zu lieben und gesunde sexuelle Erfüllung zu finden, aber sein Sinn für Zugehörigkeit und Zufriedenheit und die Fähigkeit, sich zu binden, ist blokkiert, und er wird Schwierigkeiten haben, Beziehungen über längere Zeit aufrechtzuerhalten.

Als allgemeine Regel gilt: Je höher entwickelt der Mensch ist, um so aktiver werden die höheren Chakras sein. Man findet aber selten einen Menschen, der in seiner Entwicklung weit genug fortgeschritten ist, um vorwiegend mit dem sechsten und siebten Chakra arbeiten zu können, und dessen niedere fünf Chakras ebenfalls geöffnet und ausbalanciert sind. Daher ist es ganz ungewöhnlich, auf jemanden zu treffen, der nicht tief in sich ein Gefühl der Leere spürt. Die meisten Menschen sind weitgehend ihrer animalischen Natur verhaftet und leben vorwiegend durch ihre ersten fünf Chakras.

Nach Alice Bailey soll sich im gegenwärtigen Stadium der menschlichen Evolution vor allem das Herzchakra bemerkbar machen, während Kopf- und Herzzentrum noch schlafen.[2]

Das Muladhara-Chakra

Das erste Chakra liegt am unteren Ende der Wirbelsäule in der Gegend des Steißbeins. In Sanskrit wird es als Muladhara-Chakra bezeichnet. *Mula* bedeutet soviel wie Wurzel, *adhara* heißt Stütze. Es leuchtet in einem feurigen Rot. Das erste Chakra steht in Beziehung mit der Erde, ihm sind die Widerstandskraft und die Festigkeit zugeordnet. Es öffnet sich nach unten, in Richtung auf die Erde zu, und schon das allein weist auf seine Bedeutung für die Verbindung des Menschen mit der physischen Umwelt hin. Durch das erste Chakra strömt Energie aus der Erde in das feinstoffliche Energiesystem. Durch dieses Chakra fühlt der Mensch seine Bindung an die Erde. Wenn das erste Chakra normal funktioniert, dann erkennt der Mensch, daß sein Leben nicht vom Leben des Planeten zu trennen ist, der seinen physischen Leib hervorgebracht hat und zu dem er im Tod schließlich zurückkehren wird.

Das erste Chakra ist besonders wichtig für die psycho-spirituelle Integration, denn es ist der Sitz der Kundalini-Kraft und der taoistischen Überlieferung nach der Ausgangspunkt für die drei Hauptmeridiane. Es ist auch als das eine Ende eines Systems anzusehen, das sich an der entgegengesetzten Seite mit dem siebten Chakra öffnet. Um den richtigen Druck innerhalb des Systems aufrechtzuerhalten, muß das erste Chakra geöffnet und mit dem siebten Chakra ausbalanciert sein. Außerdem ist jedes einzelne Chakra dafür verantwortlich, daß in einem bestimmten Abschnitt des physischen Körpers die Gesundheit aufrechterhalten wird. Das erste Chakra kontrolliert einen horizontalen Abschnitt des Körpers, der von unmittelbar unter dem Gesäß bis zu einem Punkt unmittelbar über den Geschlechtsorganen reicht. Es hat die Kontrolle über die Ausscheidung und die Verdauung der Nahrung. Die Gesundheit und die richtige Arbeit des Dünn- und Dickdarms hängt von seiner störungsfreien Funktion ab. Es hat aber auch Einfluß auf das sexuelle Wohlbefinden, besonders bei Männern, da es auf die Prostatadrüse einwirkt. Manche Experten behaupten, daß es auch die Funktion der Nieren steuert.

Die Muladhara-Meditation

Jedes Chakra beherrscht einen bestimmten Frequenzbereich, dessen Schwingungen vom physischen Körper oder aus einem oder mehreren feinstofflichen Körpern in dieses Chakra ein- und wieder ausströmen. Es genügt nicht, daß wir dieses Phänomen intellektuell begreifen oder auf der unbewußten Ebene wahrnehmen. Es ist wichtig, daß wir ganz bewußt die Energie wahrnehmen und steuern, die in jedes einzelne Chakra einfließt, es durchströmt und wieder ausfließt. Ich habe eine Reihe von Meditationsübungen zusammengestellt, die dazu bestimmt sind, die bewußte Erfahrung, Regulierung und Integration der Funktionen der Chakras zu ermöglichen, und zwar im Verhältnis der Chakras untereinander als auch im Zusammenhang mit anderen Organen des feinstofflichen Energiesystems. Bei der Muladhara-Meditation sollen Sie spüren, wie die Energie durch das erste Chakra strömt. Danach kommen Sie in Berührung mit dem Bewußtseinszentrum, das Ihre erdhafte Natur darstellt, und entwickeln einen Grad des Bewußtseins, der alles andere ausschließt.

Zu Beginn der Muladhara-Meditation ist es notwendig, mit der Energie des Muladhara-Zentrums Kontakt aufzunehmen, und wenn man dann die Energieschwingung steigert, wird es leichter, die Energie im Chakra wahrzunehmen und danach auch das Bewußtsein, das eine Manifestation des von diesem Chakra erzeugten Teilfeldes ist. Nehmen Sie zuerst eine bequeme Position ein, wobei der Rücken möglichst gerade gehalten wird, schließen Sie die Augen und beginnen Sie mit der Yogi-Atmung. Atmen Sie tief durch die Nase, ohne daß zwischen Ein- und Ausatmung eine Unterbrechung entsteht, und fühlen Sie, wie Sie sich entspannen. Lassen Sie sich genügend Zeit und warten sie, bis Sie sich Ihres Körpers bewußt werden. Das fällt besonders leicht, wenn Sie Ihre Aufmerksamkeit etwa fünf Minuten lang auf Ihre Atmung richten und darauf achten, wie sie mit jedem Atemzug tiefer und rhythmischer wird. Nach ungefähr fünf Minuten wenden Sie Ihre Aufmerksamkeit dem ersten Chakra an der Basis der Wirbelsäule zu. Es spielt keine Rolle, wenn Sie nicht genau wissen, wo es sich befindet. Richten Sie Ihre Aufmerksamkeit auf die Stelle, an der Sie seinen Sitz vermuten. Dann beginnen Sie von diesem Chakra aus ein- und auszuatmen. Sie sollen dabei spüren, daß der Atem bei jedem Einatmen nicht am Grunde der Lunge anhält, sondern daß er in einem beständigen Strom bis hinunter zur Basis der Wirbelsäule fließt. Atmen Sie ohne Trennung zwischen Ein- und Ausatmen ganz natürlich durch die Nase. Bei jedem Ausatmen haben Sie das Gefühl, als ob die Energie an der Basis der Wirbelsäule stärker wird. Sie spüren diese Energie als Hitze und Intensität immer stärker werden; visualisieren Sie die Energie an dieser Stelle als eine Kugel feuriger, roter Energie. Fühlen und visualisieren Sie zwei bis drei Minuten lang die immer heller strahlende Energie. Danach lassen Sie Ihr Bewußtsein, das bei den meisten Menschen irgendwo in der Gegend zwischen Schultern und Hals konzentriert ist, abwärts fließen, bis es die Basis der Wirbelsäule erreicht und sich mit der Kugel aus Energie vereinigt. Ich möchte, daß Sie selbst zu dieser Energiekugel werden und spüren, wie Sie nach unten in die Erde hineingezogen werden. Während das geschieht, achten Sie darauf, wie Sie sich physisch, emotional und mental fühlen. Bei manchen wird es tiefreichende Veränderungen auf allen Ebenen geben. Manche werden bildhafte Vorstellungen erleben, die im Zusammenhang mit der Erde stehen, Bilder, die sich mit dem Kreislauf des Lebens, mit Tod und Wiedergeburt beschäftigen. Einige Schüler berichteten von einer Empfindung der Kontinuität und der engen Verbindung mit anderen Lebensformen, aber auch vom Gefühl der Sicherheit, der Partnerschaft oder Zugehörigkeit zur Natur und Mutter Erde.

Wenn Sie diese Übung wiederholt durchführen, werden Sie etwas über die verschiedenen Aspekte Ihrer erdhaften Natur und über Ihre Verbindung und die Wechselbeziehung mit der Erde erfahren. Ich empfehle, daß Sie sich mindestens zehn Minuten Zeit für diesen Teil der Meditation nehmen. Nach zehn Minuten oder sobald Sie das Gefühl haben, daß es genügt, atmen Sie tief durch die Nase ein, und beim Ausatmen sagen Sie mental: »Jedesmal, wenn ich diese Bewußtseinsebene erreiche, lerne ich, meinen Geist kreativer zu gebrauchen.« Dann gehen Sie wieder zur normalen Atmung über und lösen sich von der Energiekugel an der Basis der Wirbelsäule und von den mit dem ersten Chakra verbundenen bildhaften Vorstellungen. Dann kehren Sie mental in den Raum zurück und entspannen sich. Nach einigen Augenblikken beginnen Sie, mental von eins bis fünf zu zählen, und bei der Zahl Fünf öffnen Sie die Augen. Sie fühlen sich hellwach, vollkommen entspannt und besser als zuvor.

Das Svadhisthana-Chakra

Das zweite Chakra wird auch als Svadhisthana bezeichnet. *Sva* bedeutet »das, was sein Selbst ist, was sich selbst gehört«, und *adhisthana* heißt soviel wie »Standort«. Diese Definition ist für unsere Arbeit insofern von Bedeutung, als wir daran erkennen, daß der Mensch vor allem durch dieses zweite Chakra die tiefen Gefühle wahrnimmt, die mit seiner physischen Manifestation verbunden sind. Dieses Chakra befindet sich unmittelbar über den Genitalien. Es steuert die sexuelle Energie, bei der es sich um weitaus mehr handelt als um bloße körperliche Sexualität oder Erotik. Es ist der Sitz der Kreativität, durch die der Mensch kindliches Staunen und Begeisterung über das manifeste Universum spürt. Von diesem Chakra aus nimmt der Mensch die Welt als einen Ort der Wunder wahr. Hier erfährt der Mann die ihm innewohnende Männlichkeit und die Frau ihre spezifische Weiblichkeit. Es ist selten, daß bei einem Kind der Energiestrom durch das zweite Chakra gestört ist, und aus diesem Grund bewahren Kinder bis zum Eintritt der Pubertät ihre kindliche Unschuld. Aber aufgrund all unserer Tabus und Beschränkungen im Zusammenhang mit der Sexualität ist bei Erwachsenen ein ungehinderter Energiestrom durch dieses wichtige Lebenszentrum nur noch selten zu finden. Unschuld und Staunen gehen nicht verloren, weil die sexuelle Reife eintritt, wie man im allgemeinen denkt, sie gehen vielmehr aufgrund von Blokkierungen im zweiten Chakra verloren, die sich bei den meisten Menschen während der Pubertät bilden.

Im Verlauf meiner Arbeit habe ich oft von Schülern den Wunsch gehört: »Ich möchte die Integration erreichen«, oder »Ich will ein ganzheitliches Wesen werden und mich selbst verwirklichen.« Aber ich habe entdeckt, daß es überhaupt niemanden gibt, der sich als Mensch verwirklicht hat. Es gibt nur die Verwirklichung entweder als Mann oder als Frau.

Wiedererfahrung, Ganzwerden und Wiedervereinigung kann nicht erreicht werden, ehe der Mensch wieder das Gefühl dafür entwickelt, daß er ein Mann oder eine Frau ist.

Das kann nur geschehen, indem er den menschlichsten Teil seiner selbst neu belebt, nämlich das zweite Chakra und das damit verbundene Teilfeld.

Nach alten Yogi-Texten liegt das Svadhisthana-Chakra unmittelbar oberhalb und etwas vor dem ersten Chakra, dem Muladhara. Es steuert viele der Beckenorgane, wozu auch der Harntrakt und die Geschlechtsorgane gehören. Es beeinflußt aber auch die anderen Verdauungs- und Ausscheidungsorgane, aber wegen der unmittelbaren Nähe zum ersten Chakra ist es schwierig, seine Funktionen bezüglich des physischen Körpers von denen des Muladhara zu unterscheiden. Im Tantra heißt es, daß das Svadhisthana den Pranastrom durch die fünf Rückenwirbel des Sakrum steuert. Tantrische Untersuchungen weisen auch darauf hin, daß das Svadhisthana-Chakra mit dem Geschmackssinn verbunden ist und dem Element Wasser zuzuordnen sein könnte.

Aufgrund seiner unmittelbaren Nähe zum Hara spielt das zweite Chakra auch eine wichtige Rolle beim richtigen Fluß und bei der Verteilung des Prana.

Das Ziel der Svadhisthana-Meditation ist es, daß Sie in Berührung mit dem Bewußtseinszentrum kommen, das Ihre magische, sinnliche Natur darstellt, mit jenem Teil Ihres Wesens, der erfüllt ist von Staunen und Begeisterung, der Leben in allem sieht und der teilnimmt an der unentwegten Ekstase der Schöpfung. Ich möchte, daß Sie sich dieses Teiles Ihrer Natur so stark bewußt werden, daß Sie für den Moment alles andere darüber vergessen.

Die Svadhisthana-Meditation

Vor Beginn der Svadhistana-Meditation nehmen Sie eine bequeme Position ein, der Rücken bleibt gerade. Schließen Sie die Augen und beginnen Sie mit der Yogi-Atmung. Atmen Sie tief durch die Nase, ohne zwischen Ein- und Ausatmung innezuhalten, und fühlen Sie, wie Sie sich entspannen. Lassen Sie sich Zeit und werden Sie sich Ihres Körpers bewußt, indem Sie etwa fünf Minuten lang nur auf Ihren Atem achten. Nach etwa fünf Minuten richten Sie Ihre Aufmerksamkeit auf das zweite Chakra dicht oberhalb der Geschlechtsorgane. Danach führen Sie den Atem zum zweiten Chakra. Fühlen Sie bei jedem Einatmen, wie die in den Geschlechtsorganen konzentrierte Energie ansteigt. Sie spüren die Energie als Hitze und Intensität, die bei jedem Einatmen stärker werden. Während Sie die zunehmende Kraft wahrnehmen, visualisieren Sie die Energie als eine Kugel orangefarbener Energie. Spüren und visualisieren Sie etwa zwei bis drei Minuten lang, wie diese Kugel immer kräftiger und heller wird. Als nächstes spüren Sie, wie Ihr Bewußtsein nach unten gleitet, bis es einen Punkt unmittelbar über den Geschlechtsorganen erreicht, und fühlen Sie, wie sich Ihr Bewußtsein in der dort bestehenden Energiekugel konzentriert. Werden Sie selbst zu diesem Energieball und fühlen Sie, wie Sie von diesem Zentrum aus durch Ihren Körper nach außen in die äußere Umgebung zu strahlen beginnen. Nehmen Sie den Zauber und das Gefühl eines wunderbaren Erstaunens wahr, das eine Manifestation der vom zweiten Chakra ausgehenden Energie ist. Dann richten Sie Ihre Aufmerksamkeit darauf, wie Sie sich physisch, emotional und mental fühlen. Manche von Ihnen spüren vielleicht spontane Energieausbrüche, die an der Wirbelsäule hinauf- und hinunter- oder aber durch den ganzen Körper laufen. Man nennt sie in Sanskrit Kriyas. Sie sind etwas ganz Normales; genießen Sie das Phänomen. Kriyas sind als warmer Energiestrom oder als Vibrationen zu spüren, die durch den Körper fließen. Diese Empfindungen sind mit einem gesteigerten Energiefluß verbunden. Achten Sie auch auf die Veränderungen, die Sie wahrnehmen. Beobachten Sie sie, aber versuchen Sie nicht, sie zu beeinflussen. Nach kurzer Zeit werden bildhafte Vorstellungen auftauchen, die sich auf das zweite Chakra beziehen. Einige könnten zuerst sexueller Natur sein, wenn Sie sich aber nicht damit identifizieren oder daran haften bleiben, werden die sexuellen Vorstellungen vergehen und durch Bilder ersetzt, die sich auf den Schöpfungsprozeß beziehen.

Nehmen Sie sich mindestens zehn Minuten Zeit für diesen Teil der Meditation. Nach etwa zehn Minuten oder sobald Sie sich dazu bereit fühlen, holen Sie tief Atem durch die Nase und sagen beim Ausatmen mental: »Jedesmal, wenn ich diese Bewußtseinsebene erreiche, lerne ich meinen Geist kreativer zu gebrauchen.« Dann gehen Sie wieder zur normalen Atmung über, lösen die Energiekugel und die damit verbundenen bildhaften Vorstellungen durch das zweite Chakra auf, kehren mental wieder in den Raum zurück und entspannen sich. Nach einigen Augenblicken beginnen Sie, mental von eins bis fünf zu zählen, bei der Zahl Fünf öffnen Sie die Augen. Sie fühlen sich hellwach, vollkommen entspannt und besser als zuvor.

Das Manipura-Chakra

Das dritte Chakra bezeichnet man als Manipura, das bedeutet in Sanskrit »Stadt der Juwelen«. Es liegt beim Solarplexus und ist der Sitz der Persönlichkeit. Es ist für die Assimilation der Nahrung zuständig und übt die Kontrolle über einen horizontalen Abschnitt des physischen Körpers aus, der von einem Punkt ungefähr zwei Fingerbreit über dem Solarplexus nach unten bis etwa zwei Fingerbreit über dem Nabel reicht. Man sagt, wenn dieses Chakra geöffnet ist und normal funktioniert, dann gewinnt und behält der Mensch Gelassenheit auch in Zeiten der Not und Bedrängnis.

Das dritte Chakra besitzt die Kontrolle über das Solarplexus-Ganglion, das eine wichtige Rolle in den Beziehungen des Menschen zur Welt, zu anderen Menschen, zu Orten und Dingen spielt. Unsere Fähigkeit, Zusammenhänge herzustellen, Zugehörigkeit zu empfinden, langfristige enge Verbindungen einzugehen, aber auch die Liebe zu Heimat, Familie, Vaterland und so weiter, das alles steht in Beziehung zur Energie des dritten Chakras. Auch das Gefühl der Zufriedenheit und des Vertrauens werden vom Solarplexus aus gesteuert. Der Unterschied zwischen dem Solarplexus-Chakra und den anderen Chakras, besonders dem Herz-Chakra, das die vier starken Emotionen steuert, ist die Beständigkeit. Die vom Solarplexus-Chakra ausstrahlende Energie besitzt die dichteste und gleichförmigste Schwingung, die im feinstofflichen Energiesystem anzutreffen ist. Wie das nachstehende Diagramm zeigt, bestehen dagegen bei den durch das Herz ausstrahlenden Frequenzen große Unterschiede in der Amplitude (Schwingungsweite). In der graphischen Darstellung sähe das folgendermaßen aus:

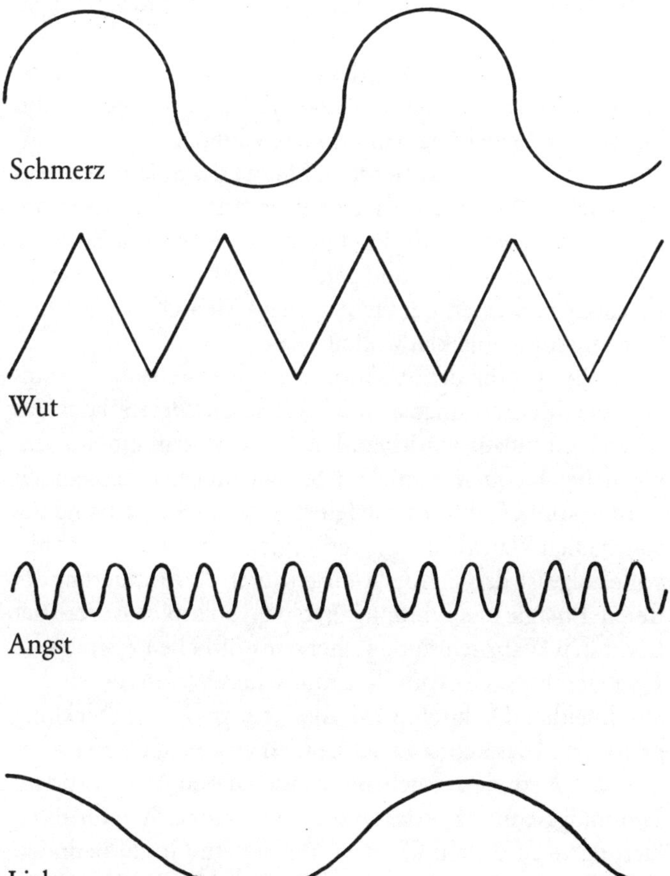

Die mit dem Solarplexus verbundenen Frequenzen sind dagegen weitaus beständiger. Sie sind von einer gewissen Zuverlässigkeit und Vorhersehbarkeit. Die vom Solarplexus ausstrahlenden Schwingungen würden etwa der nachstehenden Zeichnung gleichen:

Zufriedenheit

Nach meiner Erfahrung ist bei langfristigen Beziehungen die Liebe, die durch das Herz kommt, nicht beständig genug, um ein Band zu schmieden, das so stark ist, daß die Beziehung zwischen den Partnern für unbegrenzte Zeit bestehen bleibt. Damit eine Beziehung hält und das Vertrauen wächst, müssen sich die beiden Partner sowohl über das Solarplexuszentrum als auch über das Herzzentrum verbinden. Die vom Solarplexus ausgehende Energie ist die Kraft, die Bindung und Vertrauen fördert, und gerade diese beiden Energieausstrahlungen müssen frei fließen, wenn Menschen ein Leben lang zusammenbleiben wollen.

Durch Störung der Funktion des dritten Chakras verhindert der Mensch unabsichtlich, daß die Energie über das Zwerchfell hinaus vordringt. Die Folge ist, daß ihre irdischweltlichen Frequenzen nicht in Schwingungen umgewandelt werden können, die mit den feinstofflichen Körpern und der spirituellen Wahrnehmung verbunden sind. Die verhängnisvolle Folge ist, daß sich der Mensch durch die Blockierung der freien Energieausstrahlung über den Solarplexus von der bewußten Wahrnehmung seiner feinstofflichen Körper und vom »Ich bin«, das vom Zentrum seines Wesens ausstrahlt, abschneidet. Dadurch wird die richtige Ich-Entwicklung gestört, und das Ego ist ausschließlich im Bewußtsein verwurzelt. Angst vor den ungeliebten anderen und Angst vor dem Trennungsschmerz – das sind die Hauptursachen für Blokkierungen im dritten Chakra. Aus diesem Grund befinden sich die Angst-Reservoire so oft im Bauchbereich.

Die Manipura-Meditation

Bei der Manipura-Meditation haben Sie Gelegenheit, mit der Wahrnehmung in Berührung zu kommen, die über den bewußten Geist hinausgeht. Bei dieser Meditation nehmen Sie Verbindung auf mit dem transzendenten Selbst, das es Ihnen ermöglicht, am Schicksal anderer Menschen teilzunehmen, Einfühlungsvermögen zu entwickeln und eine tiefe Verbindung mit anderen einzugehen. Durch die bewußte Wahrnehmung der Ausstrahlung des dritten Chakras werden Sie die selbstsüchtigen Bestrebungen überwinden und die Selbstlosigkeit erleben, die es erlaubt, sich mit anderen Menschen zu verbinden und die tiefe Zufriedenheit zu fühlen, die eine solche Bindung mit sich bringt. Zu Beginn der Manipura-Meditation nehmen Sie eine bequeme Stellung ein und achten darauf, daß der Rücken gerade bleibt. Schließen Sie die Augen und beginnen Sie mit der Yogi-Atmung. Dabei atmen Sie tief durch die Nase und lassen keine Unterbrechung zwischen Ein- und Ausatmen entstehen. Fühlen Sie, wie Sie sich entspannen, während Sie auf diese Weise ganz ruhig atmen. Dann werden Sie sich Ihres Körpers bewußt, indem Sie etwa fünf Minuten lang die Aufmerksamkeit ausschließlich auf Ihren Atem richten. Nach etwa fünf Minuten wenden Sie Ihre mentale Aufmerksamkeit dem dritten Chakra zu, das dicht unter dem Brustbein liegt, und beginnen, von dieser Stelle ein- und auszuatmen. Bei jedem Einatmen spüren Sie, daß die Energie im Solarplexus stärker wird. Sie nehmen die Energie als Hitze und Intensität wahr. Während die Energie immer weiter ansteigt, visualisieren Sie die Kraft als eine Kugel goldgelber Energie. Visualisieren und spüren Sie, wie diese Kugel immer heller strahlt. Das sollte etwa zwei bis drei Minuten dauern. Als nächstes fühlen Sie, daß Ihr Bewußtsein abwärts gleitet, bis es sich im Energieball konzentriert. Jetzt werden Sie selbst zu dieser Energiekugel und fühlen, daß Sie von dieser Stelle aus nach außen strahlen; zuerst durchdringen Sie mit Ihrer Strahlung den Körper, danach strahlen Sie frei in die äußere Umwelt. Während Sie

Strahlung aussenden, spüren Sie, wie Sie zu schmelzen beginnen.

Sie fühlen, daß Sie wäßrig und flüssig werden. Während Ihr Bewußtsein von diesem Zentrum ausstrahlt, fühlen Sie eine tiefe empathische Zusammengehörigkeit. Diese Empathie, die Frucht von Vertrauen und Zufriedenheit, erlaubt es, ebenso Mitgefühl für die Schmerzen und Leiden anderer wie für Ihre eigenen zu empfinden. Geben Sie sich diesen Gefühlen hin, lassen Sie sie durch sich hindurchströmen. Nehmen Sie sich für diesen Teil der Meditation etwa zehn Minuten Zeit. Nach etwa zehn Minuten oder sobald Sie sich dazu bereit fühlen, atmen Sie tief durch die Nase ein, und beim Ausatmen sprechen Sie mental: »Jedesmal, wenn ich diese Bewußtseinsebene erreiche, lerne ich meinen Geist kreativer zu gebrauchen.« Dann gehen Sie wieder zur normalen Atmung über, lösen den Energieball im dritten Chakra und die damit verbundenen Bildvorstellungen auf und kehren mental in den Raum zurück. Entspannen Sie sich. Nach einigen Augenblicken zählen Sie mental von eins bis fünf; wenn Sie die Zahl Fünf erreichen, öffnen Sie die Augen. Sie fühlen sich hellwach, vollkommen entspannt und besser als zuvor.

Das Anahata-Chakra

Das vierte Chakra bezeichnet man als Anahata, das heißt in Sanskrit soviel wie »unangeschlagen, noch nicht zum Klingen gebracht«. Es hat seinen Sitz am achten Halswirbel gegenüber der Herzgegend. Diesem Chakra wird das Element Luft und der Tastsinn zugeordnet. Es beherrscht einen horizontalen Bereich des physischen Körpers, der sich vom Schlüsselbein bis zu einem Punkt etwa zwei Fingerbreit über dem Solarplexus erstreckt. Der Übergang von Manipura zu Anahata ist schwierig. Wenn man nämlich über den Bereich des Zwerchfells hinausgeht, bewegt man sich vom Außenhof in den Innenhof des Körper-Tempels. Mit diesem Schritt beginnt die Erkenntnis, daß das Selbst sich jeder genauen Definition entzieht, daß es sich ständig verändert, indem es sich unaufhörlich dem wechselnden Spektrum von Möglichkeiten anpaßt. Welches Selbst zu irgendeinem bestimmten Zeitpunkt die Oberhand gewinnt, wird vom Energiepegel des Betreffenden und von den Verhältnissen bestimmt, die vom inneren und äußeren Umfeld geschaffen wurden und auf die sich der Mensch einstellen muß.

Das Herzchakra ist eng verbunden mit Mitgefühl und Heilung, und in dieser Eigenschaft strahlt es in einem hellen Smaragdgrün. In seinem transzendentalen Aspekt ist das Herzchakra die Quelle von Licht und Liebe, und zwar nicht nur der menschlichen Liebe, sondern auch der Agape, der göttlichen Liebe, die das Neue Testament so poetisch als »Ströme des lebendigen Wassers« bezeichnet. Leadbeater schreibt: »Die Erweckung des vierten Zentrums verlieh dem Menschen die Fähigkeit, die Schwingungen anderer astraler Wesenheiten soweit zu erfassen und mit ihnen zu empfinden, daß er ihre Gefühle wenigstens zum Teil instinktiv verstehen konnte.«[3]

Das besagt nichts anderes, als daß durch die Öffnung des Herzzentrums der Mensch die Fähigkeit erwirbt, Energiefelder und Atmosphäre zu spüren. Er kann aber durch die Öffnung des Herzchakras auch die Energiefelder anderer Menschen in positiver Weise beeinflussen, indem er durch das Anahata-Zentrum Energie auf sie überträgt. Das ist im wesentlichen genau das, was Chakra-Heilung bedeutet. Durch die vereinten Bemühungen des Herzzentrums und des Ajna-Zentrums (des dritten Auges) kann der Mensch Energiestrahlung auf einen anderen übertragen, und diese Energie übt eine heilende Wirkung auf ihn aus. Die Thymusdrüse liegt unmittelbar über dem Herzchakra. Sie besitzt eine regulierende Wirkung auf das Immunsystem des physischen Körpers. Wenn die normale Funktion des Herzchakras blockiert ist, dann ist auch die Funktion der Thymusdrüse behindert, und infolgedessen wird das Immunsystem ausgeschaltet.

Das Herzchakra ist die Eingangspforte für den Astralkörper, und in dieser Rolle ist es als Steuerungsmechanismus für das emotionale Leben anzusehen. Das Herzchakra steuert die

Qualität und die gegenseitige Beeinflussung von Freude, Schmerz, Angst und Wut. Damit diese Emotionen jedoch richtig fließen und normal freigesetzt werden können, muß das Chakra geöffnet sein und sich im Gleichgewicht mit den anderen Chakras befinden. Wenn es in irgendeiner Weise blockiert ist, dann werden die Emotionen verzerrt. Noch schlimmer ist es, wenn jemand aus Angst den Fluß einer sogenannten negativen Emotion blockiert, denn damit hemmt er praktisch den normalen Fluß sämtlicher Emotionen, und dazu gehört auch die Freude, die zur Liebe wird, wenn sie nach außen ausstrahlt. Wenn das Herzchakra blockiert ist, so ist es außerdem schwierig, das Gleichgewicht zu bewahren, weil die Energie nicht ungehindert zwischen dem physischen Körper und den feinstofflichen Körpern zirkulieren kann. Infolgedessen verliert der Mensch den Kontakt zu seinem physischen Körper, denn die Empfindungen, die durch das ätherische Doppel aus dem Astralkörper aufgenommen werden, finden keinen Zugang zum physischen Körper. Die Taubheit und Empfindungslosigkeit des physischen Körpers ist nichts als die physische Externalisation der Erstarrung des emotionalen Körpers und des emotionalen Lebens eines Menschen.

In klassischen Yoga-Texten wird das Herz auch als Eingangspforte zur Seele bezeichnet. Schon vor vielen Jahrhunderten haben die Yogis erkannt, daß das »All-Seiende« durch das Wirken des »Ich bin« über das Herzchakra Zugang zu den feinstofflichen Körpern und zum physischen Leib des Menschen hat. »Nicht darin besteht die Liebe, daß wir Gott geliebt haben, sondern daß er uns geliebt ... Gott ist die Liebe, und wer in der Liebe bleibt, bleibt in Gott, und Gott bleibt in ihm.«[4]

Durch das Herzchakra hat das »All-Seiende« Zugang zum Menschen in seiner Mannigfaltigkeit. Bruder Lorenz beschreibt das Erwachen des Anahata und die Erfahrung, durch Liebe wieder mit dem »All-Seienden« vereint zu werden: »Ich habe alle festgelegten Formen der Andacht und des Gebetes aufgegeben mit Ausnahme jener, zu denen mich mein

Stand verpflichtet. Und ich mache es mir zur Aufgabe, nur in seiner Heiligen Gegenwart zu bleiben. Das geschieht allein durch Aufmerksamkeit und durch eine allgemeine liebevolle Beachtung Gottes, die ich auch als Gegenwart Gottes bezeichnen könnte, oder noch besser als ein ständiges stummes und geheimes Gespräch mit Gott, das in mir oft Freude und Entzücken hervorruft, sowohl innerlich als auch manchmal äußerlich. Freude und Entzücken können so stark werden, daß ich gezwungen bin, Maßnahmen zu ergreifen, um sie zu mäßigen und zu verhindern, daß sie für andere sichtbar werden.«[5]

Die Anahata-Meditation

Bei der Anahata-Meditation kommen Sie in Berührung mit jener Manifestation des Selbst, die eine Funktion des Herzchakras ist. Zu Beginn der Anahata-Meditation suchen Sie sich eine bequeme Position, der Rücken bleibt gerade. Schließen Sie die Augen und gehen Sie zur Yogi-Atmung über. Atmen Sie tief durch die Nase, ohne daß zwischen Ein- und Ausatmung eine Unterbrechung entsteht, und fühlen Sie, wie Sie sich entspannen. Lassen Sie sich Zeit und werden Sie sich Ihres Körpers bewußt, indem Sie etwa fünf Minuten lang nur Ihre Atmung verfolgen. Nach fünf Minuten richten Sie Ihre Aufmerksamkeit auf das vierte Chakra in der Mitte des Brustbeins. Dann lassen Sie Ihren Atem in das vierte Chakra einströmen. Bei jedem Atemzug fühlen Sie, wie die im Herzchakra konzentrierte Energie ansteigt. Sie fühlen diese Energie als Hitze und Intensität, die bei jedem Einatmen an Kraft zunehmen. Während sich immer mehr Energie ansammelt, visualisieren Sie diese als eine Kugel aus smaragdgrünem Licht. Spüren und visualisieren Sie etwa zwei bis drei Minuten lang, wie sie immer kräftiger und heller wird. Danach spüren Sie, wie Ihr Bewußtsein nach unten gleitet, bis es einen Punkt in der Mitte Ihrer Brust erreicht. Sie fühlen, wie Ihr Bewußtsein in die Kugel aus Energie einströmt. Werden Sie selbst zu dieser geballten Energie und fühlen Sie, wie Sie von diesem Zentrum aus zuerst in Ihren Körper und danach in die äußere Umgebung ausstrahlt, und achten Sie darauf, wie Sie sich physisch, emotional und mental fühlen. Je stärker Sie im Herzen konzentriert sind, um so stärker spüren Sie das »mystische Herz Christi« in sich. Während die »Ströme lebendigen Wassers« durch Ihr Herz fließen, pulsiert Ihr ganzer Körper, und versengende Energieströme schießen bis hinunter in die Beine und lassen Sie von den Sohlen über die Arme und Hände bis hinauf zum Scheitel erbeben. Sie spüren eine Wärme, die rhythmisch von Ihrem Herzen aus pulsiert und den ganzen Körper erfüllt. Wenn Sie sich vollkommen der vom Herzen ausgehenden Energie überlassen, werden Sie Mitgefühl und bedingungslose Liebe sowohl sich selbst als auch allen anderen Menschen gegenüber empfinden, und Sie werden einen Zustand erleben, den Jesus als den Frieden bezeichnete, der alles überwindet. (Johannes, 16,33)

Nehmen Sie sich für diesen Teil der Meditation mindestens zehn Minuten Zeit. Nach ungefähr zehn Minuten (oder sobald Sie sich dazu bereit fühlen) atmen Sie tief durch die Nase ein und gebrauchen beim Ausatmen die mentale Affirmation: »Jedesmal, wenn ich diese Bewußtseinsebene erreiche, lerne ich, meinen Geist noch kreativer zu gebrauchen.« Dann gehen Sie wieder zur normalen Atmung über, setzen den Energieball und die damit verbundenen bildhaften Vorstellungen durch das vierte Chakra frei und kehren mental in den Raum zurück. Entspannen Sie sich. Nach einigen Augenblicken zählen Sie von eins bis fünf, und wenn Sie bei der Zahl Fünf angekommen sind, öffnen Sie die Augen. Sie fühlen sich hellwach, vollkommen entspannt und besser als zuvor.

Das Vishuddha-Chakra

Das fünfte Chakra wird Vishuddha genannt, das bedeutet in Sanskrit soviel wie »rein«. Es erstreckt sich vom Halsansatz beim dritten Halswirbel unmittelbar unter der Medulla oblongata bis zu einem Punkt im Rachen beim Adamsapfel. Es steht in Verbindung mit dem Akasha-Prinzip (das sich auf das ätherische Element bezieht) sowie mit dem Hören und mit dem Klang. Es kontrolliert einen horizontalen Bereich des physischen Körpers von der Mitte der Nase bis zum Schlüsselbein. Sobald es aktiviert ist, wird sich der Betreffende seines Mentalkörpers bewußt. In einigen Yoga-Texten heißt es, daß es Vijnanamaya Kosha oder den intellektuellen Körper darstellt. Das bedeutet: Sobald das Herzchakra aktiviert ist, wird der Mensch in die Lage versetzt, die Funktionen seines Mentalkörpers von den Funktionen seiner niederen Körper (dem Astral-, Äther- und physischen Leib) zu trennen. Damit erreicht er die Loslösung. Seine Verständniskraft wächst. Er erreicht Klarheit und eine deutliche Wahrnehmung seines Dharmas. Alice Bailey ist der Meinung, daß die Aktivität dieser Zentren je nach der erreichten Evolutionsstufe des einzelnen schwankt. Bei manchen Menschen sind bestimmte Zentren noch relativ untätig. Beim Durchschnittsmenschen macht sich das Halschakra zuerst bemerkbar, während das Kopf- und das Herzzentrum noch schläft.[6]

Das Halschakra ist mit der Farbe Blau verbunden. Bei Leadbeater heißt es darüber: »Es ist viel Blau in ihm enthalten, doch macht es im allgemeinen einen silberig schimmernden Eindruck, der an die Wirkung des Mondlichtes auf sich kräuselndem Wasser erinnert.«[7]

Durch Aktivierung des fünften Chakras nimmt der Mensch zum erstenmal wahr, daß die inneren Welten reale Welten sind und daß wir als menschliche Wesen gleichzeitig in den feinstofflichen Welten und in der physischen Welt existieren. Das Halschakra steuert die Fähigkeit des Menschen, sich vollständig und kreativ zum Ausdruck zu bringen. Es übermittelt das Ziel einer Seele (eines Astral- und Mentalkörpers). In Yogi-Texten heißt es, daß dieses Chakra *Udana Vayu* steuert, das ist die Form des Prana, die den sprachlichen Ausdruck ermöglicht. Aber *Udana Vayu* regelt nicht nur das Sprechen. Es besitzt auch die Kontrolle über den gesamten Bereich von Hals, Rachen und Gesicht. Daher wird auch der Gesichtsausdruck, die Gestik und sogar das Ausmaß des persönlichen Spielraums, den der Mensch in Anspruch nimmt, von *Udana Yayu* bestimmt. So gesehen ist dieses Chakra gleichbedeutend mit der persönlichen Integrität. Sobald das Prana durch die Wirbelsäule über das Halschakra hinaus strömen kann, ist es dem Menschen möglich, auch angesichts von Widerständen und Gegensätzen fest zu bleiben. Er kann nein sagen. Das ist möglich geworden, weil das Halschakra die einzigartige Fähigkeit besitzt, andere Formen menschlicher Energie in bedingungslose Freude umzuwandeln. Das Halschakra ist mit einer Wasserscheide zu vergleichen. Langsamere, tiefere Energieschwingungen, zu denen Wut, Schmerz und Angst gehören, die aus den niederen Chakras durch das Halschakra fließen, werden automatisch in bedingungslose Freude verwandelt. Alle Formen der Energie aus den niederen vier Chakras (die Qualität oder Quantität der Energie spielt keine Rolle) können auf diese Weise vom fünften Chakra verarbeitet und verwandelt werden. Die Energie kann nach der Umwandlung dazu genutzt werden, den physischen und die feinstofflichen Körper zu erhalten. Außerdem strahlt jeder Energieüberschuß nach außen, erfüllt die Umgebung mit Freude und umgibt den Menschen, dessen Halschakra geöffnet ist, mit einem charismatischen Glauben.

Durch Erweckung des Halschakras überwindet der Mensch die Angst. Sobald die Angst verwandelt ist, kann das »Ich bin« auftauchen, und der Mensch wird sich selbst in allen Situationen vollständig zum Ausdruck bringen. Damit ist der Zeitpunkt gekommen, an dem der Betreffende voll und ganz begreift, was der Apostel Paulus mit seinem Ausspruch meinte: »Denn Gott hat uns nicht einen Geist der Verzagtheit gegeben, sondern den Geist der Kraft, der Liebe und der Besonnenheit.«[8]

Die Vishuddha-Meditation

Bei der Vishuddha-Meditation kommen wir mit der Freude in Berührung, die eine Manifestation der verwandelnden Kraft des fünften Chakras ist. Nehmen Sie zuerst eine bequeme Position ein, der Rücken bleibt gerade. Schließen Sie die Augen und beginnen Sie mit der Yogi-Atmung. Atmen Sie tief durch die Nase, ohne daß zwischen Ein- und Ausatmung eine Pause entsteht. Fühlen Sie, wie Sie sich entspannen. Lassen Sie sich genügend Zeit und werden Sie sich Ihres Körpers bewußt, während Sie fünf Minuten lang ausschließlich auf Ihre Atmung achten. Nach etwa fünf Minuten richten Sie Ihre Aufmerksamkeit auf das fünfte Chakra am Halsansatz. Dann führen Sie Ihren Atem in das fünfte Chakra. Bei jedem Einatmen spüren Sie, daß die im Halschakra konzentrierte Energie zunimmt. Sie macht sich als Wärme und Intensität bemerkbar. Visualisieren Sie die hier vorhandene Energie als eine Kugel aus blauem Licht. Fühlen und visualisieren Sie etwa zwei bis drei Minuten lang, wie dieser Lichtball immer kräftiger und heller wird. Dann spüren Sie, daß Ihr Bewußtsein nach unten gleitet, bis es sich in der zusammengeballten Energie konzentriert. Jetzt werden Sie selbst zu dieser Kugel aus Energie und fühlen, wie Sie von diesem Zentrum aus durch Ihren Körper nach außen in die Umwelt ausstrahlen. Nehmen Sie sich als ein Wesen von furchtlosem Charakter wahr – edel und voller Mut. Fühlen Sie sich jederzeit frei, selbst über sich zu bestimmen. Fühlen Sie, wie in Ihnen eine innere Sicherheit wächst, die in jedem Augenblick ja sagt zum Leben. Je stärker Sie in ihrem Halschakra konzentriert sind, um so größer wird Ihr Gefühl des Triumphes. Ohne irgendeinen anderen Menschen zu beeinträchtigen, werden Sie in jedem Augenblick Ihres Lebens den Sieg davontragen.

Wenn Sie wollen, so können Sie immer wieder mental die Affirmation »Endlich bin ich frei« gebrauchen. Da Sie Ihren Sieg auf allen Kausalebenen gleichzeitig empfinden, werden Sie spüren, wie Ströme von Energie an der Wirbelsäule entlang nach oben fließen. Während sie durch Ihr Halschakra gehen, werden sie zu Strömen bedingungsloser Freude. Glauben Sie an Ihren Sieg! Damit erfüllen Sie Ihr Dharma und sind in jedem Augenblick vollkommen Sie selbst.

Nehmen Sie sich mindestens zehn Minuten Zeit für diesen Teil der Meditation. Nach etwa zehn Minuten oder sobald Sie sich dazu bereit fühlen, atmen Sie tief durch die Nase ein und sagen beim Ausatmen mental: »Jedesmal wenn ich diese Bewußtseinsebene erreiche, lerne ich meinen Geist kreativer zu gebrauchen.« Dann gehen Sie wieder zur normalen Atmung über, setzen die angesammelte Energie und jede damit verbundene bildhafte Vorstellung durch das fünfte Chakra frei, kehren Sie mental in den Raum zurück und entspannen Sie sich. Nach einigen Augenblicken zählen Sie mental von eins bis fünf, und wenn Sie die Zahl Fünf erreichen, öffnen Sie die Augen. Sie fühlen sich hellwach, vollkommen entspannt und besser als zuvor.

Das Ajna-Chakra

Das sechste Chakra wird Ajna-Zentrum genannt, das bedeutet in Sanskrit soviel wie »Befehl«. Es wird manchmal auch als *Shiva Netra* bezeichnet, das heißt Shivas Auge, oder als *Jnana Netra* (das Auge der Weisheit). In einigen klassischen Schriften wird es mit der Hypophyse gleichgesetzt. Es liegt zwischen den Augenbraunen, man kennt es im allgemeinen als das »Dritte Auge«. Als symbolische Darstellung des Ajna-Zentrums gilt die Silbe Om, die Anfang und Ende aller Dinge bezeichnet. Von diesem Zentrum aus bringt man alle Kräfte in sich miteinander in Einklang und stellt das Gleichgewicht zwischen Yin und Yang her. Durch die Erweckung des Ajna-Zentrums wird die Wiedervereinigung abgeschlossen, und der Mensch erfährt sich selbst in seiner ganzen Fülle als das »Ich bin«, als die Einheit der Selbste.

Das Dritte Auge erstrahlt in einem tiefen Blau, das bei einer hochentwickelten Persönlichkeit in Violett übergehen kann.

Es stellt den Mittelpunkt dar, in dem die verschiedenen Pranaströme zusammentreffen und von dem aus sie verteilt werden. (Der Kanal *Sushumna* geht davon aus, und *Ida* und *Pingala* gehen hindurch, nachdem sie die Abzweigung zu den Nasenlöchern gebildet haben.) Dieses Chakra steuert nicht nur das Sehvermögen der physischen Sinne, sondern auch die Einsicht in höhere Ebenen, die intuitive Einsicht, Hellsichtigkeit und andere paranormale Formen der Wahrnehmung. Es ist der Sitz der göttlichen Intelligenz. Das Ajna-Zentrum regelt alle höheren mentalen Aktivitäten. Dazu gehören das intuitive Denken, das rationale Denken und das Erinnerungsvermögen. Das intuitive Denken umfaßt alle Formen paranormaler Aktivität.

Wenn der Schüler das Dritte Auge aktiviert hat, gelangt er über das Stadium hinaus, in dem Energiefelder und Atmosphäre nur gefühlt werden. Er ist nun in der Lage, durch mentale Projektion hellsichtig, kommunikativ, telepathisch und heilend zu sehen. Noch wichtiger ist, daß er sich durch die Kraft des eigenen Geistes selbst neue Realitäten auf der physischen Ebene schaffen kann. Die objektive Realität, die wir in der physischen Welt wahrnehmen, ist die physische Manifestation der subjektiven Realität, die zuvor auf der mentalen Ebene erzeugt wurde. Ehe das sechste Chakra aktiv wird, verläuft dieser Prozeß weitgehend unbewußt. Für den aber, der sein sechstes Chakra aktiviert hat, wird der Prozeß vollkommen bewußt, und kraft seines eigenen Willens und seiner Imagination kann er für sich neue Realitäten schaffen, die mit seinem Dharma im Einklang stehen und ihn schneller an sein Ziel der Ganzheit und der bedingungslosen Freude bringen. Ein Mensch, dessen sechstes Chakra aktiviert ist, gelangt über die irdischen Ziele und die irdischen Bindungen hinaus, die die meisten davon abhalten, ihr Dharma zu erfüllen. Ein Mensch, der das Ajna-Zentrum erweckt hat, nimmt wahr, daß die neuen Realitäten, die er mental erzeugt hat, ohne jede Verzögerung in die physische Realität übertragen werden. Wenn das sechste Chakra geöffnet ist, dann verschmelzen Bewußtsein und Unbewußtes miteinander, und welche Kluft davor auch immer bestanden hat, sie ist nun auf Dauer aufgehoben. Es kommt zur vollständigen Integration. Der Mensch sieht sich als Einheit der Selbste, als »Ich bin«. Der Mensch in diesem Zustand erlebt und spürt sich selbst in jedem Stadium seines Lebens von der Wiege an und kommt zur Wiedererfahrung all jener individuellen Energiefelder, die sich vereinigt haben, um sein persönliches Energiefeld zu erzeugen. Dazu gehören auch die beiden wichtigsten Felder »Mutter« und »Vater«. Da seine Wiedererfahrung vollständig ist, kann er das Stadium des Entsetzens überwinden, den Augenblick, in dem er zum erstenmal die Trennung vom universellen Kraftfeld wahrgenommen hat, und bis zu einer Zeit vorstoßen, in der es nur Einheit und bedingungslose Liebe gab. Auf diese Weise wird er zu seiner eigenen Mutter und zu seinem eigenen Vater.

Hermann Hesse hat diese Entwicklung intuitiv erfaßt, als er schrieb: »Siddharta ... beugte sich übers Wasser ... und im still ziehenden Wasser sah er seinen Geist gespiegelt, und in diesem gespiegelten Gesicht war etwas, das ihn erinnerte, etwas Vergessenes, und da er sich besann, fand er es: dies Gesicht glich einem andern, das er einst gekannt und geliebt und auch gefürchtet hatte. Es glich dem Gesicht seines Vaters, des Brahmanen.«[9]

Die Ajna-Meditation

Bei der Ajna-Meditation finden Sie die Verbindung zu dem Prinzip, das alles in Ihnen zur Harmonie führt. Suchen Sie sich eine bequeme Position, der Rücken bleibt gerade. Schließen Sie die Augen und gehen Sie zur Yogi-Atmung über. Atmen Sie tief durch die Nase, achten Sie darauf, daß keine Unterbrechung zwischen Ein- und Ausatmung entsteht. Fühlen Sie, wie Sie sich entspannen. Nehmen Sie sich Zeit. Werden Sie sich Ihres Körpers bewußt, indem Sie etwa fünf Minuten lang nur Ihrem Atem nachgehen. Nach fünf Minuten richten Sie Ihre Aufmerksamkeit auf das sechste Chakra zwischen den Augenbrauen. Dann führen Sie den Atem zum sechsten Chakra. Fühlen Sie, daß bei jedem Einatmen die im Dritten Auge konzentrierte Energie wächst. Sie spüren sie als Hitze und Intensität, die bei jedem Atemzug ansteigen.

Während die Energie ständig an Kraft zunimmt, visualisieren Sie diese Energie als eine Kugel aus indigofarbenem Licht. Spüren und visualisieren Sie zwei bis drei Minuten lang, wie dieser Lichtball immer kräftiger und heller strahlt. Dann spüren Sie, daß Ihr Bewußtsein nach oben steigt, bis es einen Punkt zwischen den Augenbrauen erreicht. Sie fühlen, wie sich Ihr Bewußtsein in der Energiekugel konzentriert. Sie werden selbst zu dieser Energiekugel und fühlen, wie Sie von diesem Zentrum aus durch Ihren Körper in die äußere Umgebung ausstrahlen. Fühlen Sie sich als die Einheit der Selbste. Fühlen Sie, wie Ihr Geist gleichzeitig nach allen Richtungen ausstrahlt und wie Sie den ganzen Raum mit Ihrem Bewußtsein erfüllen. Achten Sie darauf, wie Sie sich physisch, emotional und mental fühlen. Je stärker Sie im Dritten Auge konzentriert sind, um so vollkommener ist die Einheit zwischen Bewußtsein und Unbewußtem. In diesem Zustand werden Sie etwas spüren, das wie ein elektrischer Strom durch Ihren physischen Körper läuft, und Ihr ganzer Kopf wird von dem Glühen erfaßt, das vom Zentrum des Dritten Auges ausgeht.

Nehmen Sie sich mindestens zehn Minuten Zeit für diesen Teil der Meditation. Nach zehn Minuten oder sobald Sie sich dazu bereit fühlen, atmen Sie tief durch die Nase, und beim Ausatmen gebrauchen Sie die mentale Affirmation: »Jedesmal wenn ich diese Bewußtseinsebene erreiche, lerne ich, meinen Geist kreativer zu gebrauchen.« Dann gehen Sie wieder zur normalen Atmung über, setzen den Energieball und die damit verbundenen bildhaften Vorstellungen durch das sechste Chakra frei, kehren mental in den Raum zurück und entspannen sich. Nach einigen Augenblicken zählen Sie mental von eins bis fünf, und wenn Sie bei der Fünf angekommen sind, öffnen Sie die Augen. Sie fühlen sich hellwach, vollkommen entspannt und besser als zuvor.

Das Sahasrara-Chakra

Das siebte Chakra wird in Sanskrit Sahasrara genannt. Yoga-Texte bezeichnen es meist als den »Tausendblättrigen Lotus«. Einige Schriften lokalisieren dieses Chakra direkt am Scheitel des Kopfes, anderen zufolge soll es sich über dem Scheitel befinden, wodurch es sich von den anderen sechs Chakras unterscheidet. Nach Erweckung des Ajna-Zentrums hat der Mensch durch den Prozeß der spirituellen Integration die Ganzheit erreicht. Er hat die Angst überwunden, er hat sich mit dem »Ich bin« identifiziert, und er hat die bedingungslose Freude erfahren. Seine Entwicklung aber ist noch nicht abgeschlossen, denn obwohl er sich jetzt selbst in seiner ganzen Multiplizität kennt, unterscheidet sich seine Selbstwahrnehmung noch immer von der des »All-Seienden«. Die Dualität besteht weiter. Der letzte Schritt, bei dem das persönliche Energiefeld des Menschen mit dem universellen Kraftfeld verschmilzt (die Vereinigung des »Ich bin« mit dem »All-Seienden« findet nur statt, wenn der Tausendblättrige Lotus sich entfaltet, die Kundalini erscheint und Sahasrara erwacht.

In den Upanischaden heißt es: »Wer weiß, daß alle drei – Geist, Stoff und Maya – eins sind mit Brahman, dem wird offenbar: Das Selbst ist ewig und ist tatenlos. Das Selbst ist alles. Stoff ist vergänglich. Der Herr aber ... ist unvergänglich und unsterblich ... Wer in der Meditation eins wird mit ihm, verharrt nicht länger im Unwissen ... In Wahrheit bist du immer mit dem Herrn vereint. Jedoch du mußt es wissen ... Meditiere, und du wirst erkennen: Geist und Stoff und Maya (die Macht, die Geist und Stoff vereint) sind nichts anderes als drei Aspekte Brahmans, der einen Wirklichkeit.«[10]

Im Tantra entspricht die Erweckung des Kronenchakras der Vereinigung von Shakti (dem weiblichen Prinzip) mit Shiva (dem männlichen Prinzip). Sobald diese Vereinigung zustandegekommen ist, bleibt sie für immer bestehen. Indem der Mensch diesen Zustand erreicht, überschreitet er die Grenzen der Zeitenfolge und befindet sich immer im Mittelpunkt einer unveränderlichen ewigen Gegenwart. Er gelangt über das Stadium hinaus, indem er sich unbewußt in jedem Augenblick für das Selbst entscheidet, anstatt den Zustand vorzuziehen, in dem das Selbst nicht existiert, in dem das Selbst zum ganzen Universum wird, das in ihm enthalten ist. Indem er selbst das Universum ist, hört der Mensch auf, sein Universum zu begreifen, denn zu begreifen bedeutete, aufzuhören zu sein.

Dem Zen-Meister Shih-ton wurde von einem seiner Schüler eine Frage über das Dharma gestellt. Er antwortete: »Frage den Pfosten dort.« Der Schüler erwiderte: »Ich verstehe euch nicht.« Darauf sagte Shih-ton: »Mir geht es genauso. Auch ich verstehe euch nicht.«[11]

Wenn das Ajna-Zentrum erweckt ist, spürt der Mensch die Wiedervereinigung mit dem All-Seienden und mit allem, was in diesem enthalten ist. Von diesem Stadium gibt es kein Zurück mehr. Wenn dieses Stadium erreicht ist, gibt es keinen Tod. Es gibt nichts als Leere, und in der Leere befindet man sich im All-Seienden, im universellen Energiefeld und Bewußtsein.

Im Tao te King steht:

Treibe das Leersein bis zum Äußersten
und bewahre die Stille unerschütterlich:
Die abertausend Geschöpfe ringsum entfalten sich,
und ich schaue also ihre Wiederkehr –

Alsdann kehren die Geschöpfe, die zahlreichen,
alle wieder heim zu ihrer Wurzel:
Die Heimkehr zur Wurzel aber nennt man Stille,
das ist die Rückkehr der Bestimmung;
Die Rückkehr der Bestimmung nennt man das Beständige,
das Wissen vom Beständigen nennt man Erleuchtung.

Das Nichtwissen vom Beständigen aber,
das schafft sich unüberlegt Unglück.

Das Wissen vom Beständigen ist Duldsamkeit,
Duldsamkeit ist überdies Redlichkeit,
Redlichkeit ist überdies Edelsinn,
Edelsinn ist überdies Himmlisches,
Himmlisches ist überdies der rechte Weg,
der rechte Weg ist überdies Dauer.
Ein untergehendes Selbst ist nicht zu gefährden.[12]

Dem Kronenchakra ist die Epiphyse zugeordnet. Es erstrahlt in der Farbe Violett, wenn es erweckt ist. Es ist das Chakra, das zuletzt erwacht und entspricht deshalb der höchsten Ebene spiritueller Vollendung. Wie die anderen Chakras ist es ein Kanal für höhere Energien, in diesem Fall für Energien der Kausalebene. Im Gegensatz zu den anderen Chakras kann es aber, sobald es voll aktiviert ist, seine Richtung wechseln, es strahlt dann wie eine Zentralsonne, es erzeugt Energie und »bildet über dem Kopf des Betreffenden eine wirkliche Krone reinen Lichts und göttlicher Energie«.[13]

Die Sahasrara-Meditation

Beim Kronenchakra ist keine Meditation mehr möglich, denn der Mensch existiert nicht mehr als abgesondertes Wesen für sich. Er bildet nun in jedem Augenblick eine Einheit mit dem All-Seienden, und das All-Seiende meditiert unaufhörlich durch ihn.

»Während ich still sitze und nichts tue,
kommt der Frühling und das Gras sprießt.«[14]

13. Kapitel

Die Chakra-Therapie

»Der Sinn des Übens, im Dienst des inneren Weges, ist nicht die Gewinnung eines größeren weltlichen Wissens oder Könnens, sondern die Verwirklichung eines höheren Seins. Es geht in der Übung auf dem Weg um die allmähliche Entwicklung einer Verfassung, in der der Mensch seiner höchsten Bestimmung genügen kann, das in seinem Wesen anwesende göttliche Sein offenbarwerden zu lassen in der Welt!«[1]

Bhagavadgita

Es gibt nur vier Grundemotionen, aus denen sich alle anderen Emotionen zusammensetzen: Freude, Wut, Schmerz und Angst. Keine davon ist schon ihrer Natur nach negativ. Erst wenn man diese Grundemotionen miteinander kombiniert und sie in bestimmten Situationen anwendet, entsteht die ganze Fülle anderer Emotionen.

Wut, Schmerz und Angst sind nicht von vornherein etwas Negatives, und sie erzeugen kein negatives Gefühl im Menschen, wenn sie auf natürliche Weise geäußert und nicht durch Angst blockiert werden, während sie das feinstoffliche Energiesystem durchlaufen. Erst das zusätzliche Element der Angst verursacht eine Störung und bildet Reservoire blockierter Emotionen im feinstofflichen Energiesystem. Diese Reservoire erzeugen das ungute Gefühl. In Wahrheit sind Wut, Schmerz und Angst nur Namen, mit denen wir die verschiedenen Pranafrequenzen bezeichnen, die durch das feinstoffliche Energiesystem fließen. Bei der psycho-spirituellen Integration erkennen wir, daß jede Energie etwas Gutes ist. Zu Schwierigkeiten kommt es nur, wenn sich infolge Überlastung oder Blockierung Energie zur falschen Zeit am falschen Ort befindet.

Wir wollen uns ein Beispiel an kleinen Kindern nehmen und keine Angst davor haben, unsere Gefühle unter allen Umständen ehrlich auszudrücken, und wir sollten auch hinterher keine Reue darüber empfinden. Solange Emotionen spontan ausgedrückt werden (ehrlich und mutig), richten sie keinen Schaden im feinstofflichen Energiesystem an, und es kommt zu keinen negativen Erfahrungen, wenn diese Energiefrequenzen (Emotionen) zum Ausdruck gebracht werden.

Durch den Prozeß der Akkulturation (Sozialisation) haben wir jedoch gelernt, die freie Energieausstrahlung (insbesondere die Ausstrahlung emotionaler Energie) über das feinstoffliche Energiesystem zu blockieren. Auf diese Weise haben die Menschen die »anderen« in sich selbst geschaffen, und diese schleppen sie ihr ganzes Leben lang in sich herum. Die unbewußten Ziele und Einstellungen der Menschen, in vielen Fällen auch ihre bewußten Absichten und Positionen, sind ein Spiegel der frühkindlichen Erziehung und Ausdruck für Anzahl und Einfluß der in ihnen verborgenen »anderen«.

Das innere Selbst versucht, sich unter allen Umständen auszudrücken und spontan auszustrahlen. Es steht gar nicht zur Debatte, ob Selbstausdruck, der Ausdruck der eigenen Persönlichkeit, etwas Gutes oder etwas Schlechtes ist. Es gehört zum Menschen, sich spontan auszudrücken. Wenn die Menschen ihre Emotionen spontan äußern würden, das heißt, zum geeigneten Zeitpunkt und mit angemessenem Energieaufwand, dann hätten sie überhaupt keine Probleme mit ihren Emotionen. Es ist nicht die Energie oder die Bewegung dieser Energie, die Schaden anrichtet, es ist vielmehr die ausbleibende Gemütsbewegung, die den Druck innerhalb des feinstofflichen Energiesystems erzeugt, und es ist wiederum dieser Druck, der dadurch entsteht, daß sich zu viel Energie zu lange Zeit an der falschen Stelle festsetzt, der uns Schmerzen bereitet.

Sicherheitsventile

Solange wir in dieser Welt leben, wirken die Chakras als Druckventile im feinstofflichen Energiesystem. Wenn diese Ventile geöffnet sind, verhindern sie ein ungesundes

Anstauen der Energie innerhalb des Systems und sorgen dafür, daß die Emotionen natürlich durch das System fließen. Es ist wichtig, daß die Ventile offen und nicht blockiert sind, so daß die Energie ungehindert fließen kann, weil sich sonst ein gefährlicher Überdruck entwickelt und das System, das durch die Ventile geschützt werden soll, überlastet wird und nach einiger Zeit zusammenbricht.

Leider lernen die Menschen von Kindheit an, die natürliche Funktion der Chakras durch Veränderung ihres natürlichen Verhaltens zu unterbrechen, um in ihrem Verhalten den gesellschaftlichen Normen zu entsprechen. Trotz bester Absichten ist es bisher noch jeder Generation unbewußt gelungen, ihre Kinder leiden zu lassen, indem sie sie dazu zwingt, den freien Ausdruck der emotionalen Energie, das heißt, den Fluß des Prana durch das feinstoffliche Energiesystem, zu blockieren. Da Prana in erster Linie durch die Chakras in die äußere Umgebung ausstrahlt, wird jede Maßnahme, die den Strom der Emotionen einschränkt, praktisch alle Pranafrequenzen an den Stellen beeinträchtigen, an denen Prana eintritt, ausströmt oder übertragen wird. Wenn daraufhin der Druck im feinstofflichen Energiesystem ansteigt, weil sich Energieblockierungen aufbauen, schließen sich die Chakras. Der physische Leib stumpft ab, der Mensch erstarrt und wird empfindungslos. Diese Kombination aus angstbedingter Blockierung und infolge des Drucks weiter zunehmender Angst verursacht zuerst eine Unterbrechung im feinstofflichen Energiesystem, die bald in alle Richtungen übertragen wird, bis sie im Leben des Betreffenden auf allen vier Kausalebenen zu Störungen führt.

Trotz der früher durch Blockierungen im feinstofflichen Energiesystem entstandenen Schäden an den Chakras ist es möglich, sie zu heilen und ihre volle Funktionsfähigkeit wiederherzustellen. In diesem Kapitel werden Sie eine Reihe von Übungen kennenlernen, die dazu bestimmt sind, den Schaden zu beheben, die Chakras zu öffnen, sie auszubalancieren und die durch die Blockierungen entstandenen Energiereservoire wieder freizusetzen.

Die physische Entspannung

Die nachstehenden Übungsreihen sind dazu bestimmt, den Energiefluß durch das feinstoffliche Energiesystem zu verbessern. Ihre Wirkung setzt erst nach und nach ein, und aus diesem Grund müssen sie regelmäßig ausgeführt werden. Sie sind nicht dazu bestimmt, in Krisensituationen einzugreifen oder Blockierungen aufzubrechen. Sie öffnen aber allmählich die Chakras, tragen allmählich Blockierungen ab und helfen dem physischen Körper und dem feinstofflichen Energiesystem, sich an ihren ursprünglichen Zustand der Ganzheit, des Gleichgewichts und der unbedingten Freude zu erinnern.

Die im folgenden beschriebenen drei Gruppen von Übungen sollen nacheinander ausgeführt werden. Ihre Wirkung ist kumulativ. Jede Übung baut auf der vorangegangenen auf. Die erste Übung ist dazu bestimmt, Ihren physischen Körper durch Lösen der Muskelspannung auf einen gesteigerten Pranafluß vorzubereiten.

Legen Sie sich zuerst auf den Rücken, der Kopf liegt gerade zwischen den Schultern, die Augen sind geschlossen. Die Beine sind gerade ausgestreckt, die Arme liegen an den Seiten. Um ein Gefühl der Schlaffheit und des Losgelöstseins zu erreichen, das für die vollkommene physische Entspannung erforderlich ist, beginnen Sie, das rechte Bein etwa fünf Zentimeter vom Boden abzuheben. Ohne Unterbrechung der Bewegung lassen Sie es wieder sinken, als ob es ein lebloser Gegenstand wäre. Danach heben Sie das linke Bein an und lassen es, wieder ohne in der Bewegung innezuhalten, zurücksinken.

In gleicher Weise heben Sie den rechten Arm leicht an und lassen ihn wieder sinken. Dann heben Sie den linken Arm ein wenig und lassen ihn ebenfalls wieder zurücksinken. Als nächstes heben Sie gleichzeitig das linke Bein und den rechten Arm und lassen beide gleichzeitig wieder sinken. Danach heben Sie gleichzeitig das rechte Bein und den linken Arm und lassen sie ohne Unterbrechung der Bewegung wieder sinken. Als nächstes heben Sie die Hüften leicht an und lassen sie wieder sinken. Schließlich rollen Sie den Kopf leicht hin und her. Diese einfachen Bewegungen sollen in Ihnen das Gefühl hervorrufen, daß Sie schlaff wie eine Stoffpuppe sind.

Liegen Sie nun einige Augenblicke vollkommen still und achten Sie darauf, was Sie fühlen. Sie werden bemerken, wie die Muskeln, Bänder, Gelenke, die Wirbelsäule und das Nervensystem ganz von selbst wieder in Ordnung kommen.

Während sich der physische Körper entspannt, achten Sie auf den Rhythmus Ihres Atems. Fühlen Sie, wie er immer tiefer und langsamer wird, bis er ganz auszusetzen scheint. Sie werden bald eine gewisse Schwerelosigkeit empfinden. Sie haben das Gefühl, als ob Ihr physischer Körper in reine Energie verwandelt sei. Fühlen Sie, wie diese Energie jede Faser Ihres Körpers neu belebt und wieder auflädt. Nach dieser Entspannungsübung fällt es Ihnen leichter, die nächste Übungsfolge auszuführen. Im Anschluß an die oben beschriebene einleitende Übung sind Sie bereit, zu den Yoga-Kontraktionen (Zusammenziehung bestimmter Körperteile) überzugehen.

Kontraktionsübungen

Von den alten Yogis stammt eine Folge von drei Übungen, die man als Zusammenziehung oder Kontraktionen bezeichnet. Diese Übungen waren dazu bestimmt, den Energiefluß durch die Chakras zu erleichtern. Die regelmäßige Ausführung dieser Übungen hat sowohl auf das gesamte feinstoffliche Energiesystem als auch auf das Nervensystem und auf den physischen Körper eine wohltätige und verjüngende Wirkung.

Am besten führt man alle drei Kontraktionsübungen entweder in Rückenlage (die Hände liegen seitlich am Körper), in der Lotusposition oder aber mit geradem Rücken auf einem Stuhl sitzend (die Füße stehen fest auf dem Boden) durch. Der Rücken bleibt bei diesen Übungen immer gerade. Die Augen sind geschlossen, man geht zur Yogi-Atmung über.

Die Zusammenziehung des Genicks

Jalandhara Bandha oder die Zusammenziehung des Genicks ist die erste Kontraktionsübung, die der Schüler beherrschen sollte. Sie setzt Energie frei, besonders Yang-Energie, die am Rücken nach oben fließt und die Neigung besitzt, im Bereich des oberen Brustraums, in den Schultern und im Genick (im vierten und fünften Chakra) blockiert zu werden. Die Zusammenziehung erfolgt, während Sie durch die Nase einatmen.

Ziehen Sie zuerst gleichzeitig das Kinn und das Genick ein, so daß Sie das Gefühl haben, die beiden Körperteile gegeneinanderzupressen. Gleichzeitig ziehen Sie die Schultern etwas hoch, so daß der Hinterkopf auf den Schultermuskeln ruht. Das ergibt ein wenig den Eindruck, als ob Sie überhaupt keinen Hals hätten. Halten Sie den Kopf dabei gerade und drehen Sie ihn weder nach vorn noch nach hinten. Sobald die Zusammenziehung abgeschlossen ist, richten Sie Ihre Aufmerksamkeit auf die Stelle der Wirbelsäule unmittelbar unter dem Genick. Sie werden spüren, daß von diesem Punkt aus ein Kribbeln nach oben ins Genick ausstrahlt. Während dieses Gefühl sich weiter nach oben bewegt, wird es stärker und strahlt nach allen Richtungen aus. Manche Menschen haben das Gefühl, daß dieses Kribbeln von einer Hitze oder sogar von einer starken Vibration begleitet ist. Alle diese Empfindungen sind normal. Tun Sie nichts, um sie zu unterbinden. Sie sind symptomatisch für einen verstärkten gesunden Pranafluß die Wirbelsäule aufwärts und durch das Halschakra.

Wenn Sie erst beginnen, diese Kontraktionsübung zu erlernen, empfehle ich, die Zusammenziehung aufrechtzuerhalten, während Sie bis fünf zählen, und dabei gleichzeitig den Atem anzuhalten. Bei der Zahl Fünf atmen Sie aus und lösen die Kontraktion. Dann ruhen Sie, während Sie wieder bis fünf zählen. Wiederholen Sie die Übung (wieder bis fünf zählen), danach ruhen Sie wieder. Danach führen Sie die Zusammenziehung ein drittes Mal durch, ruhen etwa zwei Minuten und gehen zur Yogi-Atmung über, bis Sie fühlen, daß die Energie ohne Störung durch das Genick nach oben strömt. Wenn dieser Energiestrom ungehindert fließt, spüren Sie ein Glühen im Genick und in den Schultern, das von einem Gefühl des Selbstvertrauens und der inneren Kraft begleitet ist.

Diese Übung ist wichtig, weil sie den oberen Teil der Wirbelsäule aufrichtet, so daß das Prana das Halschakra ungehindert passieren und nach oben zum sechsten und siebten Chakra fließen kann. Die Übung wirkt wohltuend auf den physischen Körper, da sie Verspannungen im Nacken und in den Schultern löst. Sie hilft, die Haltung zu verbessern und regt die normalen körperlichen Empfindungen in diesem Bereich an. Sowohl die Schilddrüse als auch die Nebenschilddrüse werden durch den auf sie ausgeübten Druck angeregt, und dadurch funktioniert ihre Hormonausschüttung besser. Durch ihre optimale Funktion werden auch die höheren Funktionen der Hypophyse und der Epiphyse gefördert.

Wenn wir uns mit der Energie beschäftigen, die durch das Herz- und das Halschakra fließt (vor allem mit der durch das Herzchakra fließenden Energie), haben wir es mit einer Kombination von Energien zu tun. Diese Energien unterscheiden sich in ihrer Polarität. Es gibt hier einerseits Yin, die weibliche Energie, und andererseits Yang, die männliche Energie. Wenn Yin und Yang in das Kraftfeld eines Chakras geraten, so übt das Chakra eine gewisse Anziehungskraft auf sie aus, ähnlich wie die Schwerkraft auf die Energie.

Wenn ein Übermaß an Yin-Energie durch ein Chakra strömt und die Energie vorn am Körper durch den großen konzeptiven (weiblichen) Kanal nach unten läuft, dann wird die physische Verfassung und daher auch das feinstoffliche Energiesystem des Betreffenden eher rezeptiv oder passiv sein. Strömt vorwiegend Yang-Energie in das Chakra und die Energie geht im Rücken durch den Gouverneur (den männlichen Kanal nach oben), dann entsteht ein Übergewicht an maskuliner, aggressiver Energie im physischen Leib, in den feinstofflichen Körpern und im feinstofflichen Energiesystem, und der Betreffende wird Aggressionen entwickeln und wenig rezeptiv reagieren.

Der Nutzen der Zusammenziehung des Genicks liegt

darin, daß durch diese Übung Unausgewogenheiten im Zusammenspiel von Yin und Yang ausgeglichen werden, während die Energie in das vierte und fünfte Chakra einströmt, wieder hinaus- und weiterfließt. Das wird dadurch bewirkt, daß die Anspannung des physischen Körpers gelöst wird, die den Energiefluß durch einen der beiden Kanäle oder Meridiane behindert. Durch eine solche Behinderung in einem der Kanäle können Energieprobleme in großer Zahl entstehen, angefangen von Depressionen bis hin zu Hyperaktivität, je nach dem vorliegenden Verhältnis zwischen Yin- und Yang-Energie. Ist der weibliche Kanal eingeengt, zeigen sich Symptome in Richtung Arroganz und Überaktivität, ist dagegen der Gouverneur, der Kanal der männlichen Energie, behindert, so neigt der Betroffene eher zu Passivität und Depression.

Die Zusammenziehung des Zwerchfells

Die Zwerchfellkontraktion ist die zweite Zusammenziehungsübung. Beginnen Sie damit, das Zwerchfell nach oben in Richtung der Brusthöhle anzuheben, während Sie die Organe des Oberbauchs gleichzeitig nach oben und nach hinten gegen die Wirbelsäule drücken. Diese Kontraktion sollte nur beim Ausatmen durchgeführt werden, damit in der Brusthöhle genügend Platz ist.

Halten Sie anfangs die Zusammenziehung, während Sie bis fünf zählen. Richten Sie Ihre Aufmerksamkeit auf die Mitte des Rückens, hinten in Höhe des Solarplexus, und halten Sie den Atem an. Nach einigen Augenblicken werden Sie spüren, daß ein Kribbeln im Rücken unmittelbar hinter dem Solarplexus entsteht. Dieses Gefühl wird intensiver, bis es sich zu einem warmen Glühen steigert, das die Wirbelsäule nach oben in Richtung des Herzchakras steigt. Während es sich nach oben ausbreitet, wird ein Teil dieser Energie durch die natürliche magnetische Anziehungskraft der Chakras zum dritten Chakra hingezogen. Das feinstoffliche Energiesystem wird diese Energie nutzen, die vom Chakra umgewandelt wird, um im Betreffenden das Gefühl der Zugehörigkeit und Zufriedenheit zu stärken und seine Beziehungen zu verbessern. Nachdem Sie die Kontraktion fünf Sekunden lang ausgehalten haben, entspannen Sie sich beim Ausatmen und zählen dabei wieder bis fünf. Wiederholen Sie die Zusammenziehung dreimal; nach der dritten Wiederholung entspannen Sie sich, bleiben noch fünf Minuten bei der Yogi-Atmung und richten Ihre Aufmerksamkeit auf die Energie, die durch das dritte Chakra nach oben fließt.

Diese Übung ist besonders hilfreich, wenn Empathie und Mitgefühl entwickelt werden sollen, da diese Übung den Energiefluß durch und über das Solarplexuschakra hinaus anregt. Für Menschen, die Schwierigkeiten haben, Bindungen einzugehen und Beziehungen über längere Zeit hin aufrechtzuerhalten, kann das die entscheidende Kontraktionsübung sein. Durch Anregung des Solarplexus übt sie praktisch auf das gesamte sympathische Nervensystem einen Reiz aus. Die Anregung des sympathischen Nervensystems begünstigt den Fluß von Nervenenergie, und dadurch wird wiederum die Ernährung, der Assimilationsprozeß und das Wachstum unterstützt. Außerdem ist überhaupt keine emotional befriedigende Erfahrung beziehungsweise emotionale Reaktion möglich, ohne daß der physische Körper beteiligt ist. Der physische Körper aber steht unter direkter Kontrolle des sympathischen Nervensystems. Wenn wir also das dritte Chakra anregen, üben wir einen Reiz auf jene Wahrnehmungszentren aus, die es ermöglichen, emotionale Energie vollständig durch den physischen Körper zum Ausdruck zu bringen.

Die Zusammenziehung der Wurzel

Die dritte Kontraktionsübung ist Mulabandha, die Zusammenziehung der Wurzel. Es ist die schwierigste der drei Übungen. Ihr Nutzen für uns beruht vor allem auf ihrem starken Einfluß auf die an der Basis der Wirbelsäule gespeicherte

Kundalinikraft und auf die sexuelle Energie des zweiten Chakras. Beim ersten Teil der Wurzel-Kontraktion muß der Afterschließmuskel zusammengepreßt und eingezogen werden, etwa so, als ob man die Darmtätigkeit zurückhalten wollte. Dann zieht man die Geschlechtsorgane zusammen, so daß im gesamten Unterleib und Harntrakt eine Kontraktion besteht. Im letzten Teil der Übung ziehen Sie auch den Unterbauch in der Gegend des Nabels ein und drücken ihn nach hinten in Richtung der Wirbelsäule. Dadurch werden Rektum und Geschlechtsorgane nach oben und hinten in Richtung des Rückens gezogen.

Diese Kontraktionsübung wird beim Ausatmen durchgeführt und fünf Sekunden lang ausgehalten. Zählen Sie danach wieder bis fünf und entspannen Sie sich dabei. Diesen Vorgang wiederholen Sie dreimal. Nach der dritten Wiederholung entspannen Sie den Körper, gehen zur Yogi-Atmung über und ruhen fünf Minuten oder so lange, wie Sie es als angenehm empfinden. Dabei richten Sie Ihre Aufmerksamkeit auf den Energiestrom im Unter- und Oberbauch und an der unteren Wirbelsäule.

Diese Übung hat zur Folge, daß Blockierungen im ersten und zweiten Chakra aufgelöst werden und dadurch sowohl sexuelle und kreative Energie angeregt als auch die Kundalini geweckt wird, die schlafend an der Basis der Wirbelsäule ruht.

Sobald Sie Fortschritte machen, können Sie eine nützliche Variante dieser Übung durchführen. Sie sollten damit aber erst beginnen, wenn Sie die einzelnen Zusammenziehungen beherrschen.

Bei dieser abgewandelten Übung kauern Sie auf den Fersen, die Hände liegen auf den Oberschenkeln. Schließen Sie die Augen und gehen Sie zur Yogi-Atmung über. Nach zwei bis drei Minuten führen Sie die Zusammenziehung der Wurzel durch. Entspannen Sie sich, ohne die Kontraktion weiter aufrechtzuerhalten. Dann wenden Sie die Zusammenziehung des Zwerchfells an und entspannen ebenfalls. Schließlich führen Sie die Genick-Kontraktion durch und entspannen wieder. Wiederholen Sie die drei Kontraktionsübungen dieser Reihenfolge rhythmisch etwa drei bis vier Minuten lang. Der Atem wird ganz von selbst bei den ersten beiden Zusammenziehungen ausströmen, bei der dritten werden Sie einatmen. Nach einigen Augenblicken wird der physische Körper ins Schwitzen kommen und Sie scheiden Giftstoffe aus. Das bedeutet eine Reinigung für den physischen Leib und ist ein sehr nützlicher Vorgang, denn der freie Fluß des Prana durch das feinstoffliche Energiesystem wird behindert, wenn der physische Leib in irgendeiner Weise verstopft ist. Wenn Sie diese Übungen gründlich und gewissenhaft durchführen, so unterstützen Sie auch die Erweckung der Kundalini und regen an, daß sie sich nach oben in Richtung des Scheitelchakras bewegt. Sobald Sie stärker werden, können Sie die Dauer dieser Übung von drei bis vier auf zehn Minuten steigern. Es ist aber wichtig, daß Sie sich nie überanstrengen. Achten Sie auf Ihren Körper und auf Ihre Intuition und hören Sie auf, wenn es diese beiden von Ihnen verlangen. Überanstrengung bringt keine Hilfe für Ihr Energiesystem, sondern ist gefährlich und kann zu ernsten Schwierigkeiten führen. Bleiben Sie also immer ganz locker.

Öffnen und Ausbalancieren der Chakras

Unsere nächste Übung ist das Ausbalancieren der Chakras. Sie steigert den Energiefluß, der durch die Chakras geht und sorgt für Ausgleich.

Das Ausbalancieren der Chakras in Verbindung mit den ersten drei Übungsfolgen dieses Kapitels wird Ihre Fähigkeit fördern, Energie frei auszustrahlen.

Beginnen Sie mit dem Ausbalancieren der Chakras in der gleichen Position, mit der Sie die Kontraktionsübungen abgeschlossen haben. Es spielt keine Rolle, ob Sie die Übung im Liegen oder Sitzen durchführen. Achten Sie aber darauf, daß Ihr Rücken gerade bleibt. Die Augen halten Sie geschlossen. Sie sollten ganz entspannt sein.

Jetzt beginnen Sie rückwärts von fünf nach eins zu zählen,

und bei jeder absteigenden Zahl machen Sie einen tiefen, langen Atemzug und fühlen, wie Sie sich immer mehr entspannen. Es ist nicht notwendig, den Geist auf irgendeine Weise zu kontrollieren. Lassen Sie ihn einfach gehen, wohin er will. Wenn Sie bei der Zahl Eins angekommen sind, sagen Sie unhörbar die Affirmation »Ich bin tief entspannt. Ich fühle mich besser als zuvor.«

Richten Sie nun Ihre Aufmerksamkeit auf das erste Chakra an der Basis der Wirbelsäule. Sobald Sie die Aufmerksamkeit auf dieses Chakra gerichtet haben, wird es zu vibrieren und zu kribbeln beginnen. Sie können auf diese Weise jedes Chakra lokalisieren, denn dieses Kribbeln stammt immer aus dem Zentrum eines Chakras. Wenn Sie die Aufmerksamkeit auf Ihre Chakras richten, werden Sie spüren, wie sie sich öffnen und ausdehnen. Sie können genau die Stellen spüren, an denen sie sich befinden, und das Pulsieren und Kribbeln wahrnehmen, das entsteht, wenn die Energien durch die Chakras hindurch in die Aura fließen.

Indem Sie die Aufmerksamkeit auf das erste Chakra richten, spüren Sie nicht nur, an welcher Stelle es sich befindet, die mentale Kraft Ihrer Aufmerksamkeit dient auch dazu, das Chakra zu aktivieren. Diese mentale Anregung ist der erste Schritt zur Öffnung der Chakras. Der nächste Schritt besteht darin, von jedem der Chakras aus zu atmen. Damit können Sie die Chakras noch weiter anregen, weil Sie die dem Atem eigene Energie, eine Manifestation des Prana (der Lebenskraft) bis in die Chakras befördern. Wenn Ihnen diese beiden Werkzeuge, der Geist und der Atem, zur Verfügung stehen, können Sie ohne Mühe den Prozeß der Öffnung und des Ausbalancierens Ihrer Energiezentren in Gang setzen. Beginnen Sie mit dem ersten Chakra an der Basis der Wirbelsäule und richten Sie Ihre mentale Aufmerksamkeit darauf. Als nächstes atmen Sie durch das Chakra ein und ohne Unterbrechung zwischen Ein- und Ausatmung wieder aus. Dabei chanten Sie das heilige Om vom Chakra aus.

Es ist wichtig, beim letzten Abschnitt der Übung (dem Chanten beim Ausatmen) daran zu denken, daß der melodische Ton, den Sie von sich geben, eine Sympathieschwingung im Chakra verursachen muß, so wie eine Sympathieschwingung in einer Violinsaite entsteht, wenn man eine Stimmgabel anschlägt, die den gleichen Ton erzeugt. Danach wiederholen Sie den Vorgang des Om-Chantens dreimal von jedem Chakra aus, beginnend an der Basis der Wirbelsäule und aufsteigend bis zum Scheitelchakra.

Erhöhen Sie das Om bei jedem Chakra um einen Ton, dabei beginnen Sie beim ersten Chakra mit dem G und gehen die sieben Töne der Tonleiter durch, während Sie die sieben Chakras hinaufsteigen.

Nachdem Sie von jedem Chakra aus dreimal gechantet haben, verharren Sie mit geschlossenen Augen etwa fünf Minuten in dieser Position. Setzen Sie die Yogi-Atmung ein und achten Sie darauf, wie Sie sich physisch, emotional und mental fühlen. Nach fünf Minuten (oder sobald Sie mental ein Gefühl der Befriedigung spüren) zählen Sie von eins bis fünf. Wenn Sie die Zahl Fünf erreichen, öffnen Sie die Augen. Sie fühlen sich hellwach, vollkommen entspannt und besser als zuvor.

Die Kombination dieser Techniken, also die physische Entspannung, die Kontraktionsübungen und das Ausbalancieren der Chakras, dauert insgesamt nur etwa fünfzehn Minuten. Selbst nach dieser kurzen Zeit kann das Ergebnis dieses Zusammenwirkens schon sehr beachtlich sein. Dabei werden die Chakras nicht nur geöffnet, sondern auch ausbalanciert, dadurch entsteht ein gesunder Energiefluß im feinstofflichen Energiesystem, und dieser wiederum kräftigt und belegt den physischen Körper und das Nervensystem. Das schützt den Menschen vor Negativität, auf die er sowohl in seiner inneren als auch in der äußeren Umwelt trifft.

Im Idealfall werden diese Techniken jeden Tag, und zwar am Morgen oder am späten Nachmittag, angewandt. Ich empfehle nicht, die Übungen kurz vor dem Schlafengehen durchzuführen, da sie die Neigung besitzen, die Nerven anzuregen, und das könnte Sie wachhalten. Wenn Sie die Techniken regelmäßig üben, werden Sie die Auswirkungen bald spüren. Ihr Geist wird wacher und die »inneren Dialoge« verschwinden. Die Angst nimmt ab, Sie fühlen sich entspannter und entwickeln eine größere mentale Offenheit. Außerdem steigt Ihr Energiepegel an, und das erfüllt Sie mit einem starken Gefühl des Wohlbefindens.

Schließlich verhelfen Ihnen diese Übungen durch Freisetzung alter Energiereservoire und Anregung des Energiestroms durch das feinstoffliche Energiesystem zur Wiedererfahrung und zum Ganzwerden. Sie kommen damit zur Ganzheit und zur bedingungslosen Freude.

14. Kapitel

Prana und Reinigung der Chakras

> Wenn durch die Pforten dieses Leibs
> Der helle Schein des Wissens bricht,
> Die Führung hat die ,Wesenheit',
> Das glänzende Erkenntnislicht.
>
> *Bhagavadgita*

Prana bedeutet in Sanskrit soviel wie die »absolute Energie«. Prana ist die Urquelle aller Formen von Energie, die es in unserem multidimensionalen Universum gibt. Prana wird in Verbindung mit Bewußtsein auf geheimnisvolle Weise lebendig. Wenn diese Lebenskraft sich mit Materie verbindet, entstehen unendlich viele Lebensformen, die das manifeste physische Universum bewohnen. Die Bewußtseinsebene einer bestimmten Lebensform ist abhängig von den Pranafrequenzen, die sie durch ihr feinstoffliches Energiesystem leiten und dort speichern kann. Bei Tieren ist das ein wesentlich niedrigerer Frequenzbereich als beim Menschen, und der geistige Mensch wiederum weist wesentlich höhere Frequenzen auf als der primitive Mensch. Im Bewußtsein aller Lebewesen gibt es ständige Veränderungen, die auf Schwankungen der Energieschwingungen beruhen, die durch den Organismus fließen. Das Ausmaß dieser Schwankungen kann aber nie größer sein als das Fassungsvermögen der Chakras und Nadis, die diese Energie weiterleiten, noch kann es die Kapazität der Auren übersteigen, in denen die Energie gespeichert wird.

Die Auren

Die Auren sind Speicher feinstofflicher Energie. Jede Aura ist der Speicher für einen ganz speziellen Frequenzbereich. Man glaubt, daß das Wort Aura sich von dem Sanskritwort *ar* herleitet, das bedeutet »Speiche« (etwa die Speiche eines Rades). Man könnte sich die Aura als eine Ausstrahlung vorstellen, die von einem ganz bestimmten Punkt ausgeht. Sie wird manchmal als die Ausstrahlung von Prana oder Lebenskraft beschrieben und ist ein gemeinsames Merkmal aller Lebensformen.

So gesehen kann man sich die Aura eines bestimmten Wesens als eine feinstoffliche Emanation oder Erweiterung eines Teilfeldes innerhalb des persönlichen Energiefeldes dieser Wesenheit denken. Die Aura ist eine Erweiterung des persönlichen Energiefeldes eines Lebewesens, die über die Bewußtseinszentren im persönlichen Energiefeld dieses Lebewesens hinaus ausstrahlt. Man könnte die Aura auch mit der Erdatmosphäre vergleichen, die unseren Planeten umgibt. Die Atmosphäre ist nicht die Erde selbst, aber sie steht in enger Beziehung zur Erde, sie übt einen Einfluß auf die Erde aus, und sie wird von der Erde beeinflußt. Die Atmosphäre reicht weit über den Planeten hinaus und wird um so dünner, je größer die Entfernung ist. Sie wirkt als eine Art Puffer zwischen der Außenwelt, dem Weltraum, und dem Planeten selbst. Die Auren gehen über den physischen Leib und die feinstofflichen Körper hinaus und dienen wie die Atmosphäre als Puffer zwischen dem Menschen und seiner äußeren Umgebung.

Der Einfluß der Auren auf das Wohlbefinden des Menschen sollte nicht unterschätzt werden. Es ist wichtig, daß die Auren gesund sind und sich im Gleichgewicht miteinander befinden, damit die Gesundheit des feinstofflichen Energiesystems erhalten bleibt und eine gesunde Wechselbeziehung zwischen dem Menschen und seiner äußeren Umgebung möglich ist.

Erkenntnisse über die Auren und ihre Funktionen sind in

vielen Kulturen seit Tausenden von Jahren zu finden. Sowohl in Babylon, im alten Ägypten, in China, Indien, Israel und Griechenland als auch in den meisten, wenn nicht sogar in allen Stammesüberlieferungen wurde die Existenz der menschlichen Ausstrahlungen und besonders der Aura anerkannt und symbolisch dargestellt. Wir können solche Darstellungen etwa im Kopfschmuck der ägyptischen Priester erkennen, in den Auren, von denen die frühchristlichen Heiligen umgeben sind, und in den Verkörperungen des Großen Buddha. Die Druiden glaubten an eine flüssige Aura und gebrauchten aurische Flüssigkeit beim Gießen von Schmucksachen, um den späteren Träger mit dieser Lebenskraft zu versorgen.

Die Alten hielten die Aura für eine Emanation des Blutes. Bei der Kommunion kommt es durch das Trinken des Blutes Christi zu einer symbolischen Verschmelzung des aurischen Feldes des Gläubigen mit dem Feld der Christus-Aura. Auch in der Bibel gibt es viele Hinweise auf das aurische Feld. Als Moses vom Berg Sinai herabstieg, soll sein Antlitz so geleuchtet haben, daß ihn die Israeliten nicht anblicken konnten. Der heilige Stephanus, der erste christliche Märtyrer, begann zu glühen, und sein Antlitz fing an zu strahlen, als man ihn um seines Glaubens willen steinigte.

Die meisten Experten stimmen darin überein, daß es drei Auren gibt. Die spirituelle Aura ist der Speicher spiritueller Energie. Sie umgibt den Menschen eiförmig und erstreckt sich etwa acht Meter gleichmäßig nach allen Seiten über den physischen Körper hinaus. Die mentale Aura ist ein Reservoir mentaler Energie. Sie umgibt den Menschen ebenfalls eiförmig und erstreckt sich etwa zweieinhalb Meter nach allen Richtungen. Die ätherische Aura ist ein Reservoir der Energie des Astralleibes, des ätherischen Doppels und des physischen Körpers. Ebenso wie die spirituelle und die mentale Aura ist sie eiförmig und umhüllt den Menschen. Ein wesentliches Merkmal der ätherischen Aura ist es, daß die in ihr vorhandene Energie pulsiert und vom Atem beeinflußt werden kann. Aufgrund dieser Eigenschaft hat der Mensch die Möglichkeit, auf die Beschaffenheit seiner ätherischen Aura durch die Yogi-Atmung positiv einzuwirken.

Jeder Mensch besitzt seine persönliche Aura, die sich aus der spirituellen, der mentalen und der ätherischen Aura zusammensetzt. Die persönlichen Auren einer Gruppe oder Menschenansammlung können sich miteinander verbinden, und wenn in einer Gemeinschaft eine dominierende Stimmung oder ein gleichgestimmtes Gefühl herrscht, können sich die einzelnen Auren zu einer Kollektivaura dieser Gruppe zusammenschließen. Eine solche Kollektivaura ist in Städten wahrzunehmen oder an anderen Orten, an denen viele Menschen zusammenkommen. Die von einer Gruppe erzeugte Kollektivaura hat eine starke Wirkung auf jeden, der davon erfaßt wird. Sie kann den einzelnen in ein kollektives Energiefeld hineinreißen und ihn dadurch in gewissem Sinne manipulieren und zur energetischen und mentalen Beteiligung an der Gruppe veranlassen.

In Gruppen, die zusammentreffen, um gemeinsam ihrer Hingabe, Andacht und Liebe Ausdruck zu geben, kann die Kollektivaura das vorherrschende Feld derart intensivieren, daß manche Menschen auf viel höhere Energie- und Bewußtseinsebenen emporgetragen werden, als es ihrem normalen Stadium entspricht. Andererseits wird mancher Unbeteiligte inmitten eines Pöbelhaufens von einem Massengefühl erfaßt und muß große Kraft aufwenden, um der vereinten mentalen und emotionalen Anziehungskraft des negativen Feldes zu widerstehen und seine Aura von Verunreinigung freizuhalten.

Anziehung und Ablehnung

Die Fähigkeit, sich mit einem anderen Menschen zu verbinden und ihn energetisch wahrzunehmen, indem man die ihn umgebenden Energiefelder spürt, ist eine allen menschlichen Wesen angeborene Gabe. Wenn Energiefelder vorwiegend auf der Ebene des Unbewußten wahrgenommen werden, so machen sie sich oft als ein unbestimmtes positives oder negatives Gefühl bemerkbar, das darüber bestimmt, welche Einstellung wir jemandem gegenüber haben. Das den Menschen einhüllende Energiefeld, das sich aus dessen spiritueller, mentaler und ätherischer Aura zusammensetzt, hat einen starken Einfluß darauf, ob wir jemanden mögen, ob wir uns mit jemandem wohlfühlen oder ihm vertrauen. Im Umgang mit anderen Menschen fällen wir unser Urteil sehr viel häufiger danach, welches Gefühl jemand in uns hervorruft, als danach, was er für uns tut. Menschen werden von anderen Menschen angezogen, deren Auren in der eigenen Aura Resonanz hervorrufen. Auch wenn sich jemand in seiner Handlungsweise verstellt oder uns durch seine äußere Aufmachung täuschen will, sein Energiefeld wird ihn verraten, und er wird von jedem erkannt, dessen Energiefeld im gleichen Frequenzbereich mitschwingt.

Die Forschung der Energiefelder des Menschen hat gezeigt, daß immer dann, wenn sich die mentalen und ätherischen Auren von Menschen berühren, die einander sympathisch sind, es zu einer Verschmelzung ihrer Felder kommt. Die Energiefelder fließen ineinander und durchdringen beide Partner mit einem tiefen Gefühl der Zugehörigkeit, das sie bis zur Wahrnehmung der Einheit führen kann.

Morphogenetische Felder

Die Arbeit von Wissenschaftlern wie Rupert Sheldrake berechtigt zu der Annahme, daß es eine wissenschaftliche Erklärung für Verhalten und Wechselwirkungen im Leben des Menschen gibt. Ihre Grundlage sind Energiefelder und die menschliche Aura. Sheldrake bezeichnet Energiefelder, besonders die des Menschen, als morphogenetische Felder. In seinem Buch *Das schöpferische Universum* stellt er die Behauptung auf, daß alle Lebensformen, von den Viren bis hin zum Menschen, ihre Struktur nicht ausschließlich von der Desoxyribonukleinsäure (DNS) oder von bekannten phy-

sischen Ursachen ableiten, sondern auch von der Einwirkung vergangener Formen (Felder). Sheldrake nennt diese Einwirkung morphogenetisch (abgeleitet vom griechischen Wort *morphe*, das soviel wie Gestalt oder Form bedeutet, und *genesis*, das heißt Werden, Entstehen).
Nach Sheldrake werden Form und Entwicklung nicht nur von Lebewesen, sondern auch von Materie (etwa bei der Kristallbildung) von morphogenetischen Feldern bestimmt und aufrechterhalten. Diese Felder überschneiden sich, ihre Wirkungsweise beruht auf dem Prinzip »Gleiches zieht Gleiches an«. Menschliche Energiefelder haben beispielsweise kaum Einfluß auf Ratten. Lebensformen geraten durch ein Phänomen unter den Einfluß der morphogenetischen Felder, das Sheldrake als »morphische Resonanz« bezeichnet, darunter versteht er so etwas wie eine Einstellung auf die Wellenlänge vergangener Lebensformen. Die morphische Resonanz wirkt über Zeit und Raum hinweg.

So nimmt etwa ein Getreidehalm seine charakteristische Gestalt und Form nicht allein deswegen an, weil seine DNS es so bestimmt, sondern weil er zum gleichen Feld Zugang hat, an dem alle Getreidehalme vor ihm Anteil hatten. Dieses Feld begleitet ihn durch seine gesamte Entwicklung mit morphischer Resonanz. Sheldrake beschreibt diesen Prozeß als eine Art Kollektiverinnerung innerhalb einer Art, zu der alle ihre Mitglieder beitragen und auf die sich alle beziehen.

Er ist der Ansicht, daß eine Hierarchie morphogenetischer Felder besteht. Für den menschlichen Organismus gäbe es also ein Feld, das die Entwicklung der Zellen steuert, darüber ein anderes Feld, das den verschiedenen Zellgeweben wie etwa Herz und Leber zugeordnet ist, darüber wieder eines für den menschlichen Körper als Ganzes. Schließlich nimmt Sheldrake an, daß ein morphogenetisches Universalfeld alle diese einzelnen Felder durchdringt. Von ihm stammen die Strukturen aller Lebensformen.

Sheldrake führt seine Idee noch weiter aus und stellt die Theorie auf, daß die Existenz morphogenetischer Felder das Verhalten und Denken wenn schon nicht kontrolliert, so doch beeinflußt. Sobald eine Spezies eine bestimmte Verhaltensweise oder Idee übernimmt, wird sie Teil des morphogenetischen Feldes dieser Art. Infolgedessen wird es für spätere Generationen leichter, eine bestimmte Verhaltensweise zu erlernen, selbst für die Mitglieder der Spezies, die keinen physischen Kontakt mehr zu den früheren Generationen haben, die vordem die neue Verhaltensweise erlernten. Sie übernehmen sie einfach, wenn sie durch Umstände oder Umwelt dazu veranlaßt werden, sich in jenen Teil des Feldes einzuschalten.

Als Sheldrake nach Beweisen für die morphische Resonanz suchte, begann er die umfangreiche Literatur über Laborversuche durchzuarbeiten, die sich mit tierischem Verhalten beschäftigten. Er wußte, wenn er recht hatte, dann müßte jede Ratte, die in einem Labor in irgendeinem Teil der Welt eine Fertigkeit erlernte, es jeder Ratte in seinem Laboratorium in einem anderen Teil der Welt erleichtern, die gleiche Fertigkeit zu erlernen.

Zuerst war Sheldrake skeptisch, denn er ging davon aus, daß man es sicher schon längst bemerkt hätte, wenn seine Annahme zuträfe. Er wollte sein Vorhaben schon fast aufgeben, als er erkannte, daß die Beweise längst vorhanden sein konnten, ohne daß jemand ihre wahre Bedeutung abzuschätzen wußte. Schließlich stieß er auf eine Reihe von Experimenten, die 1920 in Harvard von W. McDougall durchgeführt worden waren. Dieser hatte versucht, eine Hypothese zu beweisen, die sich von der Sheldrakes ein wenig unterschied. Ihm war es seinerzeit darum gegangen, daß Wissen auf genetischem Weg von den Eltern an die Kinder weitergegeben wird.

Mc Dougall führte sein Experiment an zweiunddreißig Generationen weißer Ratten durch. Jede Ratte wurde in eine Wanne mit Wasser gesetzt. Ein Entkommen war nur durch einen von zwei vorhandenen Gängen möglich. Versuchte die Ratte, durch den hell erleuchteten Gang zu entkommen, erhielt sie einen elektrischen Schlag, auf dem schwach erleuchteten Weg dagegen nicht. Die ersten Rattengenerationen lernten sehr langsam mit durchschnittlich 56 Fehlern pro

Tier, aber jede Nachkommensgeneration machte immer weniger Fehler, und bei der letzten Testgruppe gab es im Durchschnitt nur noch zwanzig Fehlversuche. Eine ähnliche Kurve zeigte sich beim Vergleich des Verhaltens der am langsamsten lernenden und der intelligentesten Tiere. Außerdem bemerkte man, daß viele Ratten späterer Generationen in ihren Reaktionen deutlich vorsichtiger und zögernder waren. Es schien offenkundig, daß hier eine Art ungelerntes Wissen wirksam war.

Erst vor kurzem hat der Psychologe Arden Mahlberg von den *Midwestern Psychological Services* in Madison (Wisconsin) durch ein einzigartiges Experiment Sheldrakes Hypothese zu einer gewissen Glaubwürdigkeit verholfen.

Er legte Studenten einen Geschwindigkeitstest zum Erlernen des Internationalen Morsealphabets und einen zweiten Test mit einem neuartigen Code vor, der ebenfalls aus derartigen Symbolen bestand. Er teilte die Studenten in mehrere Gruppen ein und testete jede Gruppe für sich zu einer anderen Zeit.

Es stellte sich heraus, daß das Morsealphabet für die erste Gruppe leichter zu erlernen war als der neue Code, genau wie es zu erwarten wäre, wenn morphogenetische Felder existierten. Als dieser neuartige Code aber von einer immer größeren Zahl von Studenten erlernt war, fiel den späteren Testgruppen das Lernen immer leichter, und die letzte Gruppe beherrschte den neu entwickelten Code sogar schneller als das Morsealphabet. »Die beiden Codes«, sagte Mahlberg, »lieferten den Beweis für Sheldrakes Phänomen.«

Die Verbindung zwischen Gehirn und Geist

Jüngste Forschungsarbeiten über die Natur des Denkens und über die Beziehung zwischen Gehirn und Geist haben zu neuen wissenschaftlichen Erkenntnissen geführt, die die Tatsache zu bestätigen scheinen, daß Energiefelder, insbesondere solche für Geist und Denken, existieren.

Karl Pribram, Wissenschaftler an der Stanford-Universität, begann im Jahre 1946, die Beziehung zwischen Gehirn und Geist zu untersuchen. Er arbeitete am *Yerkes Laboratory of Primate Biology*, an dem auch der Physio-Psychologe Karl Lashley tätig war. Lashley untersuchte präparierte Schnitte aus dem Gehirn von Ratten, um festzustellen, ob bestimmte Erinnerungen, Erinnerungsspuren oder Engramme in einzelnen Teilen der Großhirnrinde nachweisbar sind. Als er bemerkte, daß seine dressierten Ratten noch immer imstande waren, einmal erlernte Aufgaben zu lösen, auch wenn man große Teile ihres Gehirngewebes entfernte, entwickelte er die unkonventionelle Theorie, daß Erinnerung auf irgendeine Weise im gesamten Gehirn verteilt ist.

Diese These warf grundlegende Fragen auf: Wo ist das Bewußtsein im physischen Gehirn kodifiziert? Ist »Geist« etwas außerhalb des physischen Gehirns Befindliches, etwas Unkörperliches, Spirituelles?

In den späten sechziger Jahren entwickelte Pribram aus derartigen Fragen sein holographisches Modell des Gehirns. Pribram ging davon aus, daß das Gehirn Information über mathematische Codes speichert, ähnlich wie sie bei der Holographie eine Rolle spielen. Die Holographie ist ein photographisches Aufnahmeverfahren, das ohne Linse arbeitet. Die Technik wurde 1947 von Dennis Gabor erfunden.

Im Gegensatz zur gewöhnlichen Photographie, die ein zweidimensionales Bild eines Objekts liefert, ist das Hologramm eine naturgetreue dreidimensionale Darstellung, die durch Licht erzeugt wird. Ein auf Film gespeicherter holographischer Code gleicht überhaupt nicht dem visuellen Bild, er ist eher eine Aufzeichnung der vom Objekt ausgehenden Schwingungsstrukturen. Stellen Sie sich vor, daß Sie zwei Kieselsteine in einen Teich werfen und daß nun die Wasserfläche augenblicklich zufriert, so daß die sich überschneidenden Wellenmuster im Augenblick ihres Entstehens einfrieren und so die Bewegung der Kiesel in einem bestimmten Moment bewahren. Genau auf diese Weise kommt ein Hologramm zustande. Von einem Strahl Lichtenergie, meist von einem

Laserstrahl, wird ein Teil abgespalten und fällt direkt auf den holographischen Film. Er dient als sogenanntes Referenzbündel. Der andere Teil des Strahls wird zuerst vom zu photographierenden Objekt reflektiert. Dann überschneiden sich die beiden Strahlen auf dem Film, der das Interferenzmuster der beiden einander durchdringenden Wellenfronten speichert: den unverfälschten Referenzstrahl und sein identisches Gegenstück, den vom Objekt »gestörten« Strahl. Diese »Störung« zeichnet das Hologramm auf, obwohl auf dem Film praktisch nur ein scheinbar sinnloses Muster dunkler und heller Wirbel zu sehen ist. Wird dieses Muster aber durch einen Rekonstruktionsstrahl beleuchtet, das heißt, durch einen Laserstrahl, der mit dem ursprünglichen Referenzstrahl identisch ist, erscheint ein dreidimensionales Bild. Es ist, als ob das Wellenfeld des Objekts die ganze Zeit über auf der holographischen Filmplatte eingefroren gewesen wäre, bis der Strahl es wieder zum Leben erweckt und es seinen Weg zu unserem Auge fortsetzen kann.

Dieser Vorgang entspricht der Theorie, die Pribram über die in unserem Gehirn gespeicherten Erinnerungen und Bilder aufgestellt hat. Wenn wir uns an etwas Bestimmtes erinnern wollen, meint Pribram, setzen wir vielleicht einen solchen speziellen »Rekonstruktionsstrahl« ein, um eine kodifizierte Erinnerung schnell aufzufinden. Pribram richtete seine Aufmerksamkeit auch auf eine andere Eigenschaft des Hologramms, nämlich auf die Tatsache, daß das Hologramm über seine ganze Oberfläche das gesamte Lichtwellenfeld aufzeichnet und es immer wieder wiederholt. Wenn man also ein Hologramm zu Boden fallen läßt, es in Stücke zerbricht und nur ein Bruchstück der Platte gerettet werden kann, so würde das immer noch ausreichen, um das ganze Bild zu rekonstruieren. Pribram glaubt, daß auf gleiche Weise die im Gehirn verteilten Codes dafür sorgen, daß Erinnerungen auch nach ganz verheerenden Hirnschäden überdauern können. Demnach sei das, was wir als Geist bezeichnen, im physischen Gehirn als eine Art geistiges Hologramm gespeichert, das überall und nirgends zugleich lokalisiert ist.

In einem Interview wurde Pribram im Jahre 1982 gefragt, ob der Geist Teil eines universellen Ganzen, eines Universalfeldes, sein könnte. Er vertrat die Ansicht: Die Welt ist kein Hologramm, nur ein Aspekt, eine Ordnung, ist holographisch. Aber das Gebiet der Holographie ist in einem anderen Sinn holistisch als in der Bedeutung des Wortes in der Gestalttheorie. Nach den Gestaltgesetzen ist das Ganze größer als und unterschiedlich von der Summe seiner Teile, während bei einem Hologramm jedes Teilchen im Ganzen verteilt und das Ganze in seinen Einzelteilen enthalten ist. David Bohn, Professor für Theoretische Physik am *Birkbeck College* in London und Autor des Buches *Wholeness and the Implicate Order,* kam über die Quantenphysik zur gleichen Auffassung, und das führte zu einer wissenschaftlichen Betrachtungsweise der spirituellen Aspekte der menschlichen Erfahrung. Zum erstenmal in dreihundert Jahren berücksichtigt die Wissenschaft bei ihrer Forschung spirituelle Werte.

»Das Ei«

Bei der psycho-spirituellen Integration ist die Gesundheit des persönlichen Energiefeldes (der Auren) des Menschen und die Fähigkeit, auf heilsame Weise mit anderen Energiefeldern in Wechselbeziehung zu stehen, dermaßen wichtig, daß wir es nicht dem Zufall überlassen dürfen, ob die Auren gesund und kräftig bleiben. Wir müssen sicherstellen, daß unsere Auren in der Lage sind, die Energie angemessen zu speichern und zu verteilen, und daß Energie ungehindert in sie einströmen und wieder ausfließen kann. Außerdem müssen unsere Auren imstande sein, ungesunde Energiefrequenzen in gesunde Schwingungen zu verwandeln. Um Gesundheit und Ausgeglichenheit in den Auren und ihre Sensibilität gegenüber äußeren Feldern zu fördern, habe ich eine Technik entwickelt, die ich »das Ei« nenne.

»Das Ei« hat eine starke Wirkung auf das feinstoffliche Energiesystem, insbesondere auf die Auren. Es kräftigt sie und hilft, ihre Reinheit zu erhalten, besonders auch dann, wenn sie mit Feldern in Kontakt kommen, die normalerweise eine Störung verursachen würden. Die Kraft und die Reinheit der Auren hängt sowohl von der Qualität und Quantität der in ihnen enthaltenen Energien ab als auch von den herrschenden Druckverhältnissen. Der Energiedruck innerhalb der persönlichen Auren des Menschen ist deshalb so wichtig, weil er über die Beziehung jeder einzelnen Aura zu den benachbarten Auren entscheidet. Der Druck in den Auren wird von der Menge des Prana in den Auren bestimmt und von der Fähigkeit der Chakras, ankommende Energiefrequenzen zu verwandeln und wirksam und rasch einen Reiz auf die Auren auszuüben. Der Druck muß berücksichtigt werden, weil er einen starken Einfluß auf die gesamte Kraft des den Körper umgebenden aurischen Feldes hat. Das erste Anzeichen für eine ernste Störung des Energiedrucks in den Auren ist ein Versagen des Willens. Wir können sagen, daß der Wille von der Energie abhängig ist. Je größer die Reinheit des feinstofflichen Energiesystems, das heißt, je weniger Blockierungen vorhanden sind und je stärker und beständiger der Druck ist, um so stärker und beständiger ist auch die Willenskraft des Menschen. Der Eintritt von Energie von außen in das Energiesystem des Menschen, die Fähigkeit der Energie, in das aurische Feld einzudringen und darin enthaltene Energiefrequenzen umzuwandeln, steht in direktem Zusammenhang mit der Willenskraft des Menschen. Mit anderen Worten: Wir können den Willen nicht ausschließlich als einen Aspekt des Geistes betrachten, sondern auch als eine integrierte Funktion unseres feinstofflichen Energiesystems und Mentalkörpers. Passivität, die Folge eines Versagens der Willenskraft, entsteht durch Absinken des Drucks in den aurischen Feldern. Ich habe »das Ei« entwickelt, um die Auren und die Willenskraft zu stärken. Diese Übung wird dazu beitragen, die Schwierigkeiten im Bereich der Energie zu beheben, die zu dem passiven Zustand geführt haben. Die Übung erzielt ihre Wirkung durch Öffnung der Chakras, Steigerung des Energieflusses durch die Nadis und Anhebung und Regulierung des Drucks im feinstofflichen Energiesystem, besonder in den Auren.

»Das Ei« wird zu zweit durchgeführt. Der eine Partner behandelt jeweils den anderen. Den Partner, der die passive Rolle übernimmt, bezeichnen wir als den »Patienten«. Der Partner, der die Behandlung ausführt, wird »Heiler« genannt. Suchen Sie zuerst einen ruhigen, gemütlichen Raum mit einer guten Atmosphäre auf, in dem Sie nicht gestört werden. Der Patient legt sich bäuchlings auf den Boden oder auf ein Kissen, die Hände liegen locker an den Seiten. Der Patient geht zur Yogi-Atmung über, er entspannt sich und wird innerlich ruhig. Sobald er entspannt ist und sich wohlfühlt, legt er die Zunge an den Gaumen unmittelbar hinter den Zähnen, um Yang und Yin, die wichtigsten Energieströme, die durch sein feinstoffliches Energiesystem fließen, miteinander zu verbinden. Der Heiler beginnt seine Behandlung mit einer kurzen Meditation, die die »Zweite Aufmerksamkeit« aktiviert und seine Chakras öffnet, so daß sie zu einem wirksamen Kanal für die Energie werden. Die einfachste Art, die richtige Bewußtseinsebene zu erreichen, besteht darin, daß der Heiler einige Augenblicke zur Yogi-Atmung übergeht, während er dicht beim Patienten auf den Fersen hockt, das Gesicht dessen Füßen zugewandt. Sobald sich der Heiler entspannt fühlt, zählt er mental rückwärts von fünf nach eins, wobei er mental jede Zahl still für sich wiederholt und visualisiert. Sobald er die Zahl Eins erreicht hat, gebraucht er die mentale Affirmation »Ich bin jetzt tief entspannt. Jedesmal, wenn ich diese Geistesebene erreiche, lerne ich, auf tiefere und heilsamere Ebenen zu gehen.« Dann zählt der Heiler langsam rückwärts von zehn nach eins und visualisiert, daß er bei jeder Zahl eine Stufe auf einer Treppe nach unten steigt, bis er die Zahl Eins erreicht und unten ankommt. Wenn der Heiler den Fuß der Treppe erreicht hat, spürt er, daß er sich auf einer viel tieferen Bewußtseinsebene befindet. Er fühlt sich schwerelos wie eine Feder, so leicht, daß er spürt, wie er zu schweben beginnt. Jetzt sollte sich der Heiler an seinen Ort der vollkommenen Entspannung treiben lassen. Dort bleibt er zwei bis drei Minuten und überläßt sich der Erfahrung der unbedingten Freude seines »Heiligtums«. Nach zwei bis drei Minuten kehrt er mental in den Raum zurück und gebraucht unhörbar die Affirmation »Ich befinde mich jetzt auf der vollkommenen Energieebene, um an ... zu arbeiten« (hier wird der Name des Partners eingesetzt). Dann öffnet der Heiler langsam mit leicht verschwommenem Blick die Augen. Danach legt er seine Zunge an den Gaumen, während er weiterhin die Yogi-Atmung anwendet. Nun reibt der Heiler einige Augenblicke die Hände kräftig aneinander, um sie zu polarisieren, atmet tief durch die Nase ein und hält dann den Atem an. Er hält die Hände (Handflächen nach unten, die Finger locker ausgestreckt) etwa zehn Zentimeter über den physischen Körper des Patienten, innerhalb dessen ätherischer Aura. Nun streicht er mit einer kontinuierlichen Bewegung mit beiden Händen über den Patienten, und zwar beginnt er bei den Füßen und geht hinauf bis zum Scheitel des Patienten, dabei achtet er stets darauf, immer innerhalb der ätherischen Aura des Patienten zu bleiben. Dann atmet der Heiler durch den Mund aus. Diesen Teil der Übung wiederholt der Heiler noch sechsmal, er streicht also insgesamt siebenmal über den Körper seines Patienten.

Nachdem der Heiler die Streichbewegungen abgeschlossen hat, die den ersten Teil einer dreiteiligen Behandlung darstellen, beginnt er mit dem zweiten Teil. Zuerst stellt er fest, wo sich das erste Chakra des Patienten befindet. Dann legt der Heiler seine rechte Hand (Linkshänder benutzen die linke Hand) innerhalb der Aura des Patienten an eine Stelle unmittelbar über dessen erstem Chakra. Danach atmet er tief durch die Nase ein. Während der Heiler den Atem anhält, macht er mit der Hand etwa fünf bis sechs Zentimeter über dem Chakra des Patienten kreisende Bewegungen in entgegengesetzter Richtung zum Uhrzeiger. Der Heiler hält den Atem solange an, wie es ihm ohne Anstrengung möglich ist. Dann kann er durch die Nase ausatmen. Ohne Unterbrechung zwischen Aus- und Einatmen atmet er wieder durch die Nase ein und hält den Atem an, während seine Hand wieder die kreisenden Bewegungen ausführt. Diese Art der Atmung steigert den Pranafluß zwischen Heiler und Patienten und fördert auch die Sensibilität des Heilers. Damit wird es ihm erleichtert, sich empathisch mit dem Patienten zu verbinden. Der Heiler setzt seine Handbewegungen so lange fort, bis er empathisch fühlt, daß sein Patient die auf ihn übertragene Energie aufnimmt. Wenn der Heiler spüren kann, daß die Energie vom ersten Chakra des Patienten ausstrahlt, kann er auf das zweite Chakra übergehen. Auf diese Weise arbeitet sich der Heiler bis zum siebten Chakra des Patienten hoch. Danach dreht sich der Patient um, und der Heiler setzt die Behandlung fort, indem er vom sechsten Chakra aus vorn am Körper des Patienten bis zum ersten Chakra hinunter arbeitet. Der einzige Unterschied besteht darin, daß die kreisende Bewegung der Hand jetzt nicht mehr gegen die Uhrzeigerrichtung durchgeführt wird, sondern im Uhrzeigersinn erfolgt. Nachdem der Heiler an der Vorderseite des Patienten jedes Chakra mit kreisenden Bewegungen behandelt hat, kann er mit dem dritten Teil der Übung beginnen. Dieser Teil ist identisch mit dem ersten Teil, allerdings führt der Heiler die streichende Bewegung nun an der Vorderseite des Körpers, vom Kopf ausgehend bis hinunter zu den Füßen, aus. Der Heiler streicht siebenmal an der Vorderseite des Körpers nach unten. Nach Abschluß der siebten Streichbewegung abwärts braucht der Heiler einige Augenblicke, um selbst wieder Kraft zu schöpfen, während der Patient einfach in der gleichen Stellung liegenbleibt und die Wirkung der Behandlung genießt.

Um sich selbst mit neuer Kraft aufzuladen, entfernt der Heiler seine Hände vom Patienten, sitzt einige Augenblicke ruhig da und geht zur Yogi-Atmung über. Dann visualisiert er eine Energiewelle, die durch das Scheitelchakra in seinen Körper einströmt. Der Heiler soll spüren, wie die Energie hinten an seiner Wirbelsäule entlang hinunterfließt, nach allen Richtungen ausstrahlt und den ganzen Körper mit Energie erfüllt. Das Wiederaufladen mit Energie dauert nur zwei bis drei Minuten. Der Heiler erkennt daran, daß seine höheren Chakras durch die Wirkung der Energie zu glühen beginnen, wenn er wieder mit neuer Kraft aufgeladen ist.

Der gesamte Vorgang einschließlich der Zeit, die der Heiler für sein Wiederaufladen braucht, sollte nicht länger als fünfzehn Minuten in Anspruch nehmen. Dadurch kann diese Technik ohne Schwierigkeiten täglich oder zu bestimmten Zeiten angewandt werden, wenn Sie selbst oder jemand, der Ihnen nahesteht, sich erschöpft, ausgelaugt, deprimiert oder ängstlich fühlen. Depression, Erschöpfung, Angst und viele andere Zustände werden durch einen Mangel an Energie im persönlichen Energiefeld verursacht. »Das Ei« ist die ideale Technik, um solche Probleme zu beheben, da diese Übung die Chakras öffnet, den Energiestrom durch die Nadis fördert und den Druck innerhalb der Auren durch Zufuhr von Energie steigert.

15. Kapitel

Die Nadis

Und Gott der Herr machten den Menschen aus einem Erdenkloß, und er blies ihm ein den lebendigen Odem in seine Nase. Und also ward der Mensch eine lebendige Seele.

Genesis 2,7

Das Wort Nadi bedeutet soviel wie Röhre, Gefäß. Nadis sind Kanäle, die Energie durch das feinstoffliche Energiesystem transportieren. Sie dienen als Arterien, die Lebensenergie von einem feinstofflichen Körper in den anderen bringen. Durch die Tätigkeit der Chakras sind die Nadis des einen feinstofflichen Körpers mit den Nadis der benachbarten Körper verbunden. In einem indischen Text lesen wir, daß die Nadis von den Fußsohlen bis zum Scheitel des Kopfes den Körper des Menschen durchziehen und daß durch sie Prana, der »Atem des Lebens«, fließt.

Über die Bereitschaft und Wirkungsweise der Nadis gibt es seit jeher größere Meinungsverschiedenheiten als über jedes andere Organ des feinstofflichen Energiesystems. In einigen alten Schriften heißt es, daß sie identisch mit dem Nervensystem sind, während in anderen die Ansicht vertreten wird, daß sie den Meridianen bei der Akupunktur entsprechen. Wir wissen trotz all dieser Widersprüche, daß sie sehr zahlreich sind. Einer der alten Texte behauptet, daß es 72.000 Nadis gibt, die zwölf Fingerbreit über dem Anus in unmittelbarer Nähe des Nabels von einem eiförmigen Organ namens Kanda ausgehen, wobei Kanda dem Punkt zu entsprechen scheint, den die Japaner Hara nennen. Einige andere Schriften behaupten, daß es über 350.000 Nadis sind. Die Widersprüchlichkeit der alten Texte sollte uns nicht allzu sehr beschäftigen, denn ungeachtet Tausender von Nadis, die das

Prana durch das feinstoffliche Energiesystem transportieren, besteht im wesentlichen die Übereinstimmung, daß es nur 72 wichtige Nadis gibt, und von diesen 72 sind wiederum zehn von besonderem Interesse. Die wichtigsten davon sind Sushumna, Ida und Pingala.

Die im Yoga vertretene Auffassung beschreibt die Nadis als ein System von Energiekanälen. Die Chinesen und Japaner bezeichnen ein ähnliches Kanalsystem, die Grundlage der chinesischen Medizin, als Meridiane.

Nach der Yoga-Lehre ist Sushumna, der durch die Mitte der Wirbelsäule läuft, am Steißbein beginnt und am Scheitel des Kopfes endet, der wichtigste Kanal. In der japanischen Kunst des Jin Shin Jitsu entspricht dem Sushumna der Zentralmeridian, auch großer Zentralkanal genannt, der wiederum aus zwei Teilen besteht, einem aufnehmenden, konzeptiven Meridian, der an der Zunge beginnt und durch die Mitte des Körpers nach unten bis zu den Geschlechtsorganen und zum Steißbein läuft, wo er mit dem »Gouverneur« verbunden ist, der den gleichen Weg nimmt wie Sushumna, aber dann über den Kopf und wieder hinunter durch die Nase zum Gaumen läuft. Sushumna ist der Weg der Kundalini, der Schlangenenergie, die zusammengerollt an der Basis der Wirbelsäule ruht und die von den Yogis als die stärkste Energiequelle im Menschen angesehen wird. Der große Zentralkanal besitzt die gleiche Funktion und stellt die Hauptquelle der Chi-Energie im Körper dar. Der konzeptive Meridian wird auch als »der große Mutterstrom«, als »Diener«, »Direktor« oder »Yin-Gefäß« bezeichnet. Er ist der wichtigste aller Yin-Meridiane. Der »Gouverneur« ist der wichtigste Yang-Meridian und wird manchmal auch »der große Vaterstrom«, »Lenker« oder »Yang-Gefäß« genannt. Im Jin Shin Jitsu gilt der große Zentralkanal als so wichtig für das Wohlbefinden des physischen Leibes und des feinstofflichen Energiesystems, daß man ihn für den »entscheidenden Energiekanal für Körper und Geist« hält.[1]

Alte Yogi-Texte besagen, daß Ida und Pingala, mit Sushumna die beherrschenden Nadis, zu beiden Seiten des ersten Chakras (Muladhara) ihren Anfang nehmen. Ida führt durch die linke Nasenöffnung, Pingala durch die rechte. Manche Experten sind der Meinung, daß Ida und Pingala dem sympathischen Nervensystem entsprechen, weil sie zu beiden Seiten des Rückenmarks verlaufen. Das wurde jedoch nie bewiesen. Es ist sehr viel wahrscheinlicher, daß sie den Blasenmeridianen entsprechen. Obwohl es sehr viele verschiedene Denkmodelle über die Nadis im Yoga und über die Meridiane in der chinesischen Medizin gibt, stimmen alle miteinander darin überein, daß diese Kanäle die Gänge für lebenswichtige Energie sind, die in der chinesischen Medizin als Chi (oder Ki) bezeichnet wird und in den Yoga-Sutras Prana genannt wurde. Die Nadis sind bei der psycho-spirituellen Integration durch ihre zwei Hauptfunktionen für uns von Bedeutung. Die erste dieser Funktionen ist ihre Fähigkeit, Prana direkt aus der Luft durch Inhalation zu absorbieren und beim Ausatmen Toxine auszuscheiden. In dieser Funktion sind die Nadis mit dem Blut zu vergleichen, das Sauerstoff aufnimmt, während es beim Einatmen durch die Lunge strömt, und das beim Ausatmen Abbauprodukte ausscheidet.

Die zweite Funktion bezieht sich auf die Aktivierung der Schlangenkraft Kundalini. »Kundalini« ist vom Sanskritwort *kundala* abgeleitet, das bedeutet soviel wie Ring, Rolle oder Windung. Ihr Symbol ist eine schlafende Schlange, die an der Basis der Sushumna nach unten blickt.

In der alten Yoga-Überlieferung heißt es, daß der Schüler durch Disziplin und Übung die Kundalini aktivieren kann. Zuerst wendet sich der Kopf der Schlange nach oben, danach steigt sie durch die Sushumna aufwärts, bis sie das Scheitelchakra erreicht. Wenn es soweit ist, wenn die Kundalini ganz erweckt ist, verschmelzen Ida und Pingala mit Sushumna und bilden einen einzigen Kanal, durch den die Lebenskraft strömt, und der Schüler gelangt zur Erleuchtung.

Um den Energiefluß durch die Nadis, besonders durch Ida, Pingala und Sushumna aufrechtzuerhalten und zu verstärken und die an der Basis der Sushumna nach unten blickende Schlangenenergie zur Entfaltung zu bringen, entwickelten die alten Yogis eine Reihe von Atemübungen, die man Pranayama nennt, B.K.S. Iyengar sagt, daß Pranayama »die Kundalini dazu bringt, sich aufzurollen. Die Schlange hebt ihren Kopf, betritt die Sushumna und ist gezwungen, durch ein Chakra nach dem anderen nach oben zum Sahasrara zu steigen.«[2]

Die Blasebalg-Atmung

Die nachstehende Übung bezeichnen wir als Blasebalg-Atmung. Es handelt sich dabei um eine Pranayama-Übung, die in Sanskrit Kapalabhati heißt. *Kapala* bedeutet Schädel, und *bhati* soviel wie erglänzen lassen, reinigen. Kapalabhati bedeutet also wörtlich »den Schädel reinigen«. Ihre Hauptfunktion ist die Erweckung der Kundalini. Sie ist aber auch nützlich, um verstopfte Nadis, insbesondere Sushumna, Pingala und Ida, freizumachen. Durch Reinigung dieser Gänge sorgt Kapalabhati für einen verstärkten Energiestrom durch das feinstoffliche Energiesystem. Auf der physischen Ebene reinigt sie die Nasenöffnung, die Ohren und die anderen Gänge im Kopf und fördert die Sauerstoffversorgung und die Ausscheidung von Toxinen aus dem Blut.

Die Blasebalg-Atmung ist eine dreiteilige Übung, sie besteht aus schnellem, heftigem Ausstoßen der Luft, Verhaltung und langsamer Ausatmung. Im Gegensatz zur normalen Atmung, bei der das Einatmen ein aktiver und das Ausatmen ein passiver Vorgang ist, stellt bei Kapalabhati das Ausatmen den aktiven Prozeß dar, während das Einatmen eher passiv geschieht. Außerdem dauert bei anderen Atemtechniken das Ausatmen länger als das Einatmen (im allgemeinen etwa doppelt so lange). Bei Kapalabhati ist es genau umgekehrt. Das Merkmal der Blasebalg-Atmung ist das scharfe Ausstoßen der Luft in kurzen Atemstößen, auf das jeweils eine passive Einatmung erfolgt.

Wenn man diese Übung in gemäßigter Form durchführt, kann man dabei jede beliebige Position einnehmen, solange nur der Rücken gerade bleibt. Für den Anfang empfehle ich jedoch, die Übung entweder auf einem Stuhl mit gerader Lehne sitzend (die Füße stehen dabei flach auf dem Boden, die Hände liegen im Schoß) oder in der Lotus-Position auszuführen. Sobald Sie weiter fortgeschritten sind, ist der Lotussitz vorzuziehen. Obwohl wir bei der Blasebalg-Atmung durch den Bauch ein- und ausatmen, spielt auch der Hals bei dieser Technik eine wichtige Rolle, vor allem deshalb, weil er vollkommen unbeweglich bleiben muß.

Nehmen Sie zuerst eine bequeme Position ein. Der Rücken bleibt gerade. Beginnen Sie mit der Yogi-Atmung. Bleiben Sie etwa zwei Minuten bei der Yogi-Atmung oder so lange, bis Sie sich entspannt fühlen. Dann legen Sie Ihre positive Hand (rechte Hand bei Rechtshändern, linke Hand bei Linkshändern) auf den Bauch und richten ein paar Augenblicke die Aufmerksamkeit auf den Rhythmus Ihres Atems. Dann holen Sie tief Atem und füllen den Bauchraum mit Luft. Halten Sie den Oberkörper, besonders Brustkorb und Hals, aufrecht und steif. Entspannen Sie den unteren Teil des Körpers, besonders den Bauch, strecken Sie ihn ganz bequem vor, während er sich mit Luft füllt. In dieser Position spannen Sie scharf die Bauchmuskeln an. Diese Kontraktion treibt die Luft in die Nase hinauf und durch die Nase hinaus. Sobald die Luft ausgestoßen ist, entspannen Sie sofort den Bauch, so daß er sich wieder leicht ausdehnt. Die Luft wird ganz natürlich in die Lunge zurückgezogen. Für das Einatmen wendet man keine besondere Mühe auf. Dann wiederholen Sie die scharfe Kontraktion der Bauchmuskulatur, um die Luft wieder nach oben und hinauszudrücken. Das ist der Grundrhythmus des ersten Teils der Übung. Der erste Teil der Blasebalg-Atmung besteht also aus einer raschen Folge scharfer rhythmischer Ausatmungen, gefolgt von passiven Einatmungen. Während des passiven Einatmens achten Sie darauf, den Bauch nur allmählich zu entspannen, so daß die Luft relativ langsam einströmt. Untersuchungen haben ergeben, daß das Ausstoßen etwa zwei Zehntelsekunden dauert, während die Einatmungszeit zwischen acht und drei Zehntelsekunden schwankt. Hier ist die Geschwindigkeit jedoch überhaupt nicht wichtig. Es spielen vielmehr der Rhythmus und die Kraft, mit der der Atem ausgestoßen wird, eine Rolle. Diese Faktoren sind verantwortlich für die positive Wirkung der Übung. Sie können dafür sorgen, daß die Luft optimal ausgestoßen wird, wenn Sie sich vorstellen, daß Sie bei jedem Ausatmen den Bauchmuskeln in der Gegend unter dem Nabel einen kräftigen Stoß versetzen.

Der zweite Teil der Blasebalg-Atmung beginnt unmittelbar nach dem letzten kräftigen Ausstoßen des Atems. Atmen Sie nach der letzten forcierten Ausatmung lang und tief durch die Nase ein und halten Sie die Luft an. Gleichzeitig nehmen Sie die Hand vom Bauch. Halten Sie den Atem so lange an, bis Sie spüren, daß eine kräftige Energiewelle von Ihrem ersten Chakra aus durch den Sushumna-Kanal die Wirbelsäule hoch bis zum Scheitel, dem siebten Chakra, steigt. Sobald die Energie den Kopf erreicht, werden Sie sich ganz leicht und sogar ein wenig benommen oder schwindelig fühlen. Atmen Sie sofort durch die Nase aus, wenn sich derartige Empfindungen bemerkbar machen. Beim Ausatmen drängen Sie das durch die Übung freigesetzte Prana in den Körper zurück, auch wenn die Luft durch die Nase ausgestoßen wird. In dieser Übungsphase hört sich die Atmung etwa wie ein Seufzen an und hat Ähnlichkeit mit dem Atmen der Sumo-Ringkämpfer in Japan, die sich auf den Kampf vorbereiten. Nach der ersten langen Ausatmung ohne Trennung zwischen Aus- und Einatmen ziehen Sie die Luft ein zweites Mal durch die Nase ein.

Fahren Sie auf diese Weise fort, bis Ihre Atmung wieder normal wird. Dann lassen Sie sich etwa fünf Minuten Zeit, um die Wirkungen wahrzunehmen, die die Blasebalg-Atmung mental, emotional und physisch auf Sie hat. Nach fünf Minuten gebrauchen Sie die mentale Affirmation »Jedesmal, wenn ich die Blasebalg-Atmung anwende, stärke ich mein Energiesystem und schaffe wieder Harmonie und Gleichgewicht«. Dann zählen Sie mental langsam von eins bis fünf. Wenn Sie die Zahl Fünf erreichen, fühlen Sie sich hellwach, vollkommen entspannt und besser als zuvor. Kapalabhati kann täglich geübt werden. Besonders wirksam ist die Übung, wenn man sie am Morgen vor dem Frühstück anwendet. Wenn Sie eine Folge von Atemübungen ausführen, fangen Sie am besten mit der Blasebalg-Atmung an. Üben Sie diese Atemtechnik nicht unmittelbar nach dem Essen, da dadurch der Verdauungsprozeß unterbrochen wird, und führen Sie die Übung auch nicht kurz vor dem Schlafengehen durch, denn sie regt die Nerven und das feinstoffliche Energiesystem an und kann Sie am Einschlafen hindern.

Diese Atemtechnik ist eine sehr kraftvolle Übung. Man muß die Lunge und das feinstoffliche Energiesystem langsam daran gewöhnen. Da man dadurch sowohl die Menge als auch den Druck des durch die Nadis strömenden Prana steigert, ist es wichtig, keinen Schaden anzurichten, indem man zu viel Energie durch den Organismus zwingt, der noch nicht gekräftigt genug ist, um damit fertigzuwerden. In der ersten Übungswoche sollte man mit Einheiten von vierzig Ausatmungen pro Minute beginnen. Nach der ersten Übungseinheit ruhen Sie dreißig Sekunden und atmen so lange langsam und leicht. Dann wiederholen Sie die Übung. Steigern Sie jede Woche die einzelnen Übungseinheiten um je zehn Atemzüge, bis Sie schließlich bei Übungseinheiten von hundert Ausatmungen pro Minute angekommen sind, wobei auf jede Übungseinheit von hundert Ausatmungen nach wie vor eine Ruheperiode von dreißig Sekunden folgt. Fünf Übungseinheiten von je hundert Ausatmungen reichen aus, um zu den erwünschten Ergebnissen zu kommen. Ich empfehle, ohne eine fortgeschrittenere Ausbildung nicht drüber hinauszugehen.

Da diese Übung die Kundalini beeinflußt, den wirksamsten Energiestrom des menschlichen Körpers, und da sie so kraftvoll ist, sollte man mit Vorsicht an sie herangehen. Wer unter Lungen- oder Bronchialbeschwerden leidet, sollte diese Übung unterlassen. Patienten mit einem Herzleiden müssen einen Arzt konsultieren, ehe sie damit beginnen. Besteht ein Emphysem, kann die Übung durchgeführt werden, da in einem Körperbereich, in dem bereits ein chronischer Affekt vorliegt, durch Kapalabhati keine Verschlimmerung eintreten kann. Ein Emphysem deutet jedoch immer darauf hin, daß die Lungc sehr schwach ist; deshalb dürfte Vorsicht geboten sein, um weiteren Schaden zu verhüten.

Es gibt einige immer wieder auftretende Fehler, die von Anfängern vermieden werden sollten. Denken Sie also stets daran, daß der Brustkorb ganz unbeweglich bleiben muß, er ist an der Übung nicht beteiligt. Der Schüler sollte auch darauf achten, daß er die Schultern nicht anhebt. Ziehen Sie den Bauch ein oder beugen Sie ein wenig die Wirbelsäule.

Die positiven Wirkungen

Die wichtigsten Auswirkungen der Blasebalg-Atmung zeigen sich sowohl im physischen Körper als auch im feinstofflichen Energiesystem. Auf der physischen Ebene wird die Restluft aus der Lunge entleert, und außerdem werden Toxine freigesetzt. Selbst die vollständige Yogi-Atmung entfernt aus der Lunge nicht die letzten Spuren abgestandener Luft, die am Ende jeder Ausatmung noch zurückbleiben. Die rasche Folge scharfer Ausatmungen bei der Blasebalg-Technik befreit die Lunge von der Restluft und bewirkt so eine vollständige Reinigung der Lunge. Das Zwerchfell wird gekräftigt, da es ebenfalls an der Blasebalg-Atmung beteiligt ist, obwohl das weitgehend passiv geschieht. Das Zwerchfell wird nämlich nicht durch die Kontraktionen seiner eigenen Muskulatur bewegt, sondern von Bauch und Magen nach hinten und nach oben gedrückt. Durch diese Bewegungen wird das Zwerchfell dennoch elastisch erhalten. Der Schüler erreicht eine bessere Kontrolle über seine Bauchmuskeln, die bei regelmäßigem Üben allmählich kräftiger werden. Die Betätigung trägt dazu bei, Fettablagerungen an der Bauchwand zu beseitigen. Außerdem gewinnen alle Organe in der Bauchhöhle an Spannkraft und werden massiert. Das gilt auch für den Verdauungstrakt und für die Drüsen, die diesem Bereich des physischen Körpers zugeordnet sind. Die Verdauung wird angeregt und lebhafter.

Die Blasebalg-Atmung beeinflußt das sympathische Nervensystem, indem sie durch eine bessere Sauerstoffversorgung des Blutes und des Atemsystems beruhigend wirkt. Diese Atemtechnik wirkt als Tonikum für das gesamte Nervensystem.

Die Blasebalg-Atmung verändert auch das Verhältnis zwischen Sauerstoff und Kohlendioxyd im Blut. Sobald Sie mit der Übung beginnen, geht der CO_2-Gehalt des Blutes drastisch zurück. Wenn man die Übung zwei bis drei Minuten lang fortsetzt, wird der ganze Blutkreislauf gereinigt. Bald nach Abschluß der Übung werden automatisch wieder die normalen Werte erreicht. Der Nutzen dieser Übung besteht darin, daß der zeitweilige Abfall der CO_2-Werte im Blut es den Zellen erlaubt, Kohlendioxyd auszuscheiden, das durch Sauerstoff und eine über dem Normalwert liegende Dosis Prana ersetzt wird. Während die Blutkörperchen Kohlendioxyd verlieren, werden sie mit Sauerstoff gesättigt. Der dadurch entstehende Anstieg der Zellaktivität ist besonders wertvoll für Menschen mit sitzender Lebensweise. Auf diesem Weg regt die Blasebalg-Technik die Zellatmung an. Kapalabhati bringt alle Gewebe zum Vibrieren. Der gesamte Organismus erbebt unter dem Einfluß von Kapalabhati, und diese Vibration hat eine verjüngende Wirkung sowohl auf den physischen Körper als auch auf das feinstoffliche Energiesystem.

16. Kapitel

Hara

Halte dich nicht selbst für weise,
fürchte den Herrn und fliehe das Böse!
Das ist heilsam für deine Gesundheit und
erfrischt deine Glieder.

Sprüche 3, 7-8

Der Mensch kann sich noch so sehr mit der Energie, mit der Auflösung von Blockierungen, mit der Öffnung und mit dem Ausbalancieren der Chakras, der Reinigung der Auren und so weiter beschäftigen, das alles wird ihn nicht in den Zustand der Ausgeglichenheit versetzen, wenn er nicht den Punkt kennt, in dem seine feinstofflichen Körper und der physische Leib ihr Zentrum haben und ihr Gleichgewicht finden. Die große Mehrheit der Menschen steuert ihr Gleichgewicht von einem Punkt aus, der dicht über den Schultern liegt, und man hat oft den Eindruck, daß sie förmlich wie Marionetten an diesem Punkt aufgehängt sind. Ihr physischer Körper, die Haltung und die Art ihrer Bewegung, das alles spiegelt diesen Zustand wider. Da sich bei den meisten Menschen der Mittelpunkt etwas unterhalb des Kopfes befindet, neigen sie außerdem dazu, die Welt auf mental recht ungeordnete Weise wahrzunehmen. Mehr noch: Indem die Menschen wie Marionetten in den Schultern hängen, werden sie anfällig für viele Probleme, die vom physischen Körper und vom feinstofflichen Energiesystem ausgehen. Chronische Muskelverspannungen, schlechte Haltung (die den Pranastrom durch das feinstoffliche Energiesystem behindert), zusammengequetschte Rückenwirbel, Verkrümmungen der Wirbelsäule, Verkrampfungen der Organe und ungenügende Blutzirkulation können direkt mit dem fehlenden Gleichgewicht in Verbindung gebracht werden. Dieser Zustand führt darüber hinaus zu Überbelastungen der Gelenke und Bänder und trägt bei zur körperlichen und geistigen Erschöpfung. Mehr noch: Auch der Prozeß der Integration wird behindert, wenn der Mensch nicht in sich richtig ausbalanciert ist, weil die »Zweite Aufmerksamkeit«, eine Funktion des Herzens und des Ajna-Zentrums, blockiert ist. Wie so viele Probleme, mit denen es der Mensch heute zu tun hat, ist auch der Verlust der Mitte, das fehlende Gleichgewicht, eine Zivilisationskrankheit. In weniger von der Technologie geprägten Zeiten hatten die Menschen ein ganze anderes Verhältnis zur Welt. Sie waren weitaus stärker in ihre Umwelt integriert und ruhten daher auch sehr viel mehr in sich selbst. In der modernen Welt ist die Ratio zum Herrscher geworden. Da der Mensch sein Zentrum in den Schultern hat und den Rationalismus (das Bewußtsein) vergöttert, hat er das Gefühl für seine wahre Mitte, für den Punkt, in dem er sein Gleichgewicht findet, verloren. Wenn sich der Mensch im Netz von Gedanken und Leistungen verfängt und darüber vergißt, daß sein Geist im Mentalkörper verwurzelt und der Mentalkörper im »Ich bin« verankert ist, dann verliert er den Blick für sein wahres Selbst und wird in das unendliche Spiel verstrickt, das sein Bewußtsein und sein Ego treiben. Eine Möglichkeit, die von dem im Bewußtsein gefangenen Ego geschaffenen Blockierungen zu durchbrechen, besteht darin, daß der Mensch sein natürliches Zentrum wiederfindet, sowohl die Mitte seines physischen Körpers als auch das Zentrum der feinstofflichen Körper. Man bezeichnet dieses Zentrum als Hara. Es ist die physische Mitte des Menschen, aber es ist zugleich mehr. Hara ist eine Einstellung, eine Seinsweise, es ist die Mitte, von der aus der Mensch sich mit Anmut und Anstand bewegt und handelt, von der aus der Mensch das Angemessene zum richtigen Zeitpunkt tut. Es ist der Punkt des Gleichgewichts, von dem der Mensch ausgehen muß, will er hoffen, im »Ich bin« konzentriert zu bleiben. Wenn der Mensch stets in Hara konzentriert ist, hat er Zugang zur Energie und zum Bewußtsein seiner feinstofflichen Körper, und dieses Recht ist ihm angeboren.

Hara, das Zentrum des Menschen, liegt unmittelbar unterhalb des Nabels, genauer gesagt drei Fingerbreit unter dem Nabel. Unser Wissen über Hara stammt zum größten Teil von den Japanern. Im Japanischen bedeutet das Wort *hara* soviel wie Bauch. Im Bauch findet der Mensch auch sein physisches und energetisches Gleichgewicht.

Ehe wir im übrigen physischen Leib Gleichgewicht und Ausgewogenheit schaffen können, müssen wir Wahrnehmungsvermögen und Hara entwickeln. Am wirksamsten entwickelt man Hara, indem man mit einer Übung beginnt, die als »Hara-Atmung« bezeichnet wird.

Die taostische Überlieferung behauptet, daß nach jahrelanger Übung der Hara-Atmung und durch Aktivierung der im Hara enthaltenen Ki-Energie Meister in der Lage waren, sich mitten im Winter auf das Eis zu setzen und es zum Schmelzen zu bringen oder im Meer zu schwimmen. Sie können selbst mit den »erwärmenden« Eigenschaften des Hara experimentieren. Man bezeichnet diese Übung als den »Goldenen Ofen«. Sie kann besonders im Winter sehr nützlich sein. Wenn Sie bei kaltem Wetter draußen sind und nicht die entsprechende Kleidung tragen, versuchen Sie es einmal mit der folgenden Hara-Atemübung. Sie werden bemerken, daß Sie dadurch sofort warm werden.

Die Hara-Atmung

Sie können die Hara-Atmung in jeder beliebigen Position ausführen, nur sollte der Rücken immer gerade bleiben. Es ist besser, die Hara-Atmung nicht anzuwenden, wenn Sie eben gegessen haben oder wenn Sie sich schläfrig fühlen. Sobald Sie Fortschritte machen, können Sie die Übung leicht im Sitzen und im Stehen ausführen. Ich rate aber, anfangs die Hara-Atmung in Rückenlage zu üben. Die Arme liegen dabei an Ihren Seiten, die Handflächen nach oben, die Finger locker ausgebreitet. Ihre Augen sind geschlossen, der Kiefer bleibt locker, weil Sie den Mund ganz entspannt offenlassen. In dieser Position gehen Sie zur Yogi-Atmung über. Wenn Sie etwa drei bis vier Minuten die Yogi-Atmung durchgeführt haben, gebrauchen Sie mental die Affirmation »Ich befinde mich im Zustand tiefer Entspannung. Ich fühle mich besser als zuvor.« Sobald Sie sich dazu bereit fühlen, richten Sie die mentale Aufmerksamkeit auf Ihr Hara, das sich drei Fingerbreit direkt unterhalb des Nabels befindet. Mit dem Ausdruck »die Aufmerksamkeit richten auf« meine ich nicht, daß Sie sich darauf konzentrieren sollen. Konzentration, so wie sie meist verstanden wird, ist ein rein mentaler Vorgang, bei dem der Mensch seine Aufmerksamkeit ausschließlich auf einen Gegenstand richtet und sich allem anderen verschließt. Vorzuziehen ist hier aber die Technik der »Zweiten Aufmerksamkeit«. Während Sie Ihre Aufmerksamkeit einsetzen, können Sie Ihrem Bewußtsein dabei die Freiheit erlauben, nach Belieben herumzuschweifen. Wenn Sie die »Zweite Aufmerksamkeit« nur kurze Zeit auf Ihr Hara konzentriert haben, werden Sie spüren, daß von diesem wichtigen Punkt Empfindungen ausgehen. Die Schüler nehmen oft Wärme, ein Kribbeln, ein Pochen oder Erzittern, Kälte oder Druck wahr. Keines dieser Gefühle sollte Sie beunruhigen. Es sind alles ganz normale Erscheinungen. Warten Sie einige Sekunden und legen Sie dann beide Hände direkt auf das Hara, um es dadurch noch weiter zu aktivieren. Berühren Sie gleichzeitig mit der Zunge den oberen Gaumen unmittelbar hinter den Zähnen. Das schafft eine Verbindung zwischen den Yin- und den Yang-Meridianen. In dieser Position sind Sie bereit, Ihr Hara zu aktivieren, indem Sie den davon ausgehenden Strom des Prana (Ki) verstärken und Ihr Bewußtsein darin konzentrieren.

Um das Hara zu aktivieren, beginnen Sie tief durch die Nase in das Hara einzuatmen und dabei bis fünf zu zählen. Während Sie das Hara mit Luft füllen, visualisieren Sie, daß zusammen mit der Luft eine Flüssigkeit einströmt, die das Hara mit Licht und Energie erfüllt. Dabei handelt es sich natürlich um Prana. Zählen Sie bis fünf und halten Sie solange den Atem an, während die Aufmerksamkeit weiter auf das

Hara gerichtet bleibt. An diesem Punkt übertragen Sie Ihr Bewußtsein in das Hara. Das ist am leichtesten, wenn Sie sich vorstellen, daß Sie von diesem Punkt aus fühlen und sogar denken. Während Sie den Atem anhalten, beginnen Sie zu fühlen, wie sich der »Goldene Ofen« aufheizt, während der Pranaspiegel ansteigt und die Organe und Gewebe des Bauchraumes mit Energie erfüllt. Nachdem Sie bis fünf gezählt und den Atem angehalten haben, atmen Sie durch den Mund aus, zählen dabei wieder bis fünf, und gehen mit der Zunge wieder in die normale Stellung zurück.

Zwischen Ausatmen und dem nächsten Einatmen darf keine Unterbrechung entstehen. Nur durch das Anhalten des Atems wird der natürliche Rhythmus unterbrochen. Diese Technik sollte zwei- bis dreimal wöchentlich jeweils zwanzig Minuten lang eingesetzt werden. Es ist eine wichtige Übung zur psycho-spirituellen Integration, weil Sie zu Ihrem wahren Zentrum (dem Hara) zurückkehren, wenn Sie sie beherrschen. Karlfried Graf Dürckheim schreibt:

> »Die Aufgabe, sie (gemeint ist die rechte Mitte) zu gewinnen, kann nur der erfüllen, der mit Stetigkeit und Treue, ohne Schmerzscheu und mit großer Geduld das überwindet, was Hara verhindert und das fördert, was sich im gefestigten Hara dann in vollendeter Weise ausdrückt. Ein ganzer Mensch zu werden ohne Hara, ohne Gewinnung der leibseelischen ›Mitte‹ ist nicht möglich.«[1]

Im Gleichgewicht zu sein ist so wichtig, daß es nicht ausreicht, nur den Atem zu Hara zurückzuführen. Alles, was der Mensch tut, muß im Hara verwurzelt sein.

In Japan wird Hara als der Punkt angesehen, in dem der ganze Mensch sein Gleichgewicht findet. Ganzheit ist ein Zustand, der sich einstellt, wenn der Mensch das Hara findet. Hara kann man sich also nicht nur als den Punkt vorstellen, in dem das Gleichgewicht seine Mitte hat, sondern auch als einen Zustand und als das Stadium des Gleichgewichts. Wir wissen auch, daß der Begriff Hara in die japanische Sprache

Eingang gefunden hat. Wendungen wie *Hara no chiisai hito* (Der Mensch mit dem kleinen Bauch) oder *Hara no dekite inai hito* (jemand, der mit seinem Bauch nicht fertig ist), werden in Japan gebraucht, um Menschen zu bezeichnen, die unreif sind, denen es an gutem Benehmen und Anstand fehlt, denen der Umgang mit anderen Schwierigkeiten bereitet oder die aufgrund eigener innerer Dissonanzen auf andere abschrekkend wirken.

Andererseits sagt man von Handlungen, die Ausdruck des ganzen Menschen, des »Ich bin« sind, daß sie »aus dem Bauch« kommen. Wenn die Gedanken eines Menschen ein Ausdruck des »Ich bin« sind, dann sagt der Japaner *Hara de kangaeru* (mit dem Bauch denken), und wenn der Klang einer Stimme als Ausdruck des inneren Menschen in seinem ganzen Körper Resonanz findet, spricht der Japaner von *Hara-goe,* einer Bauchstimme. Ich habe bei meiner Arbeit entdeckt, daß die Art und Weise, in der ein Mensch sich ausdrückt, ein Spiegelbild des Zustandes seines feinstofflichen Energiesystems und seiner Integrationsebene ist. Die Sprechweise, die Körperhaltung, die Bewegung, das Denken, alles muß seine Mitte im Hara haben, will ein Mensch die Ganzheit erreichen. Selbst der Klang der Stimme und ihre Resonanz ist wichtig. Um Ausdruck der ganzen Persönlichkeit zu sein, muß sie stets im Hara konzentriert bleiben. Kommt die Stimme nicht aus Hara, dann können ernste Schwierigkeiten entstehen, weil eine Kluft zwischen dem »Ich bin« und den Organen des Selbstausdrucks besteht. Wenn das der Fall ist, dann stammen die zum Ausdruck gebrachten Gefühle aus dem Bewußtsein und nicht aus dem »Ich bin«. Wenn tiefe, vom »Ich bin« ausstrahlende Gefühle durch das Unbewußte zum Ausdruck kommen, kann unter Umständen die Stimme nicht als Ausdrucksvehikel zur Verfügung stehen, weil sie im Bewußtsein gefangen ist. Man kann das bei Menschen bemerken, die aus dem Hals oder aus dem Kopf zu sprechen scheinen, deren Stimme hohl oder leer klingt, wenn sie verärgert, aufgeregt oder verwirrt sind. *Hara-goe,* die Stimme, die von Hara kommt, ist dagegen natürlich, sie findet Resonanz im ganzen Körper. Die Stimme aus dem Hara klingt tief, hat Substanz und Kraft. Ganz unbewußt fühlt man sich in der Nähe von Menschen sicher, die vom Hara aus sprechen. Wenn in Japan die Stimme eines Menschen nicht aus dem Hara kommt, betrachtet man ihn als unaufrichtig, nicht vertrauenswürdig und unreif.

Obertöne

Das Singen von Obertönen bewirkt, daß sich die Stimme im Hara konzentriert.

Jahrhundertelang wurde der Obertongesang in Tibet, in Nordindien, in einigen buddhistischen Klöstern in Japan und in China eingeübt und vorgetragen. Selbst einige Pygmäenstämme in Afrika kannten das Singen von Obertönen. Alte Volkslieder wurden mit Obertönen gesungen, und die Sänger in den südamerikanischen Anden betreiben ebenfalls Obertongesang. Obertöne werden fast immer in religiösem oder spirituellem Zusammenhang gesungen. Die gregorianischen Gesänge des späten Mittelalters arbeiten sehr geschickt mit Obertönen. Orientalische Musiker und Zuhörer nehmen die Obertöne weitaus bewußter wahr, für sie ist der angeschlagene Grundton nur ein Mittel, um Obertöne entstehen zu lassen.

Der tantrischen Überlieferung gelang es bis in dieses Jahrhundert, ihr Wissen über das Hervorrufen von Kräften und Energien durch das Singen von Obertönen als Geheimnis zu bewahren. Inzwischen aber hat das Singen von Obertönen in Europa wieder an Bedeutung gewonnen, nachdem es acht Jahrhunderte so gut wie vergessen war.

Heute bietet der Obertongesang dem Menschen eine wunderbare Möglichkeit, sich im Hara zu konzentrieren. Der Mensch kommt zur Wiedererfahrung und entdeckt verlorene Teile seiner selbst. Auf diese Weise stößt er auch auf Klänge, Töne und Energiefrequenzen, die er seit langem vergessen hatte. Das alles übt einen sehr tröstlichen und beruhigenden

Einfluß auf den Menschen aus und erlaubt ihm die völlige Entspannung und Hingabe an das »Ich bin«, die Einheit der Selbste.

Wenn Sie die nachstehenden Übungsanweisungen befolgen, sollten Sie keine Mühe haben, mit Erfolg Obertöne zu singen.

Beginnen Sie das Obertonsingen, indem Sie eine bequeme Sitzstellung einnehmen, der Rücken bleibt gerade, und gehen Sie zur Yogi-Atmung über. Legen Sie die Zungenspitze beim Einatmen gegen den Gaumen.

Dann atmen Sie aus, wobei sich die Zunge ein wenig zusammenrollt, und lassen die Luft hörbar und mit einer gewissen Kraft entweichen, ohne jedoch die Zunge gegen die Zähne zu pressen. Mund und Zunge sollten sich in einer Stellung befinden, daß eine kleine Öffnung zwischen Zungenrand und Gaumen bleibt. Die Zungenspitze zeigt nach hinten. Die Öffnung erlaubt es, daß die Luft durchströmt. Durch diese Öffnung werden die Obertöne gebildet.

Wählen Sie einen für Sie geeigneten Ton. Am besten ist ein Ton, der tief genug ist, um im Hara Resonanz zu finden.

Es ist wichtig, daß die Zungenränder an beiden Seiten die Zähne berühren.

Sie erzeugen beim Chanten den Ton eher durch den oberen Gaumen und durch die Nase, und weniger in der Kehle.

Ist der Ton gebildet, lassen Sie die Zunge nach vorn in Richtung der Zähne gleiten, wenn die Obertöne höher werden sollen. Gehen Sie mit der Zunge nach hinten, werden die Obertöne tiefer.

Sie können den Ton auch beeinflussen, indem Sie den Mund spitzen und die Lippen abwechselnd öffnen und schließen.

Wenn Sie jeden Vokal (u, o, a, e, i) einzeln für sich singen, werden Sie entdecken, daß jeder in einem anderen Teil des Körpers Resonanz findet:

u – im unteren Teil der Wirbelsäule
o – im Bauch
a – im Herzen und Brustkorb
e – im Hals
i – im Dritten Auge
hm – im Scheitel

Ich empfehle, das Singen der Obertöne täglich mindestens zehn Minuten lang zu üben. Gehen Sie alle Vokale durch, so daß jeder Teil Ihres Körpers von der Schwingung der Obertöne ergriffen wird. Wenn Sie damit fertig sind, sollten Sie sich etwa zehn Minuten lang mit geschlossenen Augen entspannen, die Yogi-Atmung anwenden und Ihre Aufmerksamkeit darauf richten, wie Sie sich physisch, emotional und mental fühlen. Nach zehn Minuten oder sobald Sie dazu bereit sind, zählen Sie mental von eins bis fünf. Wenn Sie bei der Zahl Fünf ankommen, öffnen Sie die Augen. Sie fühlen sich hellwach, vollkommen entspannt und sind im Hara konzentriert.

Hazrat Inayat Khan schreibt: »Die Musik des Universums ist der Hintergrund dessen; was wir Musik nennen, ist ihr kleines Abbild oder Ebenbild. Unser Sinn für Musik, die Anziehungskraft, die Musik auf uns ausübt, zeigt, daß in der Tiefe unseres Wesens Musik ist. Musik ist hinter dem Wirken des ganzen Universums. Musik spielt nicht nur die wichtigste Rolle im Leben, sondern ist das Leben selbst ... Wir fühlen uns von der Musik angezogen, weil unser ganzes Wesen Musik ist; unser Geist und unser Körper, die Natur, in der wir leben, die Natur, die uns hervorgebracht hat, alles, was unter und um uns ist, es ist alles Musik; und wir sind nahe bei all dieser Musik und leben und weben und haben unser Wesen in Musik.«[2]

17. Kapitel

Energie und Sexualität

Im Akt der Vereinigung lerne ich den anderen, lerne ich mich selbst, lerne ich alle kennen – und »weiß« doch nichts.

Erich Fromm, *Die Kunst des Liebens*

In der hermetischen Philosophie heißt es: Geschlecht ist in allem, alles hat männliche und weibliche Prinzipien, Geschlecht offenbart sich auf allen Ebenen.«[1] Das Prinzip des Geschlechts und sein Einfluß auf die Gesundheit, die Beziehungen und die spirituelle Entwicklung des Menschen ist für uns von besonderer Bedeutung. Geschlecht manifestiert sich auf der physischen Ebene als Sexualität. Die Sexualität der dichtesten Ebene ist die Kraft, die Mann und Frau veranlaßt, sich zum Zweck der Zeugung zu vereinigen. Aber Sexualität ist auch als Teil eines größeren Prinzips des Geschlechts anzusehen, das auf vielfältige Art und Weise unser Leben beeinflußt und beherrscht. Wir können den Menschen ebensowenig ohne seine Beziehung zum Geschlecht definieren, wie wir einen Planeten außerhalb seiner Beziehung zu dem Stern, um den er kreist, definieren können. Im Osten wird Geschlecht durch das nachstehende Symbol dargestellt.

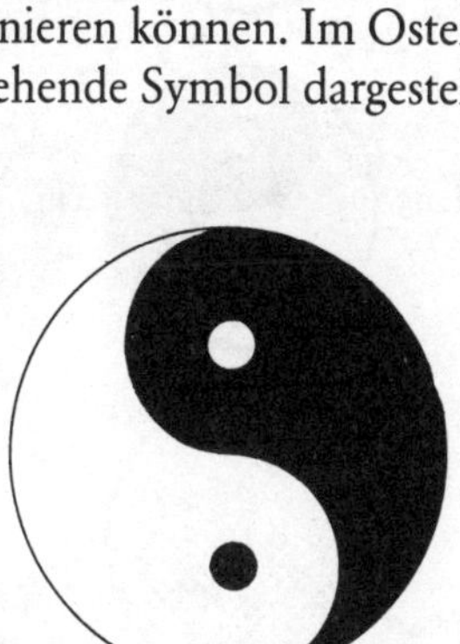

Dieses Symbol ist Ausdruck für die Polarität der Beziehung zwischen männlicher (Yang-) und weiblicher (Yin-)Energie, die allem innewohnt.

Yin und Yang

Die Taoisten berichten: Ehe das manifeste Universum entstand, existierte das Nichts, und innerhalb dieses Nichtseins war Ching Shing Li, die kosmische Energie (Prana). Im Augenblick der Schöpfung teilte sich die kosmische Kraft in zwei Hälften, die von den Chinesen Yin und Yang genannt wurden. Alles, was unser sichtbares Universum ausmacht, wird von einem speziellen Verhältnis zwischen Yin und Yang bestimmt.

Yin verkörpert Weiblichkeit, Körper, Seele, Erde, Mond, Wasser, Nacht, kalte Dunkelheit und Kontraktion. Yang ist männlich, mental, Geist, Himmel, Sonne, Tag, Feuer, Hitze, Sonnenlicht, Ausdehnung. Es gibt jedoch nichts, das ausschließlich Yin oder Yang wäre. Alles trägt beide Elemente in sich.

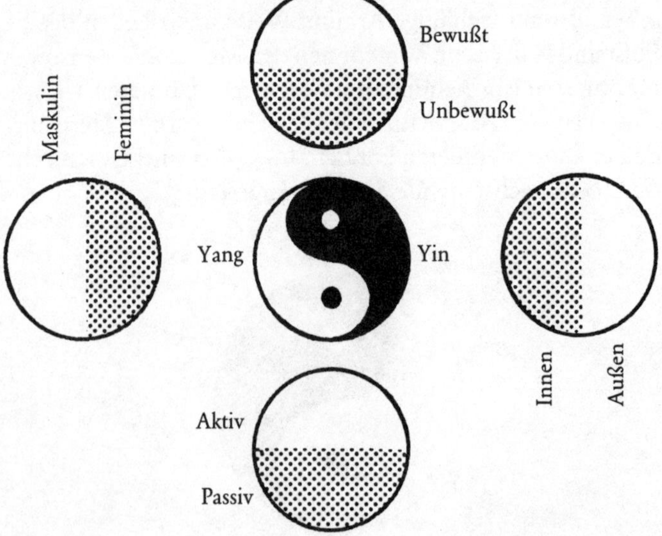

Das Gleichgewicht des Universums ist das Ergebnis der Beziehung zwischen Gegensätzen.

Yin und Yang wird niemals etwas Statisches, sie verändern sich ständig in sich selbst und in ihrer Beziehung zu den Dingen außerhalb ihrer selbst. Ein Übermaß an Yin wird zu Yang. Wird Yang zu stark, entsteht Yin. Das Wasser ist das beste Beispiel für diesen Vorgang: Wenn Wasser (Yin) gefriert (Yin), wird es zu Eis (Yang).

Die Sexualität des Menschen ist nur im Zusammenhang mit den Begriffen Yin und Yang vorstellbar und kann nicht als ein Ereignis angesehen werden, das sich von anderen Ereignissen im Universum unterscheidet. Da Ereignisse nur die Schnittpunkte der Wechselwirkung zwischen Kräften (Energiefeldern) mit unterschiedlicher Polarität (Yin- oder Yang-Konzentrationen) sind, ist Sexualität ein Spiegel kosmischer Beziehungen.

Aus der Sicht des Tantra ist der Mensch mit seinen Beziehungen ein Spiegel des Universums, oder besser gesagt: das ganze Universum in einem Mikrokosmos. Das Universum selbst gilt im Tantrismus als eine Einheit von männlichem und weiblichem Prinzip. Das weibliche Yin wird unaufhörlich vom männlichen Samen (Yang) befruchtet. Dieser unaufhörliche Schöpfungsakt und die dadurch hervorgerufene sexuelle Lust stehen im Mittelpunkt der tantrischen Erfahrung und der tantrischen Auffassung von der Ganzheit (Erleuchtung). Im Tantra wird das Universum ständig durch die Vereinigung des Männlichen mit dem Weiblichen erschaffen. Im Tantra gibt es keinen Augenblick der Schöpfung, sondern eine unaufhörliche Schöpfung, die durch diese Vereinigung von Gegensätzen möglich wird. Die daraus entstehende Seligkeit entspricht ihrem Wesen nach der vollkommenen sexuellen Lust, die ein Paar bei der sexuellen Vereinigung erlebt. So wird im Tantra die Sexualität des Menschen über den bloßen Akt des Koitus hinausgehoben. Sie wird zu einem Vehikel zur Erlangung der Ganzheit. Im Tantra geht man davon aus, daß zwei Menschen durch die sexuelle Vereinigung die Barrieren niederreißen können, die in ihnen das

Gefühl der Isolation verursachen, daß sie ihr Getrenntsein überwinden und die Einheit miteinander und mit dem universellen Kraftfeld erfahren können.

Wilhelm Reich erkannte das zu Beginn dieses Jahrhunderts. Er machte die Entdeckung, daß die emotionale Gesundheit des Menschen mit dessen Orgasmusfähigkeit in Zusammenhang steht. Reich stellte fest, daß er bei seiner Arbeit niemals auf einen Neurotiker gestoßen war, der die Fähigkeit besessen hatte, zum vollen Orgasmus zu kommen. Da der Neurotiker seine volle Energieausstrahlung blockiert, wird er unfähig zum Orgasmus, denn seine Angst hindert ihn daran, sich vollkommen hinzugeben. Die Hingabe aber ist ein wesentlicher Faktor bei der freien Energieausstrahlung, in diesem Fall der Strahlung durch das zweite Chakra. Für Reich war der Orgasmus mehr als die bloße Ejakulation, eine Funktion der Geschlechtsorgane und eine Energiefreisetzung durch das zweite Chakra nach außen. Bei einer rein genitalen Ejakulation wird die Energie tatsächlich vergeudet, weil das zweite Chakra Energie aus benachbarten Chakras anzieht und in sexuelle Energie verwandelt. Diese Form des Orgasmus bringt die Partner einander nicht näher, sondern sie hat vielmehr die Tendenz, sie auseinanderzutreiben. Das geschieht, indem die Energie daran gehindert wird, über alle sieben Chakras gleichzeitig nach außen zu strahlen. Bei der Genitalejakulation wird die normale Ausstrahlung des dritten und vierten Chakras teilweise unterbrochen, und durch die Unterbrechung der freien Energieausstrahlung über das dritte und vierte Chakra werden Zärtlichkeit, Liebe und die Nähe, die normalerweise zwischen den Partnern herrscht, gestört. Nach einer solchen rein genitalen Ejakulation haben die Partner gewöhnlich das Bedürfnis, so schnell wie möglich auseinanderzugehen, denn sie fühlen sich allein, und das bereitet ihnen Unbehagen.

Bei einem gesunden Orgasmus dagegen wird die Energie des zweiten Chakras verwandelt. Die Erregung der Partner steigert den Energiestrom des zweiten Chakras; und wenn diese gesteigerte Energie nicht durch Blockierungen im Energiesystem oder durch Verspannung der Muskulatur daran gehindert ist, wird sie in das gesamte Spektrum menschlicher Energie verwandelt, das auf seinem Weg hinunter zum ersten Chakra heruntertransformiert, auf seiner Bahn bis ins siebte Chakra hinauf aber hochtransformiert wird. Das vermehrte Prana strahlt durch die Nadis aus und erregt das gesamte Nervensystem. Dadurch wird der ganze Körper beeinflußt, besonders die Haut, die sich rötet und sensibler wird. Die überschüssige Energie erfüllt die Auren, und während sich ihre Felder überschneiden, erfahren die Partner die vollkommene Einheit, und das ist gleichbedeutend mit dem vollständigen Orgasmus. Im Augenblick des Höhepunkts entladen sich gleichzeitig die sieben Chakras beider Partner und es kommt zur Vereinigung auf allen Ebenen. Durch den vollkommenen Orgasmus, den sie erleben, entsteht nicht nur mehr Energie, sondern auch eine tiefe Vertrautheit und transzendentale Liebe.[2]

Platon läßt in seinem »Gastmahl« den Gott Hephaistos eine Frage stellen, die direkt bis zum Kern dessen vordringt, was wir alle intuitiv über die Sexualität wissen. Hephaistos fragt: »Was wollt ihr voneinander, ihr Menschenkinder? ... Wünscht ihr euch ganz zu vereinen, so daß ihr euch Tag und Nacht nicht verlaßt? Wenn ihr das begehrt, so will ich euch in eins schmelzen und zusammenschweißen, so daß ihr aus zweien eins werdet und so euer Leben lang gemeinsam lebt ...«[3]

Bei der psycho-spirituellen Integration beschäftigen wir uns, genau wie das beim Tantra der Fall ist, mit Energien des menschlichen Körpers, die von konventionelleren geistigen und psychologischen Schulen nicht beachtet werden. Nicht genug, daß wir solche Energien nicht einfach übergehen, wir kultivieren sie sogar. Der tantrische Heilige galt als das genaue Gegenteil eines spirituellen Wesens. »Er ist so glücklich ... heißt es, ... daß er wahnsinnig scheint; seine Augen rollen, vom Wein gerötet. Er sitzt auf seidenen Kissen, umgeben von Kunstwerken, und ißt scharf gewürztes Schweinefleisch mit Chilisoße. Zu seiner Linken sitzt ein Mädchen, erfahren in der Kunst der Liebe, mit dem er trinkt und wiederholt ekstatischen Geschlechtsverkehr hat ...«[4]

Nicht nur das Tantra betrachtet die Freisetzung sexueller Energie als wesentlich für die Erfahrung der Ganzheit. Auch Alice Bailey vertritt diesen Standpunkt. Sie ist der Meinung: Die dichte physische Externalisation des zweiten Chakra-Zentrums ist in den Gonaden zu sehen, den Fortpflanzungsorganen des Menschen. Sie bilden eine fundamentale Einheit, obgleich sie zeitweise getrennt sind in der gegenwärtigen dualistischen Ausbildung des menschlichen Wesens. Man sollte aber daran denken, daß diese Trennung einen mächtigen Impuls zur Vereinigung fördert, und diesen Drang, miteinander zu verschmelzen, nennen wir den Geschlechtstrieb. Der Geschlechtstrieb ist in Wirklichkeit der Instinkt zur Vereinigung: zuallererst nach körperlicher Vereinigung. Das darin enthaltene (obgleich oft mißverstandene) Prinzip des Mystizismus bezeichnen wir oft als den Drang zur Vereinigung mit dem Göttlichen.[5]

Die sexuelle Energie, der ihr angemessene Ausdruck und ihre Umwandlung sind ganz wesentliche Faktoren bei der Arbeit der psycho-spirituellen Integration. Aber als erstes müssen wir begreifen, daß auch die sexuelle Energie eine Form des Prana ist. Sie ist nichts anderes als ein bestimmter Frequenzbereich innerhalb der gesamten Bandbreite menschlicher Energie. Sie könnte ebensowenig ausgemerzt oder in eine andere Form gebracht werden, wie wir die elektrische Energie innerhalb unseres physischen Körpers in irgend etwas anderes verwandeln oder sie ganz beseitigen könnten.

Steigerung des Flusses

Der normale Fluß sexueller Energie (ausgenommen während eines Orgasmus) verläuft vom zweiten Chakra aufwärts durch den Sushumna bis hinauf zum siebten Chakra am Scheitel des Kopfes. Wenn dieser Strom durch Angst oder Blockierungen im feinstofflichen Energiesystem unterbrochen ist, dann gehen die magischen Kraft, die Erregung und die heilige Scheu, die wir als Kinder verspürten, verloren.*

Die Unterbrechung des Flusses der sexuellen Energie auf ihrem Weg hinauf durch das feinstoffliche Energiesystem ist ein weit verbreitetes Problem. Es ist die Hauptursache für die Depression in unserer heutigen Gesellschaft. Depression beginnt im allgemeinen in der Pubertät. Sie tritt häufiger bei Frauen als bei Männern auf, weil die Gesellschaft der Frau stärkere Einschränkungen beim Ausdruck ihrer sexuellen Energie auferlegt. Viele Frauen versuchen, aus Angst oder Verwirrung die Ausstrahlung der sexuellen Energie durch das zweite Chakra zu verhindern, weil sie fürchten, Aufmerksamkeit falscher Art zu erreichen. Leider blockieren die Frauen damit unabsichtlich den Fluß der sexuellen Energie nach oben zu den höheren Chakras.

Männer unterbrechen den Energiefluß oft auf andere Weise, indem sie die Sexualität wie eine Droge gebrauchen, so daß die Energie ihres zweiten Chakras nutzlos verströmt, anstatt ihren natürlichen Weg nach oben zu nehmen.

Die Sushumna-Meditation

Während die sexuelle Energie an der Wirbelsäule nach oben strömt, wird ihre Frequenz von jedem Chakra, das sie durchläuft, hochtransformiert. Die nachstehende Übung, die ich als Sushumna-Meditation bezeichne, soll diesen Fluß fördern und Ihnen helfen, sexuelle Energie auf ihrem Weg nach oben in Energie höherer Frequenzen zu verwandeln.

* Die sexuelle Energie umfaßt einen Bereich von Energiefrequenzen, zu dem weitgehend auch das gehört, was wir als kreative Energie, Fröhlichkeit und Heiterkeit bezeichnen; in seinen wirksameren, stärkeren Formen ist es die Energie, die den Menschen mit einem Gefühl der Ehrfurcht erfüllt, mit dem Gefühl, daß die Welt in gewisser Weise ein geheimnisvoller und magischer Ort ist. Diese Energie dringt durch die Langeweile und öde Eintönigkeit wie das Messer durch die Butter und erfüllt den Menschen mit kindlichem »Wundern«.

Nehmen Sie zu Beginn der Sushumna-Meditation eine bequeme Position ein, der Rücken bleibt gerade. Schließen Sie die Augen und gehen Sie zur Yogi-Atmung über. Atmen Sie zwei bis drei Minuten auf diese Weise, und richten Sie dann Ihre Aufmerksamkeit auf das erste Chakra an der Basis der Wirbelsäule. Bringen Sie sofort Ihren Atem zum ersten Chakra und nehmen Sie durch die »Zweite Aufmerksamkeit« die mit diesem Chakra verbundenen Gefühle wahr. Dann führen Sie vom ersten Chakra aus langsam, Zentimeter für Zentimeter, die Aufmerksamkeit und den Atem an der Wirbelsäule nach oben. Spüren Sie die Energie und die Gefühle jedes einzelnen Wirbels, bis Sie das zweite Chakra erreichen. Dieses wird durch Ihre mentale Aufmerksamkeit und den Atem angeregt und beginnt zu vibrieren. Während dieser Vibration werden Sie die mit diesem Chakra verbundenen Gefühle wahrnehmen. Widmen Sie sich etwa zwei Minuten der hier vorhandenen Energie in ihrer ganzen Fülle. Nach zwei Minuten oder sobald Sie sich dazu bereit fühlen, gehen Sie mit Ihrer Aufmerksamkeit und mit Ihrem Atem weiter, Zentimeter für Zentimeter die Wirbelsäule nach oben, bis Sie das dritte Chakra erreichen. Nehmen Sie die mit dem dritten Chakra verbundene Energie zwei bis drei Minuten in ihrer ganzen Fülle wahr. Fahren Sie auf diese Weise fort, bis Sie zum siebten Chakra kommen. Wenn sich an irgendeiner Stelle ein Mangel an Empfindung, Druck oder Schmerz bemerkbar macht, dann weist das darauf hin, daß die Energie blockiert ist. In diesem Fall nehmen Sie sich zusätzlich etwas Zeit und richten Sie die mentale Aufmerksamkeit und Ihren Atem auf diesen Bereich. Aber zwingen oder überanstrengen Sie sich nicht, nur um etwas zu fühlen. Wenn sich nach kurzer Zeit immer noch keine Empfindung zeigt, dann gehen Sie einfach weiter. Nach einigen Tagen wird diese Übung den Fluß verbessern, und Blockierungen werden aufgelöst. Setzen Sie die Übung in gleicher Weise fort, bis Sie das siebte Chakra erreichen. Nach Abschluß der gesamten Übung entspannen Sie sich etwa fünf Minuten. Wenden Sie wieder die Yogi-Atmung an und richten Sie Ihre Aufmerksamkeit darauf, wie

Sie sich jetzt fühlen. Nach fünf Minuten oder sobald Sie sich dazu bereit fühlen, öffnen Sie die Augen. Sie sind hellwach, vollkommen entspannt und fühlen sich besser als zuvor.

Tsing

Im Osten bezeichnet man eine bestimmte Form der sexuellen Energie als *tsing*. Diese Energie wird hervorgerufen, wenn ein Mann und eine Frau zusammen sind, auch wenn sie keinen körperlichen Kontakt haben. Tsing wird durch die Spannung erzeugt, die von Natur aus zwischen Yin und Yang herrscht. Es gibt drei Stufen oder Ebenen des Tsing, von denen jeweils die nächste intensiver ist als die vorangegangene. Die Tsing-Ebene steigt proportional zu dem bei den Betreffenden vorhandenden Yin- und Yang-Spiegel. Besteht eine erotische Anziehung, so wird das Paar polarisiert, da die Frau sich weiblicher und der Mann männlicher fühlt. Dadurch wird mehr Tsing erzeugt. Diese Form des Prana kann das Bewußtsein verändern und berauschend auf Mann und Frau wirken. Eine einfache Form des Tsing wird hervorgerufen, so oft ein Mann und eine Frau miteinander in Kontakt kommen. In manchen Kulturkreisen gibt es wegen dieser elementaren Form des menschlichen Magnetismus strenge Regeln für jeden Kontakt zwischen Männern und Frauen. »Das bezieht sich auf den Brauch, daß keine Frau einen Mann besuchen kann, besonders, wenn dieser verheiratet ist, es sei denn in Gegenwart eines anderen Mannes. Diese Regel gilt für alle Frauen, denn Sexualität kennt kein Alter, und gegen die Regel zu verstoßen, wenn auch auf noch so unschuldige Art, hieße sündigen.«[6]

Eine intensivere Form des Tsing entsteht, wenn ein Mann und eine Frau körperlichen Kontakt aufnehmen; darunter ist alles zu verstehen, vom Händchenhalten bis zur Umarmung und zum Küssen. Die dritte Ebene des Tsing wird erreicht, wenn Geschlechtsverkehr stattfindet und die Partner einander umarmen. Diese dritte Ebene bedeutet das Höchstmaß an Intimität, das von Menschen, die den transzendentalen Charakter der sexuellen Energie noch nicht erkannt haben, zu erreichen ist. Bei denjenigen, die das dritte Tsing-Stadium als die äußerste Erfahrung zwischen zwei Menschen und als das tiefste Erlebnis des sexuellen Kontaktes ansehen, die überhaupt möglich sind, besteht ein tiefes Mißverständnis über das Ausmaß möglicher menschlicher Intimität.

Durch den Akt der sexuellen Vereinigung können zwei Menschen tatsächlich zur transzendentalen Erfahrung der Einheit miteinander und mit dem universellen Kraftfeld kommen. Bei dieser Erfahrung können beide Partner sich als ganz und vollkommen integriert wahrnehmen. Aus diesem Grund wird der Liebende im Osten verehrt, denn durch den intimen Kontakt zwischen Liebenden wird zuerst die Einheit mit einem anderen Menschen und dann mit dem Universalfeld erreicht.

Die Hingabe

Ein wichtiger Schritt, den der Mensch unternehmen muß, um den Fluß der sexuellen Energie durch das feinstoffliche Energiesystem zu steigern und zu verbessern, besteht darin, daß er sich von den Tabus freimacht, die unsere Gesellschaft für deren normalen und gesunden Ausdruck aufgestellt hat. Die Wurzel aller Probleme, die der Mensch im Zusammenhang mit seiner Sexualität entwickelt hat, ist seine Angst vor einer Auslöschung der Persönlichkeit, die sich aus der vollständigen sexuellen Vereinigung ergibt. Die Sexualität, die zwei Menschen zu einer energetischen und physischen Einheit verschmelzen läßt, hat etwas Bedrohliches für ein Ego, das vom Bewußtsein beherrscht wird.

Bei der wahren sexuellen Intimität kommt es zu einem flüchtigen Augenblick, in dem die Trennung aufgehoben ist und die Erfahrung des Getrenntseins durch die Erfahrung der Einheit ersetzt wird. Die Angst ist das Werkzeug, das vom Bewußtsein benutzt wird, um diese Form der Einheit zu verhindern. Angst bewirkt, daß sich der Mensch zusammenzieht, in sich zurückzieht, und die Kontraktion ist das Gegenteil der Hingabe. Die Hingabe ist ein so wichtiger Faktor sowohl in den zwischenmenschlichen Beziehungen im allgemeinen als auch bei der Sexualität im besonderen, daß man nicht einfach über dieses Thema hinweggehen kann.

Die Fähigkeit, sich hinzugeben, um die vollkommene sexuelle Einheit zu erreichen, ist mit dem Tod vergleichbar. Im Augenblick der Vereinigung und des Orgasmus überschreitet der Mensch die Grenzen, die ihm sein physischer Körper und der bewußte Geist auferlegen, und er erreicht mit Hilfe des geliebten Partners die Einheit und dadurch Transzendenz. Die früheren Meister des Tantra erkannten den transzendentalen Charakter der Sexualität und setzten den Liebesakt als Mittel ein, um die Einheit mit dem universellen Kraftfeld zu erreichen. Die sexuelle Vereinigung wurde zum Ausdruck ihrer transzendenten Liebe, der vollen Ausstrahlung des »Ich bin« auf allen Kausalebenen.

Eine solche vollkommene Ausstrahlung ist nur möglich, wenn beide Partner sich von jeder Angst freimachen und genügend Vertrauen besitzen, um frei auszustrahlen. Vertrauen entsteht, wenn der Mensch Mut und Aufrichtigkeit besitzt, er selbst zu sein, und wenn er sich stets »in seinem Körper zu Hause fühlt«. Wenn ein Mensch dieses Stadium erreicht hat, dann nimmt er die Welt durch die »Zweite Aufmerksamkeit« wahr, sein Geist ist ruhig, alle seine Chakras sind geöffnet, und sein physischer Körper ist vollkommen entspannt. Wenn nur eine dieser Voraussetzungen bei einem oder bei beiden Partnern nicht vorhanden ist, kann die vollkommene Intimität nicht erreicht werden, weil die persönlichen Energiefelder daran gehindert sind, vollständig miteinander zu verschmelzen. Es ist besonders wichtig, daß die Chakras während der sexuellen Begegnung geöffnet sind. Die Blockierung eines einzigen Chakras reicht aus, um die vollkommene Vereinigung zu verhindern. Noch schlimmer ist es, daß die Blockierung eines oder mehrerer Chakras bei einem der Partner das entsprechende Chakra des anderen Partners stört und den Energiefluß durch die Nadis unterbricht. Dadurch kommt es zur Störung in den aurischen Feldern, und das Gleichgewicht zwischen Yin- und Yang-Energie wird aufgehoben. Blockierungen in einem oder mehreren Chakras sind die Ursache vieler heute weitverbreiteter sexueller Probleme und Fehlfunktionen.

Die vollkommene sexuelle Vereinigung ist so wichtig für die Beziehung, für die Selbsteinschätzung und für das Erreichen der Ganzheit, daß die richtige Anwendung und Ausstrahlung sexueller Energie während des Verkehrs nicht dem Zufall überlassen werden kann. Die unvollkommene sexuelle Vereinigung und der Mißbrauch sexueller Energie bedeutet eine derartige Katastrophe für das feinstoffliche Energiesystem, daß ich hier eine Reihe von Übungen einfüge, die von Otto Richter, einem bekannten Bewegungstherapeuten, entwickelt wurden und die den Fluß und die Ausstrahlung der sexuellen Energie durch das feinstoffliche Energiesystem während des Geschlechtsverkehrs fördern, so daß der vollkommene körperliche Orgasmus und die vollkommene Vereinigung mit dem Partner erreicht wird.

Die nachfolgenden Übungen bilden ein Sechstage-Programm. Sechs Tage lang vor dem Liebesakt sollten Sie alle diese Übungen täglich durchführen.

1. Übung
Isolierung einzelner Körperteile

Beginnen Sie die Übung, indem Sie eine entspannende Musik mit sanftem Rhythmus auflegen. Konzentrieren Sie Ihre Aufmerksamkeit und den Atem in Kopf und Nacken. Lassen Sie die Musik in diesen Bereich einströmen. Dann richten Sie Ihre »Zweite Aufmerksamkeit« auf diesen Bereich. Machen Sie verschiedene Bewegungen mit Kopf und Hals. Erfüllen Sie diesen Bereich mit Ihrem Bewußtsein und strahlen Sie von hier aus. Wenn Sie Widerstand spüren, der verhindert, daß Sie den Kopf frei bewegen und ausstrahlen, dann haften Sie noch an Ihren Gedanken. Erinnern Sie sich daran, daß Sie den »Geist« loslassen müssen und diesen Bereich

durch die »Zweite Aufmerksamkeit« wahrnehmen sollen. Dadurch wird es Ihnen sicher gelingen, den Kopf frei zu bewegen. Atmen Sie weiter mindestens zwei Minuten lang in diesen Bereich ein.
Dann richten Sie die »Zweite Aufmerksamkeit« auf die Schultern. Beginnen Sie, vom Schulterbereich ein- und auszuatmen. Lassen Sie die Schultern von der Musik durchdringen und beginnen Sie sie dann zu bewegen. Bewegen Sie die Schultern frei nach allen Richtungen, auf- und abwärts, vorwärts und zurück. Spüren Sie, daß sich hier eine Last festgesetzt hat? Wenn das der Fall ist, schütteln Sie die Last ab und befreien Sie sich von dem Gewicht. Erfüllen Sie den Schulterbereich mit Ihrem Bewußtsein. Lassen Sie es nach allen Seiten zwei Minuten lang ausstrahlen. Als nächstes richten Sie die »Zweite Aufmerksamkeit« auf die Ellbogen. Beginnen Sie, in diesem Bereich einzuatmen und bringen Sie Ihr Bewußtsein dorthin. Fühlen Sie, daß er von Musik erfüllt wird. Nehmen Sie die Empfindungen in den Gelenken wahr. Das Schlüsselwort heißt Flexibilität! Behalten Sie diesen Begriff im Sinn und beobachten Sie Ihre Bereitschaft, in den Ellbogen ganz flexibel zu sein.

Der Brustkasten verdient besondere Beachtung. Man kann die Rippen nicht bewegen, ohne zu atmen, und man kann nicht atmen, ohne die Rippen zu bewegen. Verschaffen Sie sich einen Eindruck von diesem Zusammenwirken. Richten Sie die »Zweite Aufmerksamkeit« auf den Brustkorb. Atmen Sie ein und erfüllen Sie diesen Bereich zwei bis drei Minuten lang mit Musik und mit Ihrem Bewußtsein. Es kann hilfreich sein, Ihre Hände auf die Rippen zu legen und zu fühlen, wie sie sich nach vorn und zurück, nach rechts und links bewegen, wie sie kreisen.

Danach richten Sie die »Zweite Aufmerksamkeit« auf die Hüften (das Becken) und beginnen, von hier aus zu atmen. Fühlen Sie, wie die Musik sich in diesem Bereich ausbreitet. Legen Sie eine Hand auf den unteren Bauch, die andere Hand an die entgegengesetzte Seite, und bewegen Sie die Hüften. Wenn Sie die Hände in dieser Stellung lassen, werden Sie spüren, wie sich die Hüften und das Becken vor- und zurück, nach rechts und links bewegen. Nach einigen Augenblicken erfüllen Sie diesen Bereich mit Ihrem Bewußtsein und lassen es mindestens zwei Minuten lang von hier ausstrahlen. Wenn die Hüften und das Becken verkrampft sind, dann blockieren Sie wahrscheinlich bewußt und mit Absicht Ihre sexuelle Energie. Sollte das der Fall sein, so können Sie das Becken weiter anregen, indem Sie es im Rhythmus der Musik bewegen.

Konzentrieren Sie sich auf die Wirbelsäule. Richten Sie die »Zweite Aufmerksamkeit« darauf. Atmen Sie von hier aus. Versetzen Sie die Wirbelsäule in wellenartige Bewegungen (die Bewegungen erinnern an eine Schlange). Fühlen Sie, wie die sexuelle Energie vom unteren Teil der Wirbelsäule ausstrahlt und verfolgen Sie, wie die Energie den Rücken hinauf bis zum Nacken und zum Kopf steigt. Während die Energie nach oben strömt, fühlen Sie, wie sie von der Wirbelsäule ausstrahlt und den ganzen Körper mit ihrem warmen, vibrierenden Glühen erfüllt. Wenn Sie sich ungezwungen im Becken bewegen wollen, müssen Sie auch andere Teile des Körpers in Bewegung versetzen. Auch dabei bringen Sie das Bewußtsein zu dem Punkt im Becken, an dem die sexuelle Energie ihren Ursprung hat, und halten Sie es dort zwei bis drei Minuten fest.

Als nächstes richten Sie die »Zweite Aufmerksamkeit« auf Ihre Knie. Atmen Sie von diesem Bereich ein und aus. Fühlen Sie, wie sich die Musik hier ausbreitet. Probieren Sie verschiedene Möglichkeiten aus, die Knie zu bewegen. Erfüllen Sie den Bereich zwei bis drei Minuten mit Ihrem Bewußtsein. Wiederholen Sie den gleichen Vorgang an den Fußgelenken, an den Füßen, an den Zehen, an den Armen, Handgelenken, Händen und Fingern.

Nachdem Sie die einzelnen Körperteile jeweils für sich isoliert haben und spürten, wie Ihr Bewußtsein durch jeden einzelnen Körperteil ausstrahlt, beginnen Sie, die Körperteile zusammenzufassen.

Fangen Sie damit an, nur die Zehen und die Füße zu isolieren, zu bewegen und mit Bewußtsein zu erfüllen. Dann fügen

Sie die Fußgelenke und die Knie hinzu. Nach den Knien nehmen Sie die Hüften dazu und so weiter, bis Ihr Bewußtsein gleichzeitig durch alle Teile Ihres Körpers strahlt. Schließlich bewegen Sie den ganzen Körper gleichzeitig; Ihre Energie strahlt frei von jedem Körperteil aus, und Sie befinden sich vollständig in Ihrem Körper. Wenn Sie etwa fünf Minuten lang den ganzen Körper bewegt haben, richten Sie Ihre Aufmerksamkeit darauf, wie Sie sich physisch, emotional und mental fühlen.

Diese Übung integriert die Bewegungen, die Energie und die Empfindungen Ihres physischen Körpers und des ätherischen Doppels. Sie erinnert Sie daran, daß sich Ihr Körper durch die Integration seiner eigenen Bewußtseinszentren ungezwungen und ganzheitlich bewegen kann.

2. Übung
Der Beckenstoß
(Bei rhythmischer Musik auszuführen)

Sie stehen bei dieser Übung mit den Füßen fest auf dem Boden, die Knie sind leicht gebeugt. Dann beginnen Sie, das Becken zur Musik zu bewegen. Achten Sie auf die Bewegung des Beckens. Beobachten Sie besonders, wie das Becken ganz nach vorn und nach oben geschoben und danach wieder zurückgekippt werden kann. wenn Sie Ihre Wirbelsäule etwas biegen. Es ist hilfreich, die Hände vorn und hinten ans Becken zu legen, dann haben Sie einen besseren Bezugspunkt für diese Bewegungen. Richten Sie die »Zweite Aufmerksamkeit« auf diesen Bereich am und um das erste und zweite Chakra. Denken Sie daran, daß sich in diesem Bereich Kundalini, die Schlangenenergie, befindet. Damit sowohl die sexuelle Energie als auch die Schlangenenergie richtig fließen, müssen Sie sich einmal mit Ihrer Konditionierung in bezug auf die Sexualität beschäftigen. Alte Stimmen aus der Vergangenheit werden Sie in Gedanken mit ihren Geboten heimsuchen: »Beweg dich nicht so aufreizend erotisch«, »An dieser Stelle darfst du dich nicht anfassen«, »Das ist schlecht« oder »Sex ist etwas

Schmutziges«. Die Wahrheit über diesen Gegenstand sieht anders aus: Sexuelle Energie und Kundalini sind die großen Speicher des Prana, und Sie müssen in der Lage sein, diese Formen der Energie in jeder Situation zu erzeugen und auszustrahlen.

Wenn Sie sich kurze Zeit vom Becken aus bewegt haben und sich in diesem Bereich frei fühlen, nehmen Sie ganz entspannt die Arme über den Kopf. Dann stoßen Sie das Becken nach vorn und versetzen die Wirbelsäule in Wellenbewegung. Während Sie das Becken zurückkippen, wird die Wirbelsäule ganz von selbst eine neue Wellenbewegung ausführen. Führen Sie jeden Beckenstoß zur Musikbegleitung aus und achten Sie darauf, daß die Musik das Gefühl in diesem Bereich spiegelt und daß die Klänge Resonanz im ganzen Körper finden. Üben Sie mindestens drei Minuten lang und geben Sie sich ganz der Bewegung hin.

Beim Beckenstoß werden Sie spüren, daß sich die Beckengegend lockert. Die Muskeln entspannen sich und die Energie fließt besser. Sobald Sie die Übung abgeschlossen haben, ruhen Sie sich im Liegen mit geschlossenen Augen etwa fünf Minuten aus. Achten Sie darauf, wie Sie sich mental, emotional und physisch fühlen.

3. Übung
Die laufende Katze
(Zu rhythmischer Musikbegleitung)

Bei dieser Übung stützen Sie sich auf die Hände und Knie. Während Sie durch die Nase einatmen, wölben Sie die Wirbelsäule nach oben (wie die Katze, wenn sie böse ist), ziehen das Kinn bis ganz an die Brust heran und strecken das Becken vor. Sowohl die Einatmung als auch die Bewegung soll ganz langsam geschehen. Wenn Sie die Einatmung abgeschlossen haben, lassen Sie keine Unterbrechung entstehen und atmen durch den Mund aus, strecken die Zunge so weit wie möglich vor und biegen die Wirbelsäule nach unten. Gleichzeitig ziehen Sie das Becken zurück und richten den Kopf so weit wie möglich auf, ohne sich aber dabei anzustrengen. Führen Sie die Bewegungen ganz langsam beim Ausatmen durch. Danach wiederholen Sie beide Teile der Übung noch vier- bis fünfmal, oder so lange, bis Sie über den Ablauf nicht mehr nachdenken müssen. Dann beginnen Sie, das Tempo zu beschleunigen. Bei allen Bewegungen sollte die »Zweite Aufmerksamkeit« aktiv sein. Werden Sie mit den Bewegungen so schnell wie möglich und halten Sie das rasche Tempo mindestens eine Minute lang durch, oder so lange Sie es schaffen, ohne sich zu überanstrengen. Dann werden Sie allmählich wieder langsamer, bis Sie ganz aufhören. Nach Abschluß der Übung legen Sie sich auf den Bauch, die Arme an den Seiten ausgestreckt, und ruhen sich fünf Minuten aus. Wenden Sie die Yogi-Atmung an und achten Sie darauf, wie Sie sich mental, emotional und physisch fühlen. Diese Übung hilft, die im und um den Solarplexus gestaute Energie freizusetzen. Indem Sie diese Energie freisetzen, werden Sie Ihrem Partner gegenüber vertrauensvoller und fühlen sich ihm enger verbunden. Wenn Sie sich durch das Solarplexuschakra mit Ihrem Partner verbinden, werden Sie ein tiefes Gefühl der Zugehörigkeit empfinden, das es erleichtert, die Hingabe zu entwickeln, die notwendig ist, um zur vollkommenen Intimität und Einheit zu finden.

4. Übung
Der Schlangenschub

Bei dieser Übung liegen Sie auf dem Rücken, die Knie sind aufgestellt, die Füße ziehen Sie so dicht wie möglich an das Gesäß heran. Die Füße stehen dabei flach auf dem Boden, die Arme liegen an den Seiten. Beginnen Sie in dieser Position mit der Yogi-Atmung. Mit der ersten Bewegung schieben Sie langsam das Becken hoch, heben die Wirbelsäule Wirbel für Wirbel vom Boden ab. Während Sie das Becken anheben, werden Sie spüren, daß sich die Muskeln der Oberschenkel und des Unterleibs strecken und elastischer werden. Achten Sie darauf, daß der übrige Körper vollkommen entspannt bleibt, während Sie die Muskulatur der Beine und des Unterleibes strecken. Am Ende der Übung wird das ganze Gewicht des Körpers von den Füßen und Schultern getragen, und der Rücken ist vollkommen durchgebogen. Wenn es Ihnen möglich ist, dann halten Sie diese Position mindestens eine Minute, danach entspannen Sie sich ganz langsam, indem Sie die Wirbelsäule, beginnend am Nacken und allmählich abwärtsgehend, wieder auf den Boden bringen. Bei Abschluß der Übung ist auch das Becken wieder in Ruhestellung flach auf dem Boden. Wiederholen Sie die Übung dreimal. Dann entspannen Sie sich etwa fünf Minuten lang. Sie liegen dabei auf dem Rücken, die Arme an den Seiten, und richten Ihre Aufmerksamkeit darauf, wie Sie sich physisch, emotional und mental fühlen.

Durch diese Übung lernt der Körper, gleichzeitig weibliche und männliche Energie zu integrieren. Durch das Strecken werden die Muskeln gekräftigt, und indem Sie den Muskeln zu größerer Elastizität verhelfen, gewinnen Sie eine bessere Kontrolle über Ihre Bewegungen.

5. Übung
Die »Ja-Mudra«

Zu Beginn dieser Übung liegen Sie mit dem Rücken auf dem Boden, die Beine sind geschlossen, die Knie aufgestellt, und die Füße stehen auf dem Boden. Ziehen Sie die Füße dabei so nahe wie möglich ans Gesäß heran. Die Arme liegen an den Seiten, die inneren Handflächen nach oben. Atmen Sie durch die Nase ein und sagen Sie beim Ausatmen zu sich selbst hörbar »Ja«. Lassen Sie langsam die Beine auseinanderfallen, während sich die Füße aneinanderschieben. Sagen Sie immer weiter »Ja« zu sich. Während Sie dieses »Ja« wiederholen, werden Sie spüren, wie Sie offener werden und wie Ihre Aufnahmebereitschaft wächst. Gleichzeitig öffnen Sie die Beine immer mehr, bis die Knie fast den Boden berühren. Dabei entspannt sich der Bereich des zweiten Chakras. Nachdem Sie sich in dieser Position vollkommen entspannt haben, ruhen Sie in dieser Lage etwa fünf Minuten, dann stellen Sie die Beine langsam wieder auf, bis die Knie wieder aneinanderliegen. Vielleicht müssen Sie die Hände zu Hilfe nehmen, um die Beine anzuheben. Dann entspannen Sie sich wieder fünf Minuten und achten darauf, wie Sie sich physisch, emotional und mental fühlen.

6. Übung
Ehrlich sein!

Alle diese Übungen sollen nacheinander sechs Tage lang täglich durchgeführt werden. Am Tage des Liebesaktes nehmen Sie sich etwas Zeit, legen sich einfach hin und ruhen aus. Während Sie sich entspannen, stellen Sie sich folgende Fragen: »Gibt es etwas, was ich meinem Partner sagen möchte, aber bisher vermieden habe?« »Bin ich mir selbst gegenüber in dieser Beziehung vollkommen ehrlich?« Diese Fragen sind wichtig, weil Ihre Fähigkeit, sich selbst gegenüber aufrichtig zu sein, darüber entscheidet, ob Sie auch dem Partner gegenüber aufrichtig sein können. Ohne diese grundsätzliche Aufrichtigkeit wird Ihre ganze Verbindung von Anmaßung und Berechnung geprägt. Wo aber eine prätentiöse Einstellung herrscht, ist kein Raum für Intimität.

Ich bitte Sie nun, ganz ehrlich Ihren innersten Gefühlen gegenüber Ihrem Partner Ausdruck zu geben. Sie sollten das erst tun, wenn Sie die ersten fünf Übungen abgeschlossen haben. Das bedeutet nicht, daß Sie nun sofort zum Telefon eilen und allen angestauten Ärger über Ihren geliebten Partner entladen! Seien Sie in diesem Augenblick einfach ganz ehrlich in Ihrem Denken und Fühlen und suchen Sie einen Weg, um diese Gedanken und Gefühle auszudrücken. Das darf durch Kunst oder Musik geschehen, in einem Gedicht oder in einem Brief (den Sie nie abschicken). Eine andere wirksame Methode besteht darin, daß Sie sich bildhaft vorstellen, daß Ihr Partner vor Ihnen sitzt, und wenn Sie ein solches mentales Bild von ihm erzeugt haben, dann sagen Sie ihm ehrlich, was Sie fühlen. Natürlich können Sie auch der

Meinung sein, daß es am besten ist, direkt mit dem Partner zu sprechen. Tun Sie einfach das, was für Sie angemessen ist. Aber welchen Weg Sie auch wählen, achten Sie darauf, daß alles vom Herzen aus geschieht und tief in Ihnen Resonanz findet.

Nachdem Sie diese Übungsfolge sechs Tage lang täglich ausgeführt haben, sind Sie bereit, die tantrische Liebesvereinigung zu vollziehen. Das Ziel des tantrischen Liebesaktes, daran müssen Sie stets denken, ist die transzendentale Einheit, die durch die vollkommene Hingabe beider Partner möglich wird. Nach den Tantra-Schriften liegt die beste Zeit für die Liebe zwischen 19 Uhr abends und Mitternacht. Die Tantras empfehlen, mit der Liebe nie bei völliger Dunkelheit zu beginnen. Der Raum, den Sie benutzen, sollte sorgfältig vorbereitet werden, er muß sauber, angenehm und luftig sein. Eine Reihe symbolischer Gegenstände stehen auf einem geschmackvollen Tuch bereit. Dazu gehören zwei Gläser und ein Krug mit frischem, kaltem Trinkwasser, eine Karaffe mit Wein oder Ihrem alkoholischen Lieblingsgetränk, zwei Kerzen in Haltern, Moschus, Weihrauch oder irgend ein anderer angenehmer Duft.

Sobald Sie zusammen sind, aber noch ehe Sie mit der Liebe beginnen, nehmen Sie sich fünf Minuten Zeit, wenden Sie die Yogi-Atmung an, während Sie die Augen geschlossen halten, und aktivieren Sie die »Zweite Aufmerksamkeit«. Der transzendentale Liebesakt erfordert, daß beide Partner einander vollständig wahrnehmen. Das ist nur möglich, wenn die »Zweite Aufmerksamkeit« aktiviert ist. Als nächstes visualisieren Sie die sexuelle Begegnung mit Ihrem Partner in der von Ihnen bevorzugten Position, und zwar Schritt für Schritt, von der ersten Berührung bis zum Höhepunkt. Dann gießen Sie ein wenig Wein in zwei Gläser und trinken zusammen. Nachdem Sie den Wein getrunken haben, sind Sie für die Liebe bereit.

Es ist Tradition, daß der Mann damit beginnt, seine Partnerin auszukleiden, während er vor ihr steht.

Nachdem Sie ausgekleidet ist, berührt der Mann mit den

Fingerspitzen den Körper der Partnerin, um die hier schlafenden Kräfte zu wecken. Er berührt das Herz, den Scheitel, die Augen (und das symbolische Auge in der Mitte der Stirn) und streicht sanft über den ganzen Körper.

Danach tut die Frau das gleiche mit dem Partner. Wenn die Frau die Liebkosung beendet hat, legen sich beide nebeneinander auf das Bett, atmen regelmäßig und tief und vereinigen sich im Rhythmus ihres Atems, ohne sich zu berühren. Die tiefe, entspannte Atmung fördert die Ausbreitung der wachsenden Erregung über den ganzen Körper, so daß sie nicht nur auf die Genitalien beschränkt bleibt.

In Bildern und Skulpturen des Tantrismus werden eine Reihe von Stellungen für den Koitus gezeigt. Besonders beliebt ist die Position, bei der die Frau oben liegt. Für viele Paare ist die Seitenlage am bequemsten. Ganz gleich, für welche Stellung Sie sich entscheiden, das wichtigste ist, daß zwischen den beiden Körpern soviel Kontakt wie möglich besteht. Die Augen hängen aneinander, die Gesichter sind sich so nahe, daß jeder den Atem des anderen atmet, Hände und Finger sind vollkommen ineinander verschlungen.

Der Mann sollte sich weder bewegen noch stoßen, sondern einfach die Frau mit seiner harten Männlichkeit erfüllen, während er ihr Gesäß umfaßt und bis zur Wurzel seines Geschlechts tief in sie eindringt. Der Mann soll spüren, daß er die Frau besitzt und daß er gleichzeitig von ihr besessen wird.

Die Augen sind der Spiegel der Seele. Es ist wichtig, daß der Augenkontakt bestehen bleibt. Das erlaubt jedem der Partner, die steigende Lust im Gesicht des anderen zu erkennen.

Es darf weder Anspannung noch Anstrengung aufkommen. Sobald der Mann in die Frau eingedrungen ist, muß jede Bewegung aufhören. Bewegung geschieht nur noch im Innern. Liegen Sie vielleicht dreißig Minuten so zusammen und visualisieren Sie den Strom von Energie und Liebe, der zwischen Ihnen fließt. Es wird ein Gefühl der Hitze entstehen, das am intensivsten an der Stelle ist, an der die Genitalien aufeinandertreffen. Es ist, als ob sie miteinander verschmelzen würden.

Wenn die Intimität im Augenblick des Höhepunkts vollkommen ist, werden sich die Muskeln beider Körper unwillkürlich zusammenziehen. Versengende Energieströme fließen rhythmisch durch den Körper, an den Beinen hinunter bis zu den Fußsohlen, durch die Arme und Finger und durch den Körper, von der Basis der Wirbelsäule bis zum Scheitel.

Die tantrischen Schriften beschreiben die Besinnungslosigkeit im Augenblick der Vereinigung als ein Gefühl, das über unsere Sinne hinausgeht. Es ist, als ob ein unmittelbarer, tiefer Kontakt mit der Wahrheit entstanden sei. Es gibt keinen Laut, kein Bild, keinen Blick – nur die kosmische Gegenwart. Der Mensch durchbricht wie ein Laserstrahl die Grenzen von Zeit und Raum. Es gibt keinen Unterschied mehr zwischen dem Wissenden, dem Wissen und dem Gegenstand des Wissens.

Während sich die Energiefelder der beiden Partner vereinigen, fallen alle Grenzen. Sie fühlen, daß Sie, Ihr Partner und die Welt eins sind.

Das Selbst ist ausgelöscht, das »Ich bin« bricht in seinem vollen Glanz durch, und Sie fühlen sich in Einheit mit allem verbunden. Im Moment der Ekstase ist die Wiedererfahrung vollkommen, der Augenblick des Ganzwerdens ist gekommen, die Einheit ist erreicht.

Liebe strömt nach allen Richtungen und erleuchtet alles, was sie berührt.

Auf den atemlosen, pulsierenden Gipfel der Freude folgt ein Gefühl, als ob das Selbst ganz leer wird. Alle aufgestaute Spannung löst sich, und Sie spüren den Frieden des Samadhi. Es gibt nichts, was den Frieden in seinem innersten Herzen stören könnte. Sie waren entblößt und nackt buchstäblich bis zur Substanz Ihres Selbst, bis zum nicht weiter reduzierbaren Grund des Daseins.

18. Kapitel

Grundregeln für einen gesunden Tagesablauf

> Wißt ihr nicht, daß ihr Gottes Tempel seid und der Geist Gottes in euch wohnt? Wer den Tempel Gottes verdirbt, den wird Gott verderben. Denn Gottes Tempel ist heilig, und der seid ihr.
>
> 1. Korinther 3, 16

Harmonie und Ausgeglichenheit auf den höheren Ebenen wird in Gesundheit und Harmonie auf der physischen Ebene verwandelt. Aber wir dürfen nicht kurzsichtig werden und glauben, daß wir durch die Arbeit auf den höheren Ebenen unser Verhältnis zur physischen Umwelt vernachlässigen können. Tatsächlich muß der Mensch seine Beziehung zur physischen Welt in ein harmonisches Verhältnis bringen, will er die psycho-spirituelle Integration erreichen.

Wie wir bereits wissen, ist der Lebensprozeß niemals etwas Statisches. Das Leben fließt in einem bestimmten Rhythmus. Infolgedessen kann es sich niemand von uns leisten, in bezug auf den Zustand seines physischen Körpers und des physischen Energiesystems selbstzufrieden und bequem zu werden. Was wir auf der physischen Ebene tun und auch das, was wir unterlassen, kann einen großen Einfluß auf unser körperliches Wohlbefinden und auf das Wohlbefinden unserer höheren Körper gewinnen. Denken Sie daran, daß die Disharmonie auf die jeweils angrenzenden Körper übertragen wird, ohne Rücksicht darauf, von wo dieser Zustand ausgegangen ist. Es sollte also klar sein, daß unsere Aktionen und Reaktionen auf die physische Welt und unsere gesamte Beziehung dazu in Form von Essen, Schlafen, Ruhe, Arbeit und so weiter bedeutend zur Gesunderhaltung unseres feinstofflichen Energiesystems und zum Fortschritt der psycho-spirituellen Integration beitragen.

Ist Streß unser Feind?

Wir wollen uns einen Augenblick mit dem Thema Streß beschäftigen. Jahrelang wurde Streß als ein unsichtbarer Feind verurteilt. Man sagte uns, daß der Streß die Harmonie und das Gleichgewicht unseres physischen Körpers und des bewußten Geistes stört. Aber ist unser Feind wirklich der Streß, oder ist es nicht vielleicht unsere Einstellung dem Streß gegenüber? Lassen Sie uns einen Blick auf die Forschung werfen, die sich kürzlich mit dem Hormon ACTH (Adrenocoricotropes Hormon) befaßt hat. Dieser Stoff wird von vielen Fachleuten, die sich mit dem Thema Lernen beschäftigen, als das wichtigste Hormon bezeichnet, das der Körper produziert. Erst vor kurzem haben eine Reihe von Experimenten ergeben, daß gleichzeitig ACTH erzeugt wird, wenn man bei Versuchstieren Streß hervorruft. Außerdem entdeckten Forscher, daß ACTH bei Versuchstieren neue Neuronenverbindungen im Gehirn erzeugte. Neuronenverbindungen sind winzige Brücken im Gehirn, die Gehirnzellen miteinander verbinden, und diese kleinen Brücken sind der Schlüssel zum Lernvorgang. Je mehr Neuronenverbindungen die Ratten besaßen, um so schneller lernten sie und um so mehr konnten sie behalten. Das gleiche gilt auch für den Menschen. Streß, das erwies sich in diesen Experimenten, kann auch ein Mittel zur positiven Veränderung sein und ist seiner Natur nach nichts Singuläres, sondern etwas Polares. Aus derartigen Versuchen haben wir gelernt, daß Streß-Situationen subjektiv empfunden werden. Die Auffassung des Menschen entscheidet darüber, ob eine streßerfüllte Situation als positiv oder negativ angesehen wird. Nicht der Streß selbst, sondern die Reaktion des einzelnen auf den Streß und die Negativität ist das Kernproblem beim Kampf zwischen Harmonie und Disharmonie, Ausdehnung und Kontraktion. Indem Sie selbst die Verantwortung für Ihren Zustand und Ihr Wohlbefinden übernehmen, werden Sie beginnen, die Bedeutung Ihrer Aktionen und Reaktionen auf Ihren jeweiligen Integrationszustand auf der physischen Ebene richtig einzuschätzen. Um dazu beizutragen, daß ihr feinstoffliches Energiesystem richtig arbeitet und frei ausstrahlt, müssen Sie diese Verantwortung ernstnehmen und vernünftige Maßnahmen ergreifen, um die Integration auf der physischen Ebene zu fördern. Sie dürfen auf der physischen Ebene nur solche Dinge tun, die den Fluß der Energie durch das Nervensystem und durch das feinstoffliche Energiesystem anregen, und Sie müssen eine Beziehung zum Streß entwickeln, die es Ihnen erlaubt, auch in Streß-Situationen weiterhin auszustrahlen. In diesem Kapitel werde ich ein tägliches Programm entwerfen, das Ihre physische Integration fördert und Ihnen hilft, eine gesunde Einstellung zum Streß zu gewinnen, so daß nichts, was auf der physischen Ebene geschieht, Ihre vollkommene Integration verhindert.

Die Regelmäßigkeit

Es gibt überwältigende Beweise dafür, daß die Rhythmik eine große Bedeutung für das gesamte Wohlbefinden des Menschen besitzt. Jedes Programm, das die Integration auf der physischen Ebene fördern soll, muß auch eine gewisse Regelmäßigkeit unterstützen. Ich empfehle, daß Sie Ihr tägliches Programm zunächst damit beginnen, einmal Ihre Lebensweise unter die Lupe zu nehmen: die Art, wie Sie leben, wie Sie Ihre Angelegenheiten ordnen, wie Sie mit anderen umgehen. Überprüfen Sie, ob es hier eine Unregelmäßigkeit gibt, die sich als Brutstätte einer Disharmonie erweisen könnte. Das wird Ihnen leichter fallen, wenn Sie eine Woche lang ständig einen kleinen Block und Stift bei sich tragen und die verschiedenen Aktivitäten festhalten, mit denen Sie sich im Laufe des Tages beschäftigen. Notieren Sie, wann Sie zu Bett gehen und wann Sie aufwachen, wann Sie die regelmäßigen

Mahlzeiten zu sich nehmen, wann Sie zwischendurch etwas essen, wann Sie arbeiten und wann Sie sich ausruhen, ebenso die verschiedenen Tätigkeiten, die Sie bei der Arbeit und in der Freizeit ausführen. Sie sollten sogar aufschreiben, wieviel Zeit Sie allein verbringen und wie lange Sie mit Freunden oder mit der Familie zusammen sind. Richten Sie neben jeder Art der Aktivität eine eigene Spalte für Erklärungen und Kommentare ein. Halten Sie besonders fest, wie Sie sich nach Abschluß einer Aktivität oder am Ende eines jeden Tages fühlen.

Ich glaube, daß Sie schon nach ein oder zwei Tagen entdekken werden, daß sich ein bestimmtes Muster zeigt. Sie werden erkennen, daß ihr Wohlbefinden und Ihre Fähigkeit zur freien Ausstrahlung direkt von der Art der Aktivitäten und von der Regelmäßigkeit, mit der sie betrieben werden, abhängig sind. Sie werden beispielsweise bemerken, daß jedesmal, wenn Sie Ihren normalen Schlafrhythmus ändern und zu lange aufbleiben, Sie sich am nächsten Tag ängstlich fühlen und unter einem Mangel an Energie leiden. Sie bemerken vielleicht, daß Sie an Tagen, an denen Ihr Tagesablauf regelmäßig und vorhersehbar ist, besser schlafen und am nächsten Morgen frischer aufwachen. Ich glaube, Sie werden ganz allgemein feststellen, wenn Sie bei einem gleichmäßigen Tagesablauf bleiben, dann arbeiten Sie besser, Sie fühlen sich besser und Sie besitzen eine stärkere Ausstrahlung.

Die Beziehung zwischen Rhythmus, Wohlbefinden und Produktivität wurde wissenschaftlich untersucht, und zwar nicht nur unter Laborbedingungen, sondern auch durch praktische Beobachtung und Auswertung entscheidender Ereignisse auf nationaler und globaler Ebene. Die Verbindungen zwischen Außenwelt und inneren Rhythmen des Menschen bezeichnet man als Zeitgeber. Zeitgeber sind die äußeren Auslöser (oft handelt es sich dabei selbst um rhythmische Vorgänge, wie etwa beim Wechsel von Tag und Nacht), nach denen sich die innere Uhr unseres Körpers richtet, die diese Uhr aber auch durcheinanderbringen können. Essen und Trinken sind starke Zeitgeber, ebenso Streß.

Unsere inneren Uhren und Rhythmen werden auch durch Unterbrechungen der täglichen Rhythmik beeinflußt, so etwa bei einer Änderung der Arbeitszeit. Solche Veränderungen im täglichen Rhythmus können sich verheerend auf unseren empfindlichen inneren Mechanismus, auf die Beziehung zwischen den vier Körpern, auf die persönliche Gesundheit und auf die allgemeine Arbeitsfähigkeit auswirken. Wissenschaftler haben ein Beispiel für eine solche Unterbrechung beim Unfall im Atomkraftwerk von Three Mile Island gefunden. Normalerweise gab es dort für die Arbeiter einen wöchentlichen Schichtwechsel. Das bedeutet, daß ihre inneren Uhren während des größten Teils der Arbeitszeit nicht synchron laufen konnten. Wenn ein direkter Zusammenhang zwischen Produktivität, Wohlbefinden und Rhythmus besteht, wäre also zu erwarten, daß die Arbeiter desorientiert sind, daß ihre Merkfähigkeit und ihr Urteilsvermögen beeinträchtigt sind und daß sie Schwierigkeiten haben, aufmerksam bei der Sache zu sein. Wenn man also davon ausgeht, daß die Rhythmik der Arbeiter gestört war, so könnte man auch erwarten, daß sie in Krisensituationen lethargisch reagieren würden. Die spätere Untersuchung der Unfallursachen ergab, daß in den Stunden vor dem Unfall (der sich übrigens um 4 Uhr morgens ereignete) im Protokollbuch in der Zeit des Schichtwechsels kleine Irrtümer der Arbeiter beim Ablesen der Meßgeräte und bei der Interpretation der Daten nachzuweisen waren.

Jet lag ist ein anderer Zeitgeber, von dem man weiß, daß er den inneren Rhythmus des Menschen stören und die Leistungsfähigkeit und das Urteilsvermögen beeinträchtigen kann. (Unter *Jet lag* versteht man die Störung des gewohnten Tagesrhythmus infolge der Zeitverschiebung bei Langstreckenreisen, durch die der Organismus völlig aus dem Gleichgewicht gerät.) Im Jahre 1956 flog John Foster Dulles, amerikanischer Außenminister unter Präsident Eisenhower, nach Ägypten, um Verhandlungen mit der ägyptischen Regierung über den Bau des Assuan-Staudammes zu führen. Schon am Tag nach der Ankunft scheiterten die Gespräche. Dieser große Fehler in der Außenpolitik hatte zur Folge, daß Ägypten in die Arme der Sowjets getrieben wurde. Es ist interessant, daß Dulles sofort, nachdem er aus dem Flugzeug gestiegen war, mit den Verhandlungen begonnen hatte. Später führte er selbst seine falsche Einschätzung der Lage darauf zurück, daß er noch unter den Nachwirkungen der Zeitverschiebung gelitten hatte.

Die chemische Ruhepause

Es war Hippokrates, der erkannte, daß Regelmäßigkeit der erste Schritt zur Erhaltung der Gesundheit ist. Er glaubte wie viele von uns, der zweite Schritt sei die Ruhe, und zwar nicht nur die körperliche Ruhe, sondern auch eine Art chemische Pause, die er sogar als noch wichtiger ansah. Die chemische Ruhe, die er beschrieb, ist nur zu erreichen, indem man dem Körper die Nahrung versagt und ihm die Möglichkeit gibt, sich selbst energetisch und physisch zu reinigen, die angesammelten Abfallprodukte auszuscheiden, das Prana, das sonst für den Verdauungsprozeß genutzt wird, für anderweitigen Gebrauch freizusetzen. Die Ruhe, von der Hippokrates sprach, braucht gar nicht so radikal zu sein, daß sie ein längeres vollständiges Fasten erfordert. Stattdessen sind häufigere kurze, rhythmische Fastenzeiten vorzuziehen, da sie als Bestandteil des geregelten Tagesablaufs eingebaut werden können. Die erste Ruhezeit, die zum regelmäßigen Bestandteil Ihres Tagesprogramms zur physischen Integration werden sollte, ist die große Pause zwischen dem Abendessen und dem Frühstück. Studien haben gezeigt, daß der Abend nicht die beste Zeit ist, um dem Magen große Mengen Nahrung zuzuführen, die er dann verdauen und assimilieren muß. Bei einem Versuch, den vor einigen Jahren Dr. Grans Halberg an der Universität von Minnesota durchgeführt hat, bekamen sechs Freiwillige täglich eine einzige Mahlzeit von insgesamt zweitausend Kalorien, und zwar zur Frühstückszeit. Die Versuchspersonen ernährten sich eine Woche lang nach diesem

Schema. In der zweiten Woche des Experiments bekamen die Freiwilligen die gleiche Mahlzeit, nur mit dem Unterschied, daß sie nicht mehr am Morgen, sondern zur Abendbrotzeit aßen. Bei der Frühstücks-Diät hatten alle sechs Personen an Gewicht verloren. Als nur noch am Abend gegessen wurde, nahmen vier der sechs Versuchspersonen zu, während die beiden übrigen zwar weiterhin abnahmen, doch verloren sie jetzt weniger Gewicht als zuvor. Es ist also durchaus sinnvoll, am Abend weniger zu essen, wenn der Körper nicht so viele Kalorien braucht. Wenn man am Abend weniger Nahrung zu sich nimmt, hat der physische Körper nicht nur Gelegenheit, zu schlafen, sondern er bekommt auch eine kurze chemische Ruhepause, in der Prana freigesetzt wird und Toxine abgebaut werden können.

Unterernährung

Man kann diese chemische Pause einen Schritt weiterführen und noch erstaunlichere Resultate erzielen. Um 1940 führten die Professoren A. H. Carlson und sein Kollge F. Holzel Experimente an Ratten durch, um die Auswirkungen intermittierenden Fastens auf die Lebensdauer zu untersuchen. Die Ratten wurden mit hochwertiger Nahrung versorgt und durften soviel fressen wie sie wollten. Der springende Punkt bei dieser Untersuchung war, daß jede Gruppe von Versuchstieren in unterschiedlicher Zeitenfolge nichts zu fressen bekam. Die erste Gruppe fastete jeden zweiten Tag, die zweite Gruppe jeden dritten Tag, und die dritte Gruppe bekam jeden vierten Tag keine Nahrung. Die Kontrollgruppe wurde mit der gleichen Diät ernährt wie die anderen drei Gruppen, nur mit dem Unterschied, daß sie keine periodische Fastenzeit einzuhalten hatte. Bei dieser Kontrollgruppe betrug die längste Lebensdauer 800 Tage, während in den Fastengruppen die Lebensdauer im Durchschnitt zwischen 1.000 und 1.100 Tagen lag, das bedeutet eine zwanzig- bis dreißigprozentige Steigerung der Lebenserwartung.

Weitere Studien über Diätbeschränkungen haben ebenfalls zu beachtenswerten Resultaten geführt. So hat zum Beispiel eine Reihe von Untersuchungen ergeben, daß bei Unterernährung die Ratten ein chemisch jüngeres Alter zeigten, als es ihrem wahren chronologischem Alter entsprach. Experimente, die Dr. Richard Windruch und Roy Walford von der Universität von Californien in Los Angeles durchführten, haben gezeigt, daß eine Nahrungsreduktion einen verjüngenden Effekt auf das Immunsystem hat. Das würde auch darauf hindeuten, daß das Prana, das von den feinstofflichen Körpern verwandelt wird, zur Selbstheilung anstatt zur Verdauung eingesetzt werden kann. Mit zunehmendem Alter nimmt die Fähigkeit des Immunsystems ab, zwischen eigenen und fremden Substanzen zu unterscheiden; ebenso ist der Alterungsprozeß charakterisiert durch Reaktionen, die sich gegen den eigenen Organismus wenden, sowie durch eine Schwäche, fremde und toxische Stoffe zu bekämpfen. Diese Fähigkeit kann im Alter sogar auf zwanzig bis dreißig Prozent der jugendlichen Spitzenwerte zurückgehen. Diätbeschränkungen wirken diesen Tendenzen entgegen. In Experimenten mit ausgewachsenen Ratten, bei denen die Reduktion der Nahrungsmenge erst im Erwachsenenalter beginnt, ist tatsächlich eine drastische Verjüngung des Immunsystems zu beobachten. Auch die Neigung zu Reaktionen gegen den eigenen Organismus ist beträchtlich reduziert. Welche weiteren Auswirkungen hat eine Kalorien-Unterversorgung? Arbeiten mit Versuchstieren weisen darauf hin, daß Leiden wie Krebs und Grauer Star, Trockenheit der Haut, Nieren- und Herzerkrankungen weniger häufig bei Tieren zu finden sind, die mit einer kalorienreduzierten Diät aufgezogen wurden als bei normal ernährten Ratten. Außerdem treten die Krankheiten auch nur seltener auf; selbst wenn es zur Erkrankung kommt, geschieht das in einem späteren Lebensalter.

Richtige Ernährung

Regelmäßig, also in einem gewissen Rhythmus, eingesetzte Kalorienbeschränkung fördert eindeutig die physische Integration, da sie den Energiestrom durch den physischen Körper und durch das feinstoffliche Energiesystem anregt. Aber nicht nur das rhythmische Fasten ist ein Faktor der Integration, ebenso wichtig ist es, daß wir die richtige Nahrung zu uns nehmen. Dr. Henry Bieler, ein Pionier auf dem Gebiet der Ernährung, schrieb, daß die Nahrung mehr für uns tun kann, als den physischen Körper mit dem nötigen Brennstoff zu versorgen. Sie kann unsere »beste Medizin« sein. Dr. Bieler ist ein starker Kämpfer für die richtige Ernährung und gegen die Krankheit. Er macht auf die sehr oft übersehene Tatsache aufmerksam, »... daß achtzig bis fünfundachtzig Prozent aller menschlichen Leiden in sich begrenzt sind, das heißt, sie nehmen ihren normalen Verlauf, und dann erholt sich der Mensch wieder von seinem Leiden.« Seit den siebziger Jahren wird die Ernährung allerdings zunehmend unter dem Gesichtspunkt von Risiko und Nutzen betrachtet. Das überrascht nicht, da bei sechs der am häufigsten auftretenden Krankheiten (Herzleiden, Krebs, Schlaganfall, Bluthochdruck, Diabetes und Arteriosklerose) ein direkter Zusammenhang mit der Ernährung besteht.

Selbst bei einem Überangebot an Nahrungsmitteln nehmen die Menschen aber nicht ausreichend die Gelegenheit wahr, sich für die richtigen, nährstoffreichen Nahrungsmittel zu entscheiden, die zur Verfügung stehen. Dr. Henry Bieler spricht von einem »repräsentativen Querschnitt der Amerikaner ... die von lebloser, überverarbeiteter, mit Insektenvertilgungsmitteln besprühter Nahrung leben, durch solche Stimulanzien wie Kaffee, Tee, Alkohol, Schokolade, gesüßte Cola-Getränke mit toxischen Stoffen verseucht sind und sich mit Anregungspillen in Schwung halten, – Männer und Frauen, deren schlechter Gesundheitszustand ihnen gerade noch erlaubt, am Leben zu bleiben.«[1]

Minderwertige Nahrung (Nahrungsmittel mit wenig oder

gar keinem echten Nährwert) stellen etwa 26 Prozent der im Durchschnitt vom heutigen Amerikaner aufgenommenen Kalorien dar. Dr. Donald Davis von der Universität von California in Irvine führten ein Experiment durch, bei dem einer Gruppe von Ratten eine Diät verabreicht wurde, die nach den heute üblichen amerikanischen Ernährungsgewohnheiten zusammengestellt war. Sie bestand aus angereichertem Weißbrot, Zucker, Eiern, Milch, Hackfleisch, Kohl, Kartoffeln, Tomaten, Organen, Äpfeln, Bananen und Kaffee. Die Kontrollgruppe bekam Nahrung mit gleich hohem Kaloriengehalt, und zwar Purina Cat Chow. Die Ratten, die nach dem Vorbild des Durchschnittsamerikaners ernährt wurden, schnitten im Vergleich zu den Tieren, die das Fertigfutter bekommen hatten, schlecht ab; das galt sowohl für den allgemeinen Gesundheitszustand als auch für die Zuwachsrate.

Auch wenn jeder einzelne andere Bedürfnisse hat, so wäre es doch klug, bei der Ernährung zu berücksichtigen, was der Mensch im Durchschnitt wirklich braucht, um gesund zu bleiben, worauf er verzichten kann und was ihm direkt schadet. Jane Brody schreibt: »Der homo sapiens entwickelte sich bei einer Diät, die reich war an vollständigen Kohlehydraten und Faserstoffen (aus stärkehaltiger Nahrung, aus Gemüse und Früchten) und einen geringen Anteil an tierischem Eiweiß enthielt.«[2]

Das unterscheidet sich ganz wesentlich von unserer heutigen Ernährung, die einen großen Anteil an Fleisch enthält, sehr viele chemisch behandelte Süßigkeiten mit geringem Faserstoffanteil und die reich an Stoffen ist, die vom Standpunkt des Ernährungswissenschaftlers aus »leer« sind: Fette, Zucker, Alkohol. Es ist wichtig, daß jeder, der auf seine Entwicklung und sein Wohlergehen bedacht ist, darauf achtet, was er seinem Körper zuführt und dafür Sorge trägt, jene Bestandteile wegzulassen, die eindeutig schädlich sind oder doch schädlich werden, wenn man sie im Übermaß genießt. Andererseits müssen wir dafür sorgen, daß wir die wichtigen Nährstoffe, Vitamine und andere Elemente bekommen, die unser physischer Körper braucht.

Körperliche Bewegung und Gesundheit

Die körperliche Bewegung ist ein anderer wesentlicher Bestandteil unseres täglichen Programms zur physischen Integration. Man kann darunter alles verstehen, vom Spaziergang bis zur nächsten Ecke über das Saubermachen im Haus bis zum Bergsteigen und Windsurfen. Es gibt körperliche Betätigungen, die zu jedem Lebensstil passen und die, regelmäßig und in angemessenem Umfang ausgeführt, zum Wohlbefinden beitragen, indem sie die Blockierungen lösen, die durch die Verkrampfung der Muskeln entstanden sind. Wir müssen bedenken, daß sich der heutige Mensch aus dem Jäger und Sammler entwickelt hat und daß die Menschen früherer Zeiten täglich zu vielerlei anstrengenden körperlichen Aktivitäten gezwungen waren. Die körperliche Anstrengung war nicht nur für das Überleben wichtig. Die zum Überleben notwendigen Aktivitäten hielten den physischen Körper auch in der Verfassung, daß er Spitzenleistungen vollbringen konnte und die richtige Integration des physischen Leibes mit den feinstofflichen Körpern aufrechterhielt. Jane Brody ist der Meinung, daß körperliche Betätigung die beste Möglichkeit ist, um etwas umsonst (oder beinahe umsonst) zu bekommen – ein Tonikum für den ganzen Körper und für den Geist.[3]

Die moderne Forschung hat ergeben, daß die regelmäßige körperliche Betätigung vielfältigen Nutzen für den physischen Körper mit sich bringt, wovon man früher nichts wußte. Die letzten Ergebnisse weisen darauf hin, daß regelmäßiges Körpertraining das Risiko eines Herzinfarktes herabsetzen kann. Es verbessert die Verteilung des Sauerstoffs im Körpergewebe und regt gleichzeitig den Pranastrom durch die Nadis an, und das wiederum steigert die Leistungsfähigkeit, weil mehr Prana zur Verfügung steht. Menschen, die sich regelmäßig kraftvoll körperlich betätigen, weisen einen niedrigeren Cholesterinspiegel auf als solche mit vorwiegend sitzender Lebensweise. Das Training verbessert die Fähigkeit des Blutes, die Klümpchen zu beseitigen, die schließlich den Verschluß der Gefäße in Herz, Lunge und Gehirn verursachen.

Die körperliche Übung ist auch ein wichtiges Mittel, um Diabetes unter Kontrolle zu halten. Andererseits führt mangelnde körperliche Bewegung zu Kalkverlust in den Knochen, und das erhöht die Anfälligkeit für Brüche. Wenn der Mensch älter wird, steigt die Wahrscheinlichkeit, an einer Osteoporose zu erkranken; darunter versteht man den Knochenschwund im Alter. Zu anderen Vorzügen regelmäßiger Körperbetätigung gehören ein verstärktes Gefühl des Wohlbefindens, besserer Muskeltonus, gesündere Haut, höhere Konzentrationsfähigkeit und ein besseres Selbstbild.

Die alltägliche Gesundheit

Jedes Programm, das die Gesundheit fördern und erhalten soll, muß das gesamte Wesen des Menschen berücksichtigen. Es muß Gleichgewicht und Harmonie auf allen vier Ebenen fördern, es muß das feinstoffliche Energiesystem gesund erhalten, und es muß positive Einstellungen und Beziehungen unterstützen. Die erste Voraussetzung ist, daß wir alles aus unserer Umgebung entfernen, was einen negativen Einfluß auf unsere Gesundheit hat. Dabei kann es sich um alles mögliche handeln, von Selbstzweifeln und negativen Beziehungen bis zu schädlichen chemischen Stoffen. Es ist vielleicht hilfreich, wenn Sie sich eine Liste der Dinge anfertigen, von denen Sie glauben, daß sie einen ungünstigen Einfluß auf Ihr Leben haben und zur Erkrankung beitragen können.

Nehmen Sie sich dann als erstes die Dinge vor, die Sie mit wenig oder ohne Mühe ändern können, und verpflichten Sie sich, das sofort zu tun. Als nächstes suchen Sie die Dinge heraus, die schwer zu verändern sind, und beginnen Sie mit der Umprogrammierung, indem Sie Affirmation und Visualisierung einsetzen. Schließlich überlegen Sie sich bei den Dingen, die Sie nicht ändern können, ob es eine Möglichkeit gibt, Ihre Einstellung dazu zu verändern. Wenn Sie also beispielsweise zur Arbeit fahren und ständig zur Verzweiflung getrieben werden, weil Sie im Verkehrsstau steckenbleiben, dann lenken Sie sich ab, indem Sie ein Tonbandgerät einbauen lassen und eine neue Sprache lernen. Vermeiden Sie es auch, Ereignisse und Menschen, die Sie in Streß versetzen, zusammenzubringen, sondern halten Sie sie weit voneinander entfernt und planen Sie Ihre Zeit so, daß Sie sie so schnell wie möglich loswerden können.

Achten Sie auf Ihren Körper und schonen Sie sich etwas, wenn warnende Signale wie Rückenschmerzen und Kopfweh auftreten. Nehmen Sie sich die Zeit, Dinge zu tun, die den Streß in Ihrem Leben abbauen und Ihnen ein gutes Gefühl vermitteln. Das trägt dazu bei, daß Sie frei ausstrahlen können. Selbst wenn Sie nur ein paar Minuten zur Verfügung haben, können Sie die Yogi-Atmung anwenden oder sich in Ihr »Heiligtum« versetzen. Aber der wichtigste Ratschlag ist, daß Sie selbst die Verantwortung für Ihr eigenes physisches Wohlbefinden übernehmen müssen! Beginnen Sie jeden Tag entweder mit dem Ausbalancieren der Chakras, mit der Hara-Atmung oder mit einer der anderen Übungen, die Sie gelernt haben, und gehen Sie danach zu einer kurzen Meditation über. Machen Sie sich in der ersten Woche einen Plan für die Übungen, die Ihnen dabei helfen, die »Zweite Aufmerksamkeit« zu entwickeln. Dann gehen Sie zu den Chakra-Meditationen über, zur Sushumna-Meditation oder zu einer der anderen Meditationsübungen, die Teil des Programms der psycho-spirituellen Integration sind. Zwanzig bis dreißig Minuten reichen aus, um den Tag in der rechten Weise zu beginnen. Danach nehmen Sie ein herzhaftes und nährstoffreiches Frühstück zu sich. Versuchen Sie, das Frühstück zur umfangreichsten Mahlzeit des Tages zu machen. Wenn Sie zwischen Frühstück und Mittagessen etwas freie Zeit haben, dann üben Sie Obertongesang oder führen Sie die Übung zur Wahrnehmung der Atmosphäre aus.

Wenn Sie einmal von einer Verabredung zur nächsten laufen müssen, dann probieren Sie die nachfolgende Übung. Ich nenne sie die *Yogi-Atmung beim Gehen.* Atmen Sie beim Gehen vier Schritte lang tief ein (einen tiefen Yogi-Atemzug), und atmen Sie bei den nächsten vier Schritten aus. Behalten

Sie diesen Atemrhythmus ohne Trennung zwischen Ein- und Ausatmung solange bei, bis die »Zweite Aufmerksamkeit« aktiviert ist. Dann verbinden Sie die Yogi-Atmung mit Affirmation. Damit tun Sie beim Laufen etwas für Ihre Umprogrammierung. Sie können zum Beispiel beim Einatmen mit der Affirmation beginnen »Mehr Prana strömt in mich ein –«, und beim Ausatmen die Affirmation fortsetzen »– und hilft mir, freier auszustrahlen«. Sie können unterschiedliche Affirmationen gebrauchen, je nachdem, wie Sie sich fühlen. Das Mittagessen sollte die zweitgrößte Mahlzeit des Tages sein. Versuchen Sie, täglich zur gleichen Zeit zu Mittag zu essen. Denken Sie daran, daß die Regelmäßigkeit der Mahlzeiten eine Orientierung für die innere Uhr des Körpers darstellt und ihren Rhythmus erhält. Versuchen Sie, nach dem Essen ein wenig Zeit zur Entspannung zu finden. Ruhen Sie sich etwas aus oder tun Sie etwas anderes, was Ihnen ein gutes Gefühl gibt.

Die tägliche körperliche Betätigung ist ein wichtiger Bestandteil der Grundregeln für die physische Integration. Nehmen Sie also jede Gelegenheit wahr, um zu trainieren. Machen Sie sich einen Plan für die ganze Woche. Um in Höchstform zu bleiben, sollten Sie sich mindestens dreimal in der Woche kräftig ausarbeiten (bis Sie ins Schwitzen geraten). Wer schon seit längerem keine anstrengenden Übungen mehr durchgeführt hat oder über vierzig ist, sollte sich zuerst von einem Arzt untersuchen lassen, ob er einer Streßbelastung gewachsen ist. Ein solcher Belastungstest wird zeigen, in welchem Zustand Herz und Gefäße sind. Beginnen Sie jedes Übungsprogramm langsam, wärmen Sie sich vor jedem Training auf und lassen Sie die Übung langsam ausklingen. Ehe Sie sich mit anspruchsvolleren Sportarten beschäftigen, sollten Sie einen Experten um Rat fragen oder sich in einem Buch über das Thema informieren. Sie werden dort auch Hinweise finden, was Sie tun sollten und was zu unterlassen ist.

Die Zeit zwischen Feierabend und Abendessen ist am besten dafür geeignet, um sich zu lockern und eine längere Meditation oder auch »das Ei« mit einem Partner auszufühführen. Versuchen Sie, sich eine Stunde vor dem Abendessen für die Meditation und für die Beschäftigung mit der Energie zu reservieren. Während der Meditationszeit wenden Sie Ihre Atemübung oder die »Piep-Meditation« an.

Wenn Sie am Ende eines Arbeitstages durch den mit der Arbeit verbundenen Druck völlig fertig sind oder wenn die Kinder Sie fast verrückt gemacht haben, sollten Sie die abendliche Meditation mit der Blasebalg-Atmung beginnen. Die abendliche Meditation ist die beste Zeit für die Familie, einmal zusammenzukommen. Versuchen Sie, eine Familien-Meditation zur festen Einrichtung zu machen. Sie werden dadurch unermeßlichen Nutzen gewinnen. Die gemeinsame Meditation bringt Sie nicht nur enger zusammen, die Meditation wird durch die Gruppendynamik auch tiefer und gewichtiger. Das Abendessen sollte die kleinste Mahlzeit des Tages sein. Denken Sie daran, daß der Körper nach dem Abendessen seine chemische Pause braucht. Versuchen Sie, einen Tag der Woche als regelmäßigen Fasttag einzuhalten. Vermeiden Sie Anregungsmittel aller Art und sorgen Sie dafür, daß Sie sich nachts genügend ausruhen, indem Sie ausreichend lange schlafen. Es liegt ganz bei Ihnen, wie Sie den Abend verbringen. Ich möchte nur vor allzu übertriebenen und suchtartigen Aktivitäten warnen, denn sie schaden der Gesundheit und bilden ein Hindernis für die psycho-spirituelle Integration. Streben Sie immer danach, das Gleichgewicht zu bewahren, und denken Sie daran, was mein Lehrer oft zu mir sagte: »Entwickle Aufmerksamkeit, erinnere dich, wer du bist, und sei dankbar.«

Literaturhinweise

1. Kapitel

1 *Bhagavadgita – Das Lied der Gottheit;* Philipp Reclam jun., Stuttgart, 1955; S. 50/51.
2 *Die Bibel;* Einheitsübersetzung, Herder Verlag, Freiburg,1980; Luk 18,17.
3 Capra, Fritjof: *Wendezeit;* Scherz Verlag Bern, München, Wien, 1982, S. 101.
4 Capra, *Wendezeit,* S. 102

2. Kapitel

1 Jacobi, Jolande: *Die Psychologie von C. G. Jung;* Fischer Taschenbuch Verlag GmbH, Frankfurt am Main, 1978; S. 129.

3. Kapitel

1 *Die Bibel,* Jes. 59, 2.
2 *Die Bibel,* Lev. 20, 24.
3 *Die Bibel,* Gal 5, 16-17.
4 *Die Bibel,* Luk 10, 22.
5 *Die schönsten Upanischaden;* Rascher Verlag, Zürich und Stuttgart, 1951; S. 9.

4. Kapitel

1 James, William: *Die Vielfalt religiöser Erfahrung;* Walter-Verlag, Olten und Freiburg im Breisgau, 1979; S. 169.
2 James, *Die Vielfalt religiöser Erfahrung;* S. 170.
3 Augustinus, Aurelius: *Bekenntnisse;* Deutscher Taschenbuch Verlag, München, 1982; S. 199.

5. Kapitel

1 Tagore Rabindranath; *Gitanjali and Fruit-Gathering;* Bernhard Tauschnitz, 1922; S. 34-35.
2 Hesse, Hermann: *Siddhartha;* Surkamp Verlag, Berlin, 1951, S. 155.

6. Kapitel

1 *Kybalion;* »akasha« Verlagsgesellschaft mbH, Arkana-Verlag, Heidelberg, 1981; S. 50.
2 Da Free, John: *Easy Death;* The Dawn Horse Press, Clearlake/California, 1983; S. 102.
3 *Bhagavadgita – Gesang des Erhabenen;* Verlag Hermann Bauer, 1954; S. 53.
4 Chitrita Devi: *Upanisads for All;* S. Chand & Co. Ltd., Delhi, 1973, Brhadaranyakopanisad, Fourth Brahmana (Section 4); S. 337.

7. Kapitel

1 Tagore Rabindranath: *Gitanjali and Fruit-Gathering;* S. 47.
2 Haich, Elisabeth: *Initiation;* Seed Center Palo Alto, California, 1974; S. 160.
3 Janov, Arthur: *Das befreite Kind;* Fischer Taschenbuch Verlag, Frankfurt am Main 1973; S. 23.
4 *Kybalion;* S. 30.
5 Luce, Gay Gaer, Dover Publications Inc., New York, 1971; S. 11.
6 Janov, Arthur: *Das befreite Kind;* S. 46.
7 *Brain Mind Bulletin,* Vol. 8 Nr. 16, Los Angeles 1983.
8 *Brain Mind Bulletin,* Vol. 8 Nr. 16, Los Angeles 1983.
9 Jung, C. G.: *Gesammelte Werke,* Band 7; Rascher Verlag, Zürich und Stuttgart, 1964, »Das Problem des Einstellungstypus«; S. 58.
10 *Die Bibel,* Mrk 10, 14.
11 *Die Bibel,* Matth. 21, 33-39.

8. Kapitel

1 Langenscheidt: *New Pocket Dictionary;* Berlin, 1970; S. 515.
2 Rousseau, Jean Jacques: *Staat und Gesellschaft;* Wilhelm Goldmann Verlag, München, 1959; S. 10.
3 Fontaine, Jean de La: *Sämtliche Fabeln;* Deutscher Taschenbuch Verlag, München, 1981, »Das Pferd, das sich an dem Hirschen rächen wollte«; S. 153.

4 Rochefoucauld, Francois, Duc de La, Reflexions.
5 Lao Tse,: *Tao Te King;* Ullstein GmbH, Frankfurt/M., Berlin, Wien, 1980; S. 149.
6 Shah, Idvies: *A Veilled Gazelle;* The Octagon Press, London, 1978; S. 25.
7 *Kybalion;* S. 27.
8 Tillich, Paul: *Der Mut zum Sein;* Steingrüben Verlag, Stuttgart, 1958.
9 Tillich: *Der Mut zum Sein.*
10 Tillich: *Der Mut zum Sein.*
11 Merton, Thomas: *The New Man;* Farrar, Straus & Giroux, New York, 1978; S. 90.

9. Kapitel

1 Da Free, John: *Easy Death;* S. 111-112.
2 Yogi Ramacharaka: *Science of Breath;* Yogi Publication Society Chicago, S. 10.

10. Kapitel

1 *Kybalion;* S. 33-34.
2 *Die Bibel;* 1. Kor 3,16.
3 Kulvinskas, Viktoras: *Survival into the 21st Century;* 21st Century Publications, Woodstock, 1975; S. 129 und 132.
4 Dürckheim, Karlfried Graf: *Hara – Die Erdmitte des Menschen.* O. W. Barth Verlag, Weilheilm, 1981, S. 13.
5 D. T. Suzuki: *The Zen Doctrine of No Mind;* Rider Pocket Edition, Reading, Britain, 1983; S. 72.
6 Chitrita Devi: *Upanisads for All;* S. Chand & Co. Ltd., Delhi, 1973, Fourth Chapter, Svetasvataropanisad, Sect. 17; S. 109.
7 Bailey, Alice A.: *Die Seele und ihr Mechanismus;* Verlag Lucis, Genf; S. 39.

11. Kapitel

1 Ramakrishna, Sri: *Teachings of Sri Ramakrishna;* published by Swami Budhananda, Advaita Eshrama, Calcutta, 1975; S. 11.
2 *Die schönsten Upanischaden;* S. 182-183.

12. Kapitel

1 Motoyama, Hiroshi: *Theories of the Chakras,* The Theosophical Publishing House, Wheaton, 1981; S. 23.
2 Bailey: *Die Seele und ihr Mechanismus;* S. 107.
3 Leadbeater, C. W.: *Die Chakras;* Verlag Hermann Bauer, Freiburg, 1986; S. 56.
4 *Die Bibel;* 1. Joh 4, 10-16.
5 Lawrence, Brother: *The Practice of the Presence of God;* The Peter Pauper Press, Mount Vernon, 1963; S. 32-33.
6 Bailey: *Die Seele und ihr Mechanismus;* S. 103.
7 Leadbeater: *Die Chakras;* S. 10.
8 *Die Bibel;* 2. Tim 1,7.
9 Hesse: *Siddhartha;* S. 149-150.
10 *Die schönsten Upanischaden;* S. 183.
11 Suzuki: *The Zen Doctrine of No Mind;* S. 97.
12 Lao Tse: *Tao Te King;* (Ullstein) S. 75.
13 Sherwood, Keith: *Die Kunst spirituellen Heilens;* Verlag Hermann Bauer, Freiburg, 1984; S. 85.
14 Capra, Fritjof: *Das Tao der Physik;* Scherz Verlag; S. 126.

14. Kapitel

1 *Bhagavadgita – Das Lied der Gottheit;* P. Reclam jun., Stuttgart, 1955, S. 83.
2 Omni Publication International Ltd., B. Guccione (Editor), New York, Oct. 82; S. 79.

15. Kapitel

1 Teeguarden, Joma Marsaa: *Acupressure Way of Health;* Japan Publications Inc., 1978; S. 59.
2 Iyengar, B.K.S.: *Light and Pranayama;* Unwin Paperbacks, London, 1981.

16. Kapitel

1 Dürckheim, Karlfried Graf: *Hara – Die Erdmitte des Menschen;* Scherz für Otto Wilhelm Barth Verlag, 1981; S. 26.
2 Khan, Hazrat Inayat: *Das Lied in allen Dingen;* Verlag Herder, Freiburg, 1985; S. 47/48.

17. Kapitel

1 *Kybalion;* S. 33.
2 Evola, Julius: *The Metaphysics of Sex;* Eastwest-Publications, London, 1969; S. 43.
3 Platon: *Sokrates im Gespräch;* Fischer Bücherei, Hamburg, 1953; S. 162.
4 Rawson, Philip: *Tantra;* Thames and Hudson, London, 1973; S. 9.
5 Bailey, Alice A.: *A Compilation on Sex;* Lucis Press Ltd., London, 1980.
6 Evola, *The Metaphysics of Sex;* S. 23.

18. Kapitel

1 Bieler, Dr. Henry: *Richtige Ernährung – deine beste Medizin;* Verlag Hermann Bauer, Freiburg, 1975; S. 55.
2 Brody, Jane: *New York Times Guide to Personal Health;* Avon Books, New York.

Register